Humbert Fink
Franz Grillparzer

Für Ulrike und Gregor

Humbert Fink

Franz Grillparzer

Pinguin-Verlag, Innsbruck
Umschau-Verlag, Frankfurt am Main

A-6021 Innsbruck

Schutzumschlag: Jochen Pabst, München
Lasersatz: Josef Maringer, 5751 Maishofen
Farbreproduktionen: Ifolith, Fotolitho, 6020 Innsbruck
Druck- und Bindearbeiten: Carl Ueberreuter
Druckerei Ges. m. b. H., 2100 Korneuburg
Printed in Austria
ISBN 3-7016-2336-8

Inhaltsverzeichnis

Gefährdete Natur

Es muß alles andere als erbaulich gewesen sein, in jenem österreichischen Zeitalter der halbherzigen Lügen und frommen Betrügereien dort heranzuwachsen, wo die Gemeinheit des Elends durch eine gewisse bürgerliche Reputation zwar gerade noch hintangehalten werden konnte, aber der säuerliche Geruch ungewaschener Leiber in ungelüfteten Zimmern allen Bevölkerungsschichten gemeinsam war. Drüben in Frankreich tobte immer noch die Revolution. Zumindest stellt sich das, was in Paris passierte, einer ängstlichen Wiener Seele so dar, die wohl auch davon träumte, einen Hauch von Freiheit einzuatmen, die aber bei der Vorstellung, was das an Opfern kosten könnte und auf welch grausige Weise sich diese Opfer bemerkbar machen könnten, erschrocken zusammenzuckte. Es roch also nicht nur schlecht in diesem Wien des Jahres 1791, weil sich Bürgertum, Habenichtse und der Adel mit der eigenen körperlichen Desolatheit längst abgefunden hatten, sondern auch der nur mühsam unterdrückten Heftigkeit wegen, mit der man auf die Alarmzeichen aus dem Westen reagierte. Man transpirierte sozusagen der eigenen Revolution entgegen, von der man bloß noch nicht wußte, wann sie über die Stadt kommen und ob sie dann etwas Brauchbares bewirken würde. Sorgfältiger oder gar des öfteren gewaschen hat man sich deshalb im Jahre 1791 noch lange nicht. Und so wenig man für die Hygiene der Seele übrig hatte, was ohnedies nur als purer Luxus gegolten hätte, so wenig kümmerte man sich um die allgemeine Hygiene. Der Dreck flog durch Wien, und das buchstäblich und allstündlich. Es roch in den Wohnungen, miefte in den Häusern und stank auf den Gassen. Wer es sich leisten konnte, überschüttete sich mit Parfüm, bestäubte sich mit Puder. Wer es sich nicht leisten konnte, benetzte gelegentlich seine Fingerspitzen mit lauwarmem Wasser, wusch sich die Augenwinkel aus und hatte sich längst an den Grind der Leibwäsche gewöhnt, die man wochen- und manchmal monatelang nicht wechselte, während man sich an den Seelengrind schon so sehr gewöhnt hatte, daß man ihn kaum noch als Belästigung spürte.

Ein solches Klima braucht handfeste Charaktere. Es benötigt einen Menschenschlag, der, obgleich katzenbuckelnder Untertan, sich stets durchzusetzen versteht gegen die Unbill der Politik und der schwankenden sozialen Verhältnisse. Die Grillparzer aus dem Oberösterreichischen mögen ein solcher Menschenschlag gewesen sein. Das waren vierschrötige Bauern aus dem Innviertel, tüchtige Handwerker, denen die heimatliche Scholle bald zu eng und auch zu wenig war und die höher hinaus wollten, von einem Aufstieg träumten, den man nur in der Haupt- und Residenzstadt erreichen konnte. Im Jahre 1755 jedenfalls erscheint ein Joseph Grillparzer, der Großvater des Franz Grillparzer, auf den alles in dieser Erzählung hinzielt, als Gastwirt in der damaligen Wiener Vorstadt Lerchenfeld. Der Sohn dieses Joseph wiederum, den der Vater auf den Namen Wenzel taufen ließ, durfte dann schon eine bürgerliche Karriere machen — oder sich wenigstens einbilden, einer solchen teilhaftig zu werden. Denn wirklich erfolgreich ist dieser Wenzel, ein mittelmäßiger Advokat, der nur 49 Jahre alt werden durfte, nicht gewesen. Und das hatte seine Gründe.

Wenzel Ernst Joseph Grillparzer, der von 1760 bis 1809 eine dünne, eigentlich kaum wahrnehmbare Spur zog, war der leibhaftige Widerspruch zur These, daß Leute wie die oberösterreichischen Grillparzer sich immer durchzusetzen verstünden. Der noch frische Bauer in ihm habe sich auch seelisch in der neuen Umwelt nicht zurechtfinden können, meinte der Literaturwissenschaftler Josef Nadler einmal, was allerdings nur eine Annahme sein kann, gleichsam ein Verdacht für das sonderbare Verhalten eines Menschen, der schlichtweg eine problematische Natur war. Genauer und aufschlußreicher ist da schon das Zeugnis eines Zeitgenossen, nämlich das seines eigenen Sohnes Franz: „Sein äußeres Benehmen hatte etwas Kaltes und Schroffes, er vermied jede Gesellschaft, war aber ein leidenschaftlicher Freund der Natur." Vor allem aber scheint Wenzel Grillparzer eigensinnig oder mehr noch, nämlich ungemein störrisch gewesen zu sein, ein Charakterzug, den er fraglos seinem Sohn Franz als gravierendstes Erbteil mit auf den Lebensweg gegeben hat. Etwas anderes, das der Hinterlassenschaft wert gewesen wäre, besaß er ohnedies nicht.

Dieser oberösterreichische Abkömmling, längst entwurzelt, seinen kraftvolleren Vorfahren völlig entfremdet und auf beklagenswerte Weise aus der Art geschlagen, war nichts weiter als ein Mensch von sauertöpfischer Gesinnung und rechthaberischer Arroganz, wenn man die Sache auf den Punkt bringen will. Wenzel Grillparzer lehnte zum Beispiel, weil er ein dummer Besessener war, den ökonomischen Erfolg ab. Er war Advokat geworden, übrigens mehr schlecht als recht und nie in Gefahr, ein wirklich erfolgreicher Anwalt zu sein. Er prozessierte gewissermaßen unentwegt gegen sich selbst. Einer, der dem Recht auf rechthaberische Weise beikommen will, scheitert immer. Daß die Familie darunter zu leiden hatte, scheint diesen Mann kaum gekümmert zu haben. Vorstellbar ist allerdings durchaus, daß er die Not der Seinen nicht einmal richtig bemerkt hat.

Gewohnt hat man damals, solange der unglückliche Advokat und entwurzelte bäuerische Mensch aus Oberösterreich noch lebte, in einer großen, weiträumigen, aber eher unfreundlichen Wohnung, die in einem Eckhaus gelegen war, wobei dieses Eckhaus in den sogenannten Bauernmarkt hineinzielte, was eine ganz gute Adresse darstellte. Das änderte nichts an den desolaten Verhältnissen, wie sie zu jener Zeit üblich waren: also schlechtgepflastertes Gelände, ein Boden, der sich in Morast verwandelte, wenn Regen fiel, bedeckt vom Unrat, der aus den Fenstern flog, hinter denen sich ein Kleinbürgertum aufführte, als wäre ihm noch nie die leibhaftige Not im Genick gesessen. Übrigens blickte man von der Grillparzerschen Wohnung auf etwas, das wie ein langgestreckter Keller aussah und tatsächlich das Hasengäßchen war, ein dunkler Durchschlupf, ein Verbindungsweg zwischen anderen, größeren Gassen.

Hier also lebten die Grillparzer. In der Selbstbiographie des Dichters kann man nachlesen, wie sich der glücklose Advokat Wenzel Grillparzer in dieser dunklen, miefigen Wohnung in den Ritter- und Geistergeschichten verlor, die ihm sein Sohn Franz nebst dem Bier herbeischleppen mußte, davon der sonderbare Mann immer wieder einen kräftigen Schluck nahm, während er selbstvergessen in den billigen Romanen blätterte. Dazu kamen noch die weiten Wanderungen hinaus aus der Stadt, die dem Advokaten wie ein Alp auf der Brust lag. Diese Wanderungen ließen ihn und wohl auch seine Familie gelegentlich für ein Kurzes vergessen, in welchen herabgewirtschafteten Verhältnissen man tatsächlich lebte und daß man dieses Haus, in das Wenzel Grillparzer unmittelbar nach seiner Verehelichung mit Anna Maria Sonnleithner eingezogen war, nur noch als Fluch betrachten konnte. Denn Glück hatte es den Grillparzer wirklich keines gebracht. Und seine abweisende Kälte, seinen feindseligen Modergeruch, seine menschenverachtende Haltung mag man sich gut vorstellen, wenn man in der Selbstbiographie des Franz Grillparzer Näheres darüber erfährt: „In diesem Hause wurde ich geboren und verlebte meine ersten Knabenjahre. Finster und trüb waren die riesigen Gemächer. Nur in den längsten Sommertagen fielen um die Mittagszeit einzelne Sonnenstrahlen in das Arbeitszimmer unseres Vaters, und wir Kinder standen und freuten uns an den einzelnen Lichtstreifen am Fußboden. Ja auch die Einteilung der Wohnung hatte etwas Mirakuloses. Nach Art der uralten Häuser war es mit der größten Raumverschwendung gebaut. Das Zimmer der Kinder, das so ungeheuer war, daß vier darin stehende Betten und einige Schränke kaum den Raum zu verengen schienen, empfing sein Licht nur durch eine Reihe von Glasfenstern und eine Glastür von einem kleinen Hofe auf gleicher Ebene mit dem Zimmer, also wie das Zimmer selbst im ersten Stockwerke."

So Franz Grillparzer wörtlich. Und das sagt eigentlich noch wenig aus über die ständige Dunkelheit, übers unaufhörliche Dämmerlicht in dieser riesigen Wohnung, an der wirklich nur die Größe und sonst gar nichts herrschaftlich wirkte. Ratten drangen bis in die Küche vor, von der ein langer Gang zu einem abgesonderten Zimmer führte, welches eine sogenannte Köchin bewohnte, die, mit einem nicht näher definierten Bediensteten verheiratet, Mutter eines aus einem Fehltritt stammenden Kindes und ungemein schmutzig war. Glücklich oder auch bloß heiterer Gesinnung mochte man in dieser Wohnung also tatsächlich nicht sein, was in späterer Zeit dadurch etwas gemildert wurde, daß Wenzel Grillparzer gemeinsam mit Verwandten ein großes Haus in Enzersdorf am Gebirge kaufte, dessen nachdrücklichster Vorzug ein weitläufiger Garten war. Dieses Haus war als Station für die Sommerfrische gedacht, konnte aber den gräßlichen Eindruck, welchen die Behausung zwischen Hasengäßchen und Bauernmarkt in den Kindern, in den Eheleuten hinterließ, nicht wirklich vergessen machen.

Und was ist mit der Mutter? Franz, der älteste von drei Brüdern, zu denen später, als er schon ins Erwachsensein geraten war, ein vierter hinzukam, stellte sie in seiner Selbstbiographie als herzensgute Frau dar, die eine Ordnung versuchte, welche sie allerdings selbst nicht allzu genau einzuhalten vermochte. Anna Maria Sonnleithner stammte aus einem recht wohlhabenden Haus, in welchem man auch kunstsinnig war und fast nichts mehr daran erinnerte, daß die Sonnleithner ähnlich wie die Grillparzer von einer Peripherie kamen, wo man ehedem rustikal und selbstbewußt sein mußte, um sich nicht bloß durchzusetzen, sondern auch Karriere zu machen. „Hält man diese Namen, Grillparzer und Sonnleithner, nebeneinander, so glaubt man, eine niederösterreichische Dorfstraße entlangzublicken“, charakterisierte Hugo von Hofmannsthal, geistiger Erbe Franz Grillparzers und diesen auf einer anderen, gleichsam sensibleren Ebene fortsetzend, diese Situation.

Tatsächlich kamen die Sonnleithner vom Stadtrand Wiens, brachten sie seinerzeit wie die Grillparzer unverdorbenes Bauernblut in die Metropole. Anna Maria gehörte freilich schon der dritten Generation an, die sich in Wien ansässig gemacht hatte; es war also an und in ihr schon einiges anämisch, das zuvor bei Eltern und Großeltern noch kraftvoll gewesen war. Sie war kunstsinnig wie die meisten der Ihren, außerdem noch musikalisch, und zwar auf eine so übertriebene Weise, daß man sie nicht nur als eine große Musikfreundin, sondern manchmal fast schon als eine Belästigung für die Mitwelt betrachten mußte. Als Kind recht kränklich, wurde sie später reizbar und unangenehm vor allem für ihre Familie, wozu in späteren Jahren noch eine Frömmigkeit kam, die alles vernünftige Maß bei weitem übertraf. „Dabei wurde ihre lange Nase in dem gottergeben gekränkten Gesicht, die irgendwie an einen Papageischnabel erinnerte, immer länger und hing immer trübseliger herab“, stellte Grillparzers Biograph Raoul Auernheimer fest. Das war zwar eine wenig schickliche

Feststellung, aber sie dürfte der Wahrheit über Anna Maria ziemlich nahegekommen sein.

Kann einer, der solche Eltern als Bürde mitschleppen muß, eines auch nur bescheidenen Glücks sicher sein? Es sei nicht so, daß Wenzel Grillparzer und Anna Sonnleithner gegensätzliche Naturen gewesen wären, hat deren Biograph Josef Nadler gefunden, „die Wahrheit ist, daß sie mit den wesentlichen Zügen ihrer Menschlichkeit übereinstimmten. Nur war es eine Verwandtschaft der kranken und unguten Anlagen."

Aus solcher Verbindung, der man in einer vermeintlich moderneren Zeit nicht den Funken einer Chance geben würde, entstammt also Franz Grillparzer. Am 15. Jänner 1791 — elf Monate zuvor war Kaiser Joseph II. gestorben und jetzt regierte der aus der Toskana herbeigeschaffte Leopold II., den bald schon sein Sohn Franz II. beerben sollte — wurde dem Hof- und Gerichtsadvokaten Wenzel Grillparzer und dessen Frau, welche wiederum die Tochter eines Gerichtsadvokaten war, ein Sohn geboren, den man in der Pfarre St. Peter auf den Namen Franziskus Seraphicus taufte. Die Mutter gab in ihrem „Merkbüchlein", das sie fallweise benützte, als Augenblick der Geburt elf Uhr am Vormittag an. Der Vater notierte in ein Gebetbuch, das ihm eher zufällig in die Hand gekommen sein dürfte, daß er hoffe, Gott werde seinen Sohn Franz zur Ehre des Vaterlandes gedeihen lassen. Er, Wenzel, der beispielsweise in seinem letzten Lebensjahr in sein Wirtschaftsbuch, welches er mit einer gewissen Pedanterie führte, auf der Einnahmeseite ein einziges Wort hinschrieb, und das wie einen kategorischen Imperativ, nämlich nihil, was bekanntlich soviel wie nichts bedeutet, er also, der Vater, unterschlug nicht ohne Grund den zweiten Vornamen seines Sohnes. Ein Seraphicus war ihm, dem fast schon fanatischen Josephiner und überzeugten Anhänger der Aufklärung, etwas Widerwärtiges. Es war schon schlimm genug, in so schmalbrüstigen Verhältnissen wie diesen zwischen dem Hasengäßchen und dem Bauernmarkt vorhandenen leben zu müssen. Aber einer falschen Frömmigkeit mochte sich der notorische Verlierer Wenzel Grillparzer dennoch nicht hingeben.

Für diese sorgte die Mutter. Wobei, wenn sie die Situation mit ihrem voreingenommenen Blick betrachtete, nichts falsch sein konnte an dem, was sie in ihrem Elend als notwendige fromme Übung, als nützlichen Dienst an und für Gott empfand. Außerdem hätte sie, wäre sie dazu imstande gewesen, dem Ehemann dessen fanatischen Wahrheitstrieb vorhalten können, wie er ihr eine fast schon krankhafte Neigung zuerst zur Buße und dann zur Selbstzerstörung unterstellte. Später, nach dem frühen Tod Wenzel Grillparzers und dem allmählichen Hinabrutschen in eine Armut, die sich nicht mehr verbergen ließ, später, als auch das Klimakterium die Frau plagte, wird Anna Maria Grillparzer, die dann keine Alternative mehr sieht, die einzige mögliche Konsequenz aus ihrem verpfuschten Leben ziehen. Sie wird Selbstmord begehen.

Vorerst hatte alles noch seine Ordnung, welche freilich eine Ordnung war, die man sich bloß einbildete oder die man als unerläßliche Tarnung gegen eine neugierige Außenwelt mühsam genug aufrechterhielt. Der Vater schmökerte in seinen Schundromanen und tauchte selbstvergessen die Lippen ins Bier, das der älteste Sohn herbeischaffen mußte. Die Mutter drillte Franz am Klavier, quälte ihn mit ihrer Musikbegeisterung, schrie und kreischte, wenn er etwas falsch machte oder nicht gelehrig und geduldig reagierte auf das, was sie ihm als das Wesen aller wahren Kunst beizubringen versuchte. „Wenn nun gar der Versuch auf dem Klavier gemacht wurde und sie mir bei jedem verfehlten Tone die Hand von den Tasten riß, duldete ich Höllenqualen", bekannte Grillparzer viele Jahre später in seiner Selbstbiographie.

Vielleicht hat Anna Maria ungeachtet ihrer egoistischen Hysterie oder ihres Unglücks, an den falschen Mann und damit auch an die falschen Verhältnisse geraten zu sein, letztlich doch noch erschrocken bemerkt, daß sie wohl nicht die rechte Lehrmeisterin sei, um dem Ältesten die schöne Kunst der Musik beizubringen. Es wurde jedenfalls ein sogenannter Klaviermeister engagiert, welcher Johann Mederitsch, genannt Gallus, hieß und sich mehr durch Leichtsinn und Faulheit als durch ordentliche pädagogische Fähigkeiten auszeichnete. Dabei war dieser Mann, der gewiß über eine ungewöhnliche Begabung verfügte, sogar in Diensten des Königs von Polen gewesen, hatte auch eine Oper komponiert und war ein ausgezeichneter Kontrapunktist, was freilich dem Klavierschüler Franz Grillparzer nicht im mindesten nützte. Auch hier, noch vor dem Einstieg ins wirkliche Leben, geriet er also ans Ungefähre und Episodenhafte, was wie stets in diesen frühen Jahren seiner Existenz kaum seine als vielmehr die Schuld seiner Eltern war.

Ubrigens setzte dieser Klaviermeister namens Mederitsch, der seinen Pflichten nur fallweise nachkam und auch sonst ein überaus nachlässiger Mensch war, gelegentlich seine Schwester als Lehrerin ein. Das war, wie sich Grillparzer später erinnerte, „eine äußerst lange, sehr häßliche, aber vortreffliche Frau". Sie, über deren Existenz es keine näheren Hinweise gibt, brachte dem Knaben zwar nicht das Klavierspiel, wohl aber das Lesen bei. Und zwar nach einer Methode, die damals als modern galt, wie Grillparzer in seinen Aufzeichnungen betonte. „Ich weiß nicht, wie es ging, aber ich konnte lesen, ehe noch jemand eine Ahnung davon hatte."

Erwähnen muß man auch Grillparzers Brüder, um das Personal seiner Kindheit und Jugend vollständig im Auge zu haben. Da war zuerst einmal Karl, der ein Jahr nach ihm, dem Erstgeborenen, zur Welt gekommen war, ein auf fast schon krankhafte Weise scheuer Charakter, dabei jähzornig und widerspenstig nicht nur seiner Familie, sondern überhaupt dem Leben gegenüber. Ihm gelang ein abenteuerliches Leben beim Militär, wobei er als Soldat zwar keine Karriere, aber doch einen Ausflug bis in die Fremdenlegion der Franzosen machte, was zugleich auch schon ein Höhepunkt seines armseligen Lebens war. Später kam er beim österreichischen Zolldienst unter. Und das war dann bereits das Ende seiner Existenz. Mehr erreichte er nämlich nicht. Und blieb so ein belangloses Leben lang eine untergeordnete Kreatur, abhängig von den Launen irgendwelcher Vorgesetzter, ein armer Mensch, mit dem man freilich kein Mitleid haben konnte.

Kamillo, der Nächstgeborene, soll — während Karl dem Vater ähnlich war — nach der Mutter gekommen sein. Zumindest war er musikalisch ungemein begabt; angeblich interessierte sich Robert Schumann für eine der Kompositionen Kamillos, die dieser mit leichter Hand anfertigte. Er war liebenswürdig, von glatten Manieren, durchaus fähig, sich in der bürgerlichen Gesellschaft zu behaupten, und demnach auch imstande, so etwas wie einen bescheidenen Aufstieg zu schaffen. Zuerst Schreiber, dann Gerichtskanzlist, wurde er schließlich Beamter einer aristokratischen Herrschaft, die im Niederösterreichischen angesiedelt war.

Bleibt noch Adolf Grillparzer, der Spätgeborene, der im Jahre 1800 zur Welt kam und lediglich siebzehn Jahre alt werden durfte. Möglicherweise war er von allen vier Söhnen des Wenzel Grillparzer der begabteste, ganz gewiß aber der am meisten gefährdete. Sensibel, hochbegabt in allen musischen Disziplinen, als heranwachsender Jüngling schon Verfasser von Ritterstücken, aber auch der Musik zugewendet, und das wahrscheinlich auf eine mehr als bloß dilettantische Art, peinigte diesen Adolf Grillparzer dennoch eine irrationale Furcht, dereinst ein schlechter Mensch zu sein. Manche Autoren haben das als Angst vor der eigenen Dämonie bezeichnet, was diesen Adolf, als er gerade in sein siebzehntes Lebensjahr getreten war, in die Donau gehen ließ. Wollte man Spekulationen anstellen, so könnte man tatsächlich die Vermutung aussprechen, daß dieser unglückliche Adolf Grillparzer, wäre er dem Leben erhalten geblieben, seinem älteren Bruder ein ernsthafter Konkurrent gewesen wäre. „Es ist, als hätte die Natur den zweiten Versuch, den sie mit Adolf machte, in der Stunde zurückgenommen, da sich erwies, daß der erste mit Franz geglückt sei." (J. Nadler)

Vier Söhne also. Und eigentlich ist es nur schwer vorstellbar, daß sie alle in Liebe gezeugt worden sein sollen, daß sie Wunschkinder gewesen sein sollen, denn weder Zärtlichkeit noch Leidenschaft hat, wenn man sich diese Ehe vergegenwärtigt, in einer solchen Gemeinschaft Platz, die keine wirkliche Gemeinschaft gewesen ist. Wenzel Grillparzer enttäuschte die Erwartungen Anna Marias, hochgemute Erwartungen, die sich auf einen beruflichen Werdegang, auf eine abgesicherte gutbürgerliche Existenz konzentrierten. Und sie, Anna Maria, erfüllte des Mannes Hoffnungen auf ein behagliches Heim, auf eine nachgiebige und zugleich liebevolle Frau nicht im mindesten. Er verschanzte sich hinter seiner

Erfolglosigkeit wie hinter einer nicht bezwingbaren Mauer. Sie leistete ihm passiven Widerstand. Und wenn manche Beobachter dieser schrecklichen Szenen einer bürgerlichen Ehe meinen, Anna Maria habe sich vielleicht einen besseren Ehemann verdient, während andere wiederum die Ansicht vertreten, Wenzel Grillparzer sei vor allem an ihrer kreischenden Hysterie gescheitert, waren die eigentlichen Opfer die Kinder.

Denn die Wunden, welche Eltern ihren Kindern beibringen, heilen nie wirklich, auch wenn sie oft erst nach Jahrzehnten aufbrechen.

Kann man sich in einer solchen Umgebung, der Franz Grillparzer und seine Brüder ausgesetzt gewesen sind, jener Vitalität versichern, die ein junger Mensch braucht, um nicht gänzlich apathisch und damit lebensuntüchtig zu werden?

Es ist das wohl, soweit es Franz Grillparzer angeht, nur eine rhetorische Frage. Er nämlich besaß in großem Maße, was seinen schwächeren und damit auch ärmeren Brüdern fast zur Gänze abging, nämlich eine Kraft, die er auch einzusetzen verstand, mit deren Hilfe er sich immer wieder durchzusetzen wußte in den verqueren Verhältnissen seines Elternhauses. Seine Großmutter mütterlicherseits, also eine Sonnleithner, der das kraftvolle Aufbegehren ihrer eigenen Sippe noch gut in Erinnerung gewesen sein mag, weil daraus der Aufstieg vom bäuerlichen Milieu an der Peripherie zur Advokatenfamilie mit wachsendem gesellschaftlichem Einfluß und sich stetig vermehrendem Vermögen möglich wurde, sie also, die alte Frau, zu welcher der Bub Franz ein innigeres Verhältnis als zur übrigen Verwandtschaft gehabt haben dürfte, begriff zuerst und lange Zeit auch als einzige, was in diesem heranwachsenden Menschlein an praller Vitalität steckte. Grillparzer selbst hat darüber berichtet: „Ich stand in ziemlicher Gunst bei der alten, gescheiten und energischen Frau. Noch erinnere ich mich, daß einmal, als meine Mutter über mein abgeschlossenes Wesen klagte, sie erwiderte: Laßt ihn gehen, er hat's wie die Geiß zwischen den Füßen. Wobei sie in derber, altwienerischer Manier wahrscheinlich den wertvollsten Teil der Ziege, den Euter meinte, den diese halbverborgen zwischen den Füßen trägt."

Das Derbe und dennoch Kraftvolle, das in solcher Ausdrucksweise spürbar wird, hat den Aufstieg in eine andere gesellschaftliche Sphäre, wie ihn die Sonnleithner hinter sich gebracht hatten, also fast mühelos überstanden. Und während es bei den Grillparzer wahrscheinlich unvorstellbar gewesen wäre, sich auf so deutliche Art zu artikulieren, weil dort im miefigen Halbdunkel der riesigen Wohnung zwischen Hasengäßchen und Bauernmarkt längst schon die Lebenslüge Einzug gehalten hatte und man im übrigen überhaupt nicht mehr imstande war, einem Heranwachsenden wie Franz Grillparzer mehr als bloß eine gleichgültige Aufmerksamkeit zu schenken, hatte die alte Sonnleithner Verstand und Zeit genug, um Franz voll liebevoller Schärfe zu analysieren. Er hatte eine schiefe Schulter; die Großmutter wußte brauchbaren Trost: „Ja, er wird bucklich, aber es schadet nicht, da er doch Geistlicher werden will." Er scheint stark kurzsichtig gewesen zu sein; das hinderte ihn, der das Lesen vor allen anderen Gebrauchsfertigkeiten erlernt hatte, nicht daran, seiner ungewöhnlichen Lesewut zu frönen. Außerdem litt er unter einem Sprachfehler; also hielt er sich in strenger Disziplin, um diesem Mangel zu entgehen. Wie er überhaupt, wahrscheinlich immer wieder angetrieben von seiner Großmutter mütterlicherseits, alles daransetzte, den schwachen bis hinfälligen Körper unter Kontrolle zu bekommen.

Aber das waren schon spätere Ereignisse, waren Abenteuer, die der frühreife Franz Grillparzer als eine Art Vorbereitung auf seine endgültige Menschwerdung zu bestehen hatte. Jetzt wurde er vorerst einmal ins kalte Wasser einer Gelehrsamkeit gestoßen, die ihn nur mäßig interessierte. „Nun wurde beschlossen, mich in die Schule zu schicken", schrieb Franz Grillparzer in seiner Selbstbiographie. „Man wählte dazu eine unserer Wohnung am Bauernmarkte gegenüberliegende, alle Vorzüge einer öffentlichen genießende Privatanstalt."

Die Privatanstalt und die daran tätigen Lehrer mochten ihn freilich nur ungenügend aufs Leben vorbereiten. Lesen konnte der Knabe zwar, aber schon der Umgang mit dem Einmaleins bedeutete für ihn eine Katastrophe. Noch Jahrzehnte später notierte der inzwischen berühmt gewordene Dichter: „Das Einmaleins ist mir bis auf diese Stunde nicht geläufig."

Die Schuld für dieses peinliche Manko wollte Franz Grillparzer seinem Vater zusprechen. Denn dieser habe ihn, argumentierte der Erwachsene später, stets nur nach vorwärts gedrängt und dem Knaben, der keinen Zugang zur Welt der Mathematik fand, nie Zeit gelassen, sich mit diesen rätselhaften Zahlen und ihrem schier unbegreiflichen Eigenleben anzufreunden. Ähnlich verhielt es sich übrigens auch mit der Grammatik, der Franz Grillparzer recht hilflos gegenüberstand.

Vielleicht wäre manches weniger kompliziert verlaufen, wenn man dem Knaben früh genug die Chance gegeben hätte, sich auf eine vollkommen normale Weise zu entwickeln, also ohne die Zuchtrute väterlichen Ehrgeizes und an einer öffentlichen Schule. Doch jene ganz gewöhnliche Bildung, die trotzdem eine brauchbare Basis sein kann für alles Weitere, war dem erfolglosen Advokaten Wenzel Grillparzer vorerst noch zu minder. Und so schleppte er seinen Ältesten von einer Privatschule zur anderen, wobei man kurioserweise die große Jugend Franz Grillparzers — der als Achtjähriger in ein Gymnasium eintreten sollte —als Anlaß oder Vorwand für den wenig nützlichen Privatunterricht nahm, der allerdings als Auszeichnung begriffen werden durfte, als Abgrenzung zu jenen gesellschaftlich minder bevorzugten Geschöpfen, die sich eine solche Schule nicht leisten konnten und bei denen es an Geld wie an Ansehen mangelte, um etwa einen Privatlehrer ins Haus kommen zu lassen.

Einen Hofmeister, wie man derlei Figuren mit dieser kleinbürgerlichen Übertreibung bezeichnete, die einen in der allgemeinen Malaise noch über Wasser hielt, stellte man also im Grillparzerschen Riesenhaus an, damit den Knaben und insbesondere Franz eine bessere Ausbildung zuteil würde, als sie auf einer ordinären bürgerlichen Schule gewährleistet war. Dieser Mensch, „ein sonderbares Gemisch von innerem Fleiß und äußerlicher Indolenz" (Grillparzer), war dem Anschein nach ein Theologe, welcher ausgerechnet Medizin studierte. Später würde das alles keine Gültigkeit mehr haben. Und der Jurisprudenz würde seine Aufmerksamkeit gelten. Jetzt versuchte er sich als Hauslehrer, weil er wohl auf das Geld so bitter angewiesen war wie seine Brotgeber auf ihre Einkünfte, mit denen man sich gerade noch über Wasser halten konnte. Insgesamt ergab das eine recht merkwürdige Pyramide, bei welcher das Elend in Abstufungen vorkam und die Niederlagen einander die Hände reichten.

Dieser Hofmeister hieß übrigens Gärtner. Er war wahrscheinlich alles andere als ein brauchbarer Lehrer, gefiel sich in Absurditäten, erzeugte ein permanentes Chaos und war natürlich außerstande, seinen Schützlingen eine fundierte Bildung zu vermitteln. Ein volles Jahr lang ließ man den Unseligen gewähren, bis er dann eines eher nichtigen Anlasses wegen von einem Augenblick auf den anderen vor die Tür gesetzt wurde. Sein Nachfolger, über den sich nichts Ungewöhnliches sagen läßt, war ein Tiroler, hieß Scarpatetti und mußte die schwierige Aufgabe bewältigen, seinen Schülern innerhalb weniger Wochen das beizubringen, was sie zuvor ein ganzes Jahr lang zu lernen verabsäumt hatten.

War Franz Grillparzer ein guter Schüler? Sein ausführliches Selbstzeugnis, das er sich zu fast jeder Nuance seiner kindlichen Entwicklung leistete, verrät darüber so gut wie gar nichts. Er habe sich den schlimmsten Streichen, die man dem unglücklichen Hofmeister Gärtner spielte, stets ferngehalten. Aber andererseits berichtet er nicht ohne schmunzelnde Selbstzufriedenheit von argen Keckheiten, die er dem Ärmsten angetan hatte. Seine Widerspenstigkeit gegenüber dem ihm von der Mutter aufgezwungenen Klavierspiel ist schon erwähnt worden und auch daß er, als man ihm einen eigenen Klaviermeister vor die Nase setzte, bei dessen Schwester zwar nicht das Klavierspiel, wohl aber das Lesen erlernte. Und das Lesen war es, welches ihn vom ersten Augenblick seines Eintritts in die zauberische Welt der Erwachsenen an ungemein beschäftigte, auch irritierte, gewiß faszinierte und schließlich vollends verzauberte. „Eines der frühesten Bücher, die ich las, war das Textbuch der Zauberflöte". (Grillparzer) Ausgerechnet das Stubenmädchen seiner Mutter, das als Kind in der genannten Oper einen Affen hatte darstellen dürfen und das außer dem unvermeidlichen Gebetbuch sonst gar nichts Gedrucktes besaß, vermittelte ihm diese Kostbarkeit. „Auf dem Schoße des Mädchens sitzend, las ich mit ihr abwechselnd die wunderlichen Dinge, von denen wir beide nicht zweifelten, daß es das Höchste sei, zu dem sich der menschliche Geist aufschwingen könne.“

Wie man aus dieser Selbstaussage schließen darf, kann Franz Grillparzer bei seinem Eintritt in die abenteuerliche Welt der Literatur noch nicht viel mehr als fünf Jahre gezählt haben. Das hinderte ihn jedoch nicht, bis auf den Dachboden der riesigen und verwinkelten Wohnung unterwegs zu sein, um Lesenswertes in die Hände zu bekommen. Und auf dem Dachboden der sogenannten Landwohnung draußen in Enzersdorf am Gebirge entdeckte er unter mancherlei Gerümpel auch eine „uralte Übersetzung des Quintus Curtius“, ein ebenso dickleibiges wie großgedrucktes Buch, dessen verwirrende Inhalte ihn unglücklich machten, weil er sie schlichtweg nicht verstand. Aber es war das gewiß ein Unglück, darin auch viel vom Glück des Lesens enthalten war. Es war ein Gefühl, das einer hat, der etwas Verbotenes tut und dabei dennoch weiß, daß er erst nach dieser Prüfung imstande sein wird, ein Mensch zu sein.

Ebenfalls auf dem Lande geriet Franz Grillparzer an Heiligen- und Wundergeschichten, was nichts daran änderte, daß sein Verhältnis zur Religion stets ein gestörtes blieb. Denn während die Mutter „alle Sonntage in die Messe ging, mit dem Bedienten, der ihr das Gebetbuch nachtrug“, sorgte der josephinisch beeinflußte Vater für die ständige Absenz seiner Söhne von allen religiösen Dingen. Das Kind Franz, das schrittweise in die Welt der Bücher eindrang und nicht zuletzt durch eine kunterbunte Lektüre jetzt auch dazu animiert wurde, sich in komödiantischen Dingen zu üben, begriff vorerst allerdings nur ansatzweise etwas von der Tragödie, die sich seine Eltern leisteten. Später, als Franz Grillparzer schon ins Gymnasium ging, „wo jeder Schultag mit einer Messe begonnen wurde“, begriff er, daß seine Bildung eigenartige Lücken hatte. Denn er mußte „wie ein Wilder meine Kameraden ansehen“, damit er wußte, wann er während des feierlichen Zeremoniells sich erheben und welche — ihm übrigens völlig fremde — Zeichen er an seinen Lippen, an seiner Brust vollführen mußte.

Er las also viel. Zwischen der feindseligen Wortlosigkeit der Eltern, die einander kaum noch eines normalen Umgangstons für würdig erachteten, eroberte sich der Knabe eine eigene Welt. Er entfloh sozusagen mit Hilfe einer Literatur, die bei weitem nicht immer eine nützliche oder wertvolle war, einer Wirklichkeit, die ihm ohnehin nur Niederlagen beigebracht haben würde. Cooks Beschreibung seiner Weltumseglung, Tschinks Geisterseher, die Weltgeschichte in neunzig Bänden von Guthrie und Gray, eine abenteuerliche Naturgeschichte, die ein gewisser Büffon niedergeschrieben hatte, und schließlich „eine Theaterbibliothek mit allen in Wien aufgeführten Stücken" überwältigten den Heranwachsenden mit ihren Inhalten und Anregungen. Dabei hatte Franz manche Schwierigkeit, das Gelesene zu verdauen. Nicht immer war er imstande, den Sinn eines Verses oder die Idee einer dramatischen Erzählung wirklich zu begreifen. Aber der Knabe, der in der halbdunklen und auch sonst recht düsteren Welt seines Elternhauses zwischen Bauernmarkt und Hasengäßchen zum Jüngling heranwuchs, fraß gleichsam alles, was ihm an Bedrucktem unter die Augen kam, in sich hinein. Es war vielleicht die einzige Möglichkeit, dem Elend zu entgehen, das die Eltern ohne jede Rücksicht auf die Seele ihrer Kinder inszenierten.

Im Jahre 1800 — Franz war in sein neuntes Lebensjahr getreten — unternahm Wenzel Grillparzer einen letzten verzweifelten Versuch, der eigenen Unvollkommenheit zu entrinnen. Er wechselte den Schauplatz seiner Lebenskatastrophe, ohne daß er sich selbst entkommen wäre. Wahrscheinlich hoffte der erfolglose und vom unaufhörlichen Kleinkrieg, worin sich seine Ehe erschöpfte, längst schon zermürbte Advokat wider alle Vernunft darauf, daß eine neue Adresse auch ein neues Leben in die Ruinen seiner Existenz bringen würde. Vom Bauernmarkt zog man in die Grünangergasse Nummer 10, wobei die jetzt notwendig gewordenen Adaptierungen das noch vorhandene Vermögen Wenzel Grillparzers vollends erschöpften. „Da wurden Türen vermauert und neue durchgebrochen, Parketten gelegt, Tapeten gezogen und seidene Möbel angeschafft, was umso sonderbarer war, da uns niemand besuchte, aber es schien einmal der Grundsatz meines Vaters, alles was er machte, vollständig zu tun." (Grillparzer)

Seidene Möbel also fürs Wohnzimmer, wobei Grillparzer, wenn er davon berichtet, gewiß nur die Bezüge gemeint haben dürfte und nicht das gesamte Inventar. Aber das, was dem phantasievollen und immer stärker der Phantasie sich anvertrauenden Knaben Franz gutgetan hätte, was er viel notwendiger gebraucht hätte als den herausgeputzten zeisiggrünen Rock, darin er seinen Vater in den Prater begleiten durfte, wäre ein wenig Liebe gewesen, ein Gefühl, das wärmte und dem Leben einen anderen, tieferen Sinn gegeben hätte. So blieb ihm nur die mürrische Aufmerksamkeit der Dienstboten und Hofmeister, bis er schließlich vom Jahre 1801 an das Anna-Gymnasium besuchen durfte und er auf diese Weise „der unerfreulichen Einsamkeit seines Vaterhauses" (J. Nadler) entfliehen konnte. Er kam jetzt, spät genug, endlich unter Menschen, deren Antlitz nicht durch eine Maske des Hasses entstellt wurde. Und bald würde er, der freilich trotzdem vom Vater nicht loskam, nicht nur einen ersten und in lateinischer Sprache gehaltenen Brief formulieren, den er an den Vater richtete, sondern auch sein erstes Gedicht schreiben. Es entstand wahrscheinlich am 14. Mai 1804, wurde in zwei Fassungen geschrieben, zeichnete sich kaum durch eine besondere Originalität aus und dokumentierte trotzdem den Beginn der dichterischen Existenz des Franz Grillparzer.

Mit seinen Brüdern verband ihn wenig. Es ist kaum vorstellbar, daß er, der Dreizehnjährige, sein erstes Gedicht, welches aus vier Versen bestand, diesen Brüdern vorgelesen hat. Viel eher war da eine Barriere zwischen Franz und den Brüdern, die nur schwer zu überwinden war. Und wenn dereinst der schon siebzigjährige Dichter und Hofrat sich ärgert, weil Kamillo, der von den anderen Brüdern einzig erfolgreiche, ihm brieflich einen brüderlichen Kuß übermittelt, so sagt das schon alles aus über die Art der Herzlichkeit, der er, Franz Grillparzer, seinen Brüdern gegenüber fähig war. Dabei wird er den Brüdern behilflich sein, wenn es notwendig sein wird, und er wird in einem ergreifenden Akt familiärer Treue bis an die Grenze der Selbstentäußerung gehen, um ein Helfender sein zu können. Aber von solcher ehrbarer Gesinnung bis zu aufrichtiger Herzlichkeit ist es ein weiter Weg. Franz Grillparzer wird niemals imstande sein, ihn zu gehen.

Dafür entdeckte er jetzt als Siebzehnjähriger die Vorzüge einer Männerfreundschaft. In einem gewissen Georg Altmütter fand er nämlich seinen ersten, schwärmerisch geliebten Freund, welcher ähnlichen Neigungen nachhing wie Franz Grillparzer und vor allem auch einer gleichen Sentimentalität fähig war.

Währenddem ging es mit Grillparzers Vater und damit mit der Familie unaufhaltsam bergab. Das äußerte sich in einem hartnäckigen Kränkeln bei Wenzel Grillparzer, was wiederum bei Anna Maria eine gesteigerte Nervosität erzeugte, die in vermehrten Bußübungen und einer fast wütenden Besessenheit sich ausdrückte, mit welcher die Frau immer wieder Zuflucht suchte in den Gotteshäusern ihres Bezirkes. Der Arzt Otto Hamann, der in den zwanziger Jahren unseres Jahrhunderts eine „Biologie deutscher Dichter und Denker“ veröffentlicht hat, versuchte die gegen sich selbst gerichtete Feindseligkeit dieser Familie wissenschaftlich zu erklären: „Wie ein Neurastheniker, so wütet auch eine solche degenerierte Familie unbewußt gegen sich selbst und arbeitet mit aller Kraft daran, ihr Ende herbeizuführen. Diese Selbstzerstörung hat ihre Ursache in einem Gesetz der Ökonomie der Natur, wonach alles, was nicht mehr dem großen Zweck der Allgemeinheit angepaßt werden kann, auf den Aussterbeetat gesetzt wird.“ Und Ernst Alker, der von allen Biographen Grillparzers vielleicht am genauesten die psychischen Situationen dieser Familie erfaßt und dargestellt hat, erklärte deren Niedergang so: „Die Grillparzers waren trotz ihrer gar nicht weit zurückliegenden bäuerlichen Herkunft bereits von den zersetzenden Einflüssen des Molochs Stadt ergriffen worden, hatten der Dämonie Wiens ihren Tribut leisten müssen.“

Man kann solche Interpretationen eines landläufigen Schicksals, das zu jener Zeit, als es sich ereignete, wahrlich keine Rarität war, vielleicht doch ein wenig an den Haaren herbeigezogen nennen. Und man muß in diesem Zusammenhang daran erinnern, daß zumindest Franz Grillparzer einer besonderen Hartnäckigkeit und damit Lebenstüchtigkeit fähig gewesen ist, die es ihm ermöglichten, alles Finstere und Zersetzende, das er in sich wußte, zu bezwingen. Er war auch kein lebensuntüchtiger Mensch, besaß also nichts oder nur wenig von jener verhängnisvollen Erbschaft, welche ihm der Vater hinterlassen hatte. Und noch weniger scheint er von der Mutter irgendwelche zersetzenden Kräfte mit auf den Lebensweg bekommen zu haben.

Solche Anmerkungen scheinen notwendig zu sein, wenn man verhindern will, daß die Darstellung der Kindheit Grillparzers einen Alptraum suggeriert, an dem selbst die kraftvollste Natur zugrunde gehen müßte. Was Franz Grillparzer wirklich fehlte, war Liebe, war die nicht einmal in Ansätzen vorhandene Fähigkeit seiner Eltern, aus ihrer Erstarrung hervorzutreten und sich dem Knaben auf zutrauliche und zugleich vertrauenserweckende Weise zu nähern. Er besaß wie viele Kinder seines Zeitalters einen Vater, eine Mutter, die er als Erzeuger zu respektieren hatte, die es aber fertiggebracht hatten, sich ihm innerhalb kurzer Zeit vollkommen zu entfremden. Daher kam wohl auch seine Leidenschaft, die bei ihm fast schon eine Manie war, mit der er sich der Zauberwelt der Bücher anvertraute, ohne daß ihm ein Erwachsener behilflich gewesen wäre, sich in diesem gefährlichen Labyrinth zurechtzufinden. Grillparzer schuf sich eine Ersatzwelt, da ihm die tatsächlich vorhandene keine seelische Befriedigung vermittelte. Und darauf läßt sich auch seine schwärmerische Neigung für diesen Georg Altmütter zurückführen, der ihm mehr als ein Freund zu sein schien, nämlich ein Mensch, welchem er Liebe zeigen und von dem er Liebe erfahren durfte.

Daraus übrigens irgendwelche homoerotischen Neigungen Franz Grillparzers ableiten zu wollen, wie das manche Autoren getan haben, ist absurd. Es fehlen nämlich so gut wie alle Indizien für ein solches Verhalten. Ein Publizist namens Hans Rau freilich hat in der Vergangenheit viel Aufhebens gemacht um diese Freundschaft zwischen zwei Jünglingen, in der natürlich auch „Küsse, Umarmungen, Tränen, ellenlange Briefe, gegenseitige Verhimmlungen und hysterische Eifersuchtsszenen“ (H. Rau) vorgekommen sind. Aber derlei war in einem romantischen Zeitalter wie jenem, das Franz Grillparzer heranwachsen sah, nicht unbedingt außergewöhnlich. Außerdem gibt es Zitate, die Grillparzer vollkommen von jedem homosexuellen Verdacht freisprechen. So zum Beispiel schrieb er in einem Brief an Georg Altmütter von seinen erotischen Empfindungen, welche eindeutig auf das weibliche Geschlecht ausgerichtet waren. Im übrigen könnte man noch ein letztes Indiz nennen, nämlich das vollkommene Fehlen eines Hinweises auf homosexuelle Neigungen Grillparzers in den Geheimberichten der Wiener Polizei an Kaiser Franz. Und diese Geheimberichte waren so umfassend, verrieten ein solches Nadererturn und zeugten von einer so großen Fertigkeit der berufsmäßigen Denunzianten, daß seinerzeit tatsächlich schon der geringste Anlaß für einen Verdacht genügt hätte, um Grillparzer aufs vernichtendste bloßzustellen.

Grillparzer schilderte seinen Freund Altmütter als schwarzen, gedrungenen, durchaus nicht hübschen, sogar etwas ordinär aussehenden jungen Mann, „dem aber bei jedem Anlaß der Humor und der Verstand aus den Augen blitzte“. Er ahnte nicht im mindesten, wodurch sich dieser Mensch an ihn „gezogen fühlte, nur so viel weiß ich, daß beinahe vom ersten Augenblicke unserer Begegnung an wir uns mit einer fast leidenschaftlichen Neigung aneinander schlossen“. Sie gründeten eine „Gesellschaft zur gegenseitigen Bildung“, ein Ereignis, welches am 14. Mai 1808 stattgefunden haben soll, wozu in jener Zeit für Franz Grillparzer noch die unterhaltsame Möglichkeit kam, im Hause eines wohlhabenden Hofsekretärs namens Franz Xaver Wohlgemuth ein Privattheater zu erleben, bei welchem er vorerst einmal als eifriger Dekorateur mittun durfte. Dabei verliebte er sich „pflichtschuldigst in die Liebhaberin“, was minder interessant gewesen sein dürfte als die Figur dieses Hofsekretärs und Hausherrn Wohlgemuth, von welchem überliefert ist, daß er täglich das Leopoldstädter Theater besucht haben soll. In dessen Haustheater durfte Franz Grillparzer dann sogar einmal eine kleine Rolle spielen. „Hier gab es also ein Leben, wie junge Leute sich's wünschen mußten: Geselligkeit, Tanz, Theater, empfindsames und literarisches Redespiel.“ (J. Nadler)

Viele Jahre später wird Franz Grillparzer, der sich dieser Szenen aus seiner Jugendzeit mit lächelnder Nachsicht erinnerte, nicht ohne Koketterie zugeben, daß sein Freund Georg Altmütter und er ungemein faul gewesen seien. Dafür streiften sie in der schönen Umgebung von Wien herum, unterhielten sich schwärmerisch über ihre Zukunft, die sie sich in den schönsten Farben vorstellten, und verstiegen sich auch sonst zu allen möglichen Ideen, von denen keine so absurd oder utopisch sein mochte, um nicht von ihrer ausschweifenden Phantasie ernst genommen zu werden. In einem Freundeskreis, der rasch Zulauf erhielt und zu welchem vor allem ein gewisser Johann Kaufmann und neben einem jungen Mann namens Franz Kerschbaumer auch noch Ignaz Mailler und Ferdinand von Paumgartten als wichtigste Teilnehmer hinzukamen, gründete man eine „Akademie der Wissenschaften“, wo man tatsächlich allwöchentlich Versammlungen abhielt und einander Aufsätze vorlas, in und mit denen man voll angestrengter Ernsthaftigkeit die Probleme des Zeitalters zu lösen versuchte. „Damit aber die Sache nicht gar zu ernsthaft werde“, schrieb Franz Grillparzer später, „gründeten wir nebenbei ein Journal der Thorheit, in der jede Albernheit eines Akademikers oder der sonstigen Mitglieder des Wohlgemuthschen Hauses eingetragen wurde.“

Währenddem ging das Leben daheim in der Grünangergasse, wo die Grillparzer, wie schon erwähnt, seit dem Jahre 1800 Quartier gefunden hatten, seinen gewohnten Gang; das heißt, es quälte sich mühsam dahin zwischen der notorischen Erfolglosigkeit des Advokaten Wenzel Grillparzer, der seine Niederlagen durch eine immer strammere und damit auch immer unvernünftigere moralische Haltung auszugleichen suchte, und der frömmlerischen Obsession und einer an Fanatismus grenzenden und dabei verhängnisvollen Neigung zur allermerkwürdigsten Askese seiner Frau Anna Maria. Man besaß längst schon kein Vermögen mehr, welches die im Grillparzerschen Hause vorkommenden Verrücktheiten als Marotten eines Sonderlings und einer schrulligen Frau aussehen hätte lassen. Wo die Not durch die schleißig gewordenen Bezüge der sogenannten Seidenmöbel schimmert, hört sich jede Launenhaftigkeit auf, wird aus jeder Manie eine Katastrophe. Dazu kamen die allgemeinen Verhältnisse jener Jahre, welche eine schlimme Kriegszeit waren. Zweimal, nämlich 1805 und 1809, waren die Franzosen in Wien einmarschiert, was dem glühenden Patrioten Wenzel Grillparzer eine schreckliche Demütigung bedeutete, die er fast als persönliche Niederlage empfand. „Die Stadt vom Feinde besetzt zu wissen war ihm ein Greuel“, berichtete Franz Grillparzer über seinen Vater, „und jeder ihm begegnende Franzose war ihm ein Dolchstich. Und doch ging er gegen seine Gewohnheit jeden Abend in den Straßen spazieren, aber nur um bei jedem Zwist zwischen Franzosen und Bürgern die Partei des Landsmanns zu nehmen.“

Es mangelte auch nicht an kuriosen Zwischenfällen, denen eine gewisse Tragik innewohnte. Franz Grillparzer konnte sich, während 1809 die französische Armee die Stadt belagerte, selbstverständlich nicht aus dem Studentencorps ausschließen und bewachte mit anderen Freischärlern die Wälle. Sein Vater verzehrte sich buchstäblich aus Sorge um den Ältesten, was er aber geschickt zu verbergen wußte. Eines Tages erschien die Mutter Franz Grillparzers weinend auf der Bastei, wo der Sohn seinen militärischen Dienst versah, und beschwor ihn händeringend, „doch sogleich nach Hause zu kommen und meinen Vater von meinem Leben zu überzeugen“. Als Franz Grillparzer diesem rührenden Wunsch, der sich wahrscheinlich fast schon wie ein verzweifelter Befehl angehört haben mochte, auf der Stelle gehorchte und nach Hause eilte, empfing ihn der Vater mit kalter Gleichgültigkeit.

So reagiert nur jemand, der seine eigene Verletzlichkeit kennt; und der stets fürchten muß, nicht mehr geachtet zu werden, wenn man erst einmal weiß, daß er ein übertrieben empfindsamer Charakter ist. Außerdem kränkelte Wenzel Grillparzer seit längerem schon, war manches, was an diesem sonderbaren Mann jetzt besonders auffällig schien, nicht so sehr auf die tragischen Zeitläufe zurückzuführen, die ihn, den übertriebenen Patrioten, besonders demütigten, sondern darauf, daß seinen Körper die Kraft verließ, die ihn bisher noch aufrecht gehalten hatte. Es hatte mit Hüsteln angefangen, sich mit Anfällen einer unerklärlichen Schwäche bemerkbar gemacht und war gekennzeichnet durch rätselhafte Schweißausbrüche, welche der behandelnde Arzt, ein gewisser Dr. Closset, als eine eher harmlose Angelegenheit diagnostizierte, was sich sehr bald als fataler Irrtum herausstellen sollte. Eine sensible

Natur hätte wohl längst festgestellt, daß der Tod umging im Hause Grünangergasse 10.

Hat Franz Grillparzer seinen Vater überhaupt geliebt? Noch viele Jahre später, da er, einer Aufforderung der Akademie der Wissenschaften gehorchend, seine Lebenserinnerungen nicht ohne pedantische Selbstdisziplin niederschreibt, spürt man etwas von dieser Koketterie, welche der junge Mensch damals über seine vermeintliche Melancholie stülpte. Denn während der Alte keuchend nach Luft rang und wohl schon mit jedem schwerfälligen Atemzug das Leben aus sich rinnen fühlte, mochte Franz Grillparzer nur geringe Abstriche von seinem „sorglosen Schlaraffenleben" machen, wie er selbst bezeichnete, was sein eigenes Leben auch in jenen Monaten des langsamen Erlöschens Wenzel Grillparzers ausfüllte. Den Advokaten hatte die Tuberkulose im Griff. Und als die Ärzte, welche man zur Unterstützung des bloß leidlich funktionierenden Dr. Closset hinzugezogen hatte, endlich Wenzel Grillparzers hüstelndes und keuchendes Erlöschen als Lungensucht erkannten, war es längst zu spät. Dabei hätte zumindest die eigene Familie wissen müssen, wie es um ihn stand. Franz Grillparzer in seiner Selbstbiographie: „Die, wenn auch entfernte Gefahr, erschütterte uns, wie natürlich, alle sehr. Ich blieb mehr zu Hause und fühlte mich auch sonst melancholisch gestimmt."

Ein Lied, das er nach Goethes „König von Thule" komponiert hatte und das er häufig mit seiner nicht besonders aufregenden Tenorstimme sang, erheiterte den Todkranken nur noch bis zu einem gewissen Augenblick. Dann vermochte er auch diese Zerstreuung, sofern es sich dabei überhaupt um eine solche handelte, nicht mehr zu ertragen. Ein anderes Indiz für das erbarmungswürdige Sterben Wenzel Grillparzers war der leidenschaftliche Zorn, mit welchem er seinem ältesten Sohn befahl, „ihm augenblicklich ein Exemplar des gedruckten Traktates zu verschaffen", in welchem alle Einzelheiten des Preßburger Friedens enthalten waren. Österreich verlor damals bekanntlich ein rundes Drittel seiner Besitztümer und war das, was man eine herabgewirtschaftete Monarchie nennen mochte, über welche die Franzosen jetzt fast schon nach Belieben verfügen konnten.

Wenzel Grillparzer las diese Druckschrift jedenfalls mit großer Aufmerksamkeit durch. Dann drehte er sein Gesicht gegen die Wand. Und sprach von diesem Augenblick an so gut wie kein Wort mehr. Eine seiner letzten Bemerkungen richtete er an einem diesem kummervollen Ereignis folgenden Tag noch an Franz, als dieser, „von einer dunklen Ahnung eines baldigen Endes ergriffen", die Hand des Sterbenden weinend küßte. Es war ein schon nicht mehr gekeuchtes, sondern nur noch mühsam geflüstertes „Zu spät", welches Wenzel Grillparzer dem Sohn als eine Art letzter Erinnerung hinterlassen konnte. In der Selbstbiographie des Franz Grillparzer heißt es dann: „Desselben Tages saßen wir mittags bei Tische, und zwar, seinem Wunsch gemäß, in dem Zimmer, in dem er lag. Da tat er ein paar stärkere Atemzüge. Wir sprangen auf und eilten hinzu, er aber war tot."

Unmittelbar an diese lapidare Feststellung schließt Grillparzer in seiner Selbstbiographie eine Erklärung an, die der Tragödie um den Advokaten Wenzel Grillparzer noch einen letzten, fast zynischen Akzent verleiht. Er habe, gesteht Grillparzer, seinen Vater eigentlich nie geliebt. Denn dieser sei zu schroff gewesen und habe jede Annäherung, welche der Knabe, der Jüngling versucht habe, stets zurückgewiesen. Und die nächste Eintragung lautet: „Der Tod meines Vaters versetzte uns in eine beinahe hilflose Lage."

Das war allerdings das Ehrlichste, was der Achtzehnjährige damals empfunden haben mochte. Eine „hypertrophe Redlichkeit, verbunden mit Perfektionssucht, schloß alle Ersparnisse aus, die der Teuerung und den Kosten der Krankheit hätten entgegenwirken können". (Heinz Politzer) Im Merkbuch des Verstorbenen, das auch als eine Art Wirtschaftsbuch diente, fand sich auf der Einnahmeseite für die letzten Monate ein mit zittriger Hand hingeschriebenes „Nihil". Und dieses „Nichts" war die ebenso dramatische wie wahrheitsgetreue Darstellung dessen, was die zurückgebliebene Familie jetzt in Geldangelegenheiten zu erwarten hatte.

Das Leben, ein Kampf

Das wirklich Schlimme an der materiellen Notlage, die nach des Advokaten Hinscheiden mit fast elementarer Wucht über die Familie hereinbrach, waren zuerst einmal die Schulden, die Wenzel Grillparzer in den letzten Monaten seines erbarmungswürdigen Daseins entgegen seinen Prinzipien hatte machen müssen. Und die Forderungen an Klienten, welche sich bis zuletzt die Dienste der Anwaltskanzlei Grillparzer hatten angedeihen lassen, waren in der überwiegenden Summe uneinbringlich. „Auf uns Kinder kam beinahe nichts, welches Beinahe durch das zwei Jahre später erscheinende Finanzpatent vom Jahre 1811 auf ein wirkliches Nichts herabgesetzt wurde. Dasselbe Finanzpatent brachte die Pension, welche mein Vater durch jährliche Einlagen bei der Fakultätskassa seiner Witwe gesichert hatte, auf 90 Gulden Papiergeld herab.“ (Grillparzer)

Das war wirklich nicht viel mehr als ein Bettel, wie man derlei Minimum an materieller Sicherheit in Wien heute noch nennt. Und fast zwangsläufig war jetzt die bemitleidenswerte Frau, deren Armut noch durch eine sich steigernde Hysterie und ihre gefährliche Neigung zur selbstzerstörerischen Askese erschwert wurde, nunmehr auf einer Art Wanderschaft unterwegs, welche sie mit ihren Kindern — bloß der zweitälteste Sohn, nämlich Karl, hatte sich davongemacht — die Stufenleiter des Elends unaufhaltsam abwärts führte. Im Jahre 1812 übersiedelte man von der zu kostspielig gewordenen Grünangergasse in eine preiswertere Wohnung in der Herrengasse; ein Jahr darauf zuerst auf die Mölkerbastei und dann in die Schenkenstraße, — was weitere Abstiege und Demütigungen bedeutete —, bis man schließlich am nördlichsten Ausgang des sogenannten Tiefen Graben im ältesten Viertel der Stadt landete. Das war im Jahre 1815 und die Gasse hieß „Im Elend“, was ein mehr als gleichnishafter Name für die Verhältnisse der Familie Grillparzer war. Genau gegenüber befand sich das Totenbeschauamt der Stadt, während im Hause selbst, in welchem man jetzt beengt logierte, einst der Stadtrumormeister gesessen hatte.

Der Tod Wenzel Grillparzers, welcher übrigens am 10. November 1809 eingetreten war, stürzte seine Erben also in die allerschwierigsten Verhältnisse. Und er machte die Jugendgeschichte Franz Grillparzers endgültig zu einer Geschichte der Katastrophen, „die sein Vaterland und seine Familie befallen hatten“, wie das später Literaten etwas vollmundig nennen würden, was in Wahrheit eine private und zudem noch weitgehend selbstverschuldete Tragödie war. Ein Faktum hingegen war die Not, mit der man zurechtkommen mußte. „Schlimme Jahre begannen und hielten treulich aus.“ (J. Nadler) Die schwärmerischen Neigungen Franz Grillparzers, welche seinem jünglingshaften Alter entsprechend noch mehr dem weiblichen Geschlecht als der Poesie galten, erhielten einen unbarmherzigen Dämpfer. Sie konzentrierten sich jetzt auf jenes Gebiet, von welchem der junge Mann meinte, daraus und gleichsam über Nacht Ruhm und Einkommen ernten zu können. Ein in Versen gehaltenes Trauerspiel, welchem der junge Dichter den Titel „Blanka von Kastilien“, gegeben hatte, wurde nunmehr von ihm und seinen Freunden Wohlgemuth und Altmütter abgeschrieben, vielleicht auch dort, wo es nottat, noch einmal überarbeitet, geglättet, aufpoliert und schließlich einem Bruder der Mutter Franz Grillparzers übergeben, einem gewissen Joseph Sonnleithner, der zu jener Zeit gerade als Sekretär und Dramaturg beim Wiener Hofburgtheater tätig sein durfte. Dieser Joseph Sonnleithner, den zu seinen Lebzeiten der Vater Franz Grillparzers noch als abschreckendes Beispiel zitiert hatte und der möglicherweise wirklich so etwas wie ein Bruder Leichtfuß gewesen ist, ein musischer Mensch, der sich in allen Sätteln der schönen Künste zurechtzufinden hoffte, ohne es zu einer wirklichen Karriere zu bringen, er also, Joseph Sonnleithner, schien dem jungen Franz Grillparzer der günstigste Ausgangspunkt für eine erfolgreiche literarische Laufbahn zu sein.

Der Irrtum, dem Franz Grillparzer hier unterlag, war nichts anderes als banal. Das Stück sei nicht verwendbar, ließ Joseph Sonnleithner dem Eleven der dramatischen Dichtkunst ausrichten. Dieser freilich glaubte zuerst, daß „die unmäßige Länge und die nicht einladende Handschrift Altmütters“ das Interesse des Sekretärs am Hofburgtheater an diesem Stück erheblich beeinträchtigt haben könnten. Außerdem erinnerte sich Franz Grillparzer daran, daß dieser sonderbare Dramaturg des öfteren schon Stücke, die später und an einer anderen Bühne großen Erfolg hatten, unbeachtet in irgendwelchen Schubladen hatte verstauben lassen. Andererseits demütigte ihn die eher rüde Rückgabe seines Trauerspiels doch so sehr, daß er sich vorerst einmal zu dem Entschluß bekannte, „der Poesie, vor allem der dramatischen, für immer den Abschied zu geben."

Aber welchen Gefühlen, Enttäuschungen oder vielleicht sogar Verärgerungen er auch immer nachgeben wollte, so befreite ihn das nicht im mindesten von der Pflicht, möglichst rasch für Einkünfte zu sorgen. Was man im Hause Grillparzer brauchte, war zuerst einmal Geld. Und sonst gar nichts. Es war der Kampf ums nackte Dasein, der alle Träume von Künstlerruhm, sofern Franz Grillparzer solche hatte, rasch beendete. Daran änderte auch die vermeintliche Idylle nichts, zu welcher sich das Zusammenleben mit seiner Mutter entwickelte. „Seit ich nach dem Versiegen ihrer eigenen Hilfsquellen allein die Bedürfnisse des Hauses bestritt, vereinigte sich für sie in mir der Sohn und der Gatte", schrieb Franz Grillparzer nicht ohne eine gewisse Selbstgefälligkeit. „Sie hatte keinen Willen als den meinigen, mir fiel aber auch nicht ein, einen Willen zu haben, der nicht der ihrige gewesen wäre. Alles Äußere überließ ich ihr blindlings, wogegen sie sich aber auch alles Einmengens in meine Gedanken, Empfindungen, Arbeiten und Überzeugungen gleicherweise enthielt."

Dazu kommentierte der Germanist Heinz Politzer recht nüchtern: „Auf ihren Gatten hatte sie kaum Einfluß besessen, der Sohn fügte sich und gestattete ihr eine Zärtlichkeit, die nicht frei von Herrschsucht war." Und an anderer Stelle heißt es: „Franz folgte der Mutter, wie er später keiner Frau mehr nachzugeben vermochte."

Es muß eine sonderbare Atmosphäre, eine Art von Beklemmung gewesen sein, welche aber für die verstörten Überreste der jetzt auseinanderfallenden Familie so etwas wie Heimat bedeutete. Zur materiellen Not gesellte sich ein seelisches Dilemma, das man unterdrückte, indem man ihm so lange auswich, bis es zu spät war. Ein alles zersetzender Egoismus, den sich die Frau in ihrem Wahn leistete, belastete den ältesten Sohn, der aber, weil er sich in seine erste große Lebenslüge flüchtete, diese Belastung nicht als solche empfinden wollte, sondern sie schwärmerisch als Beweis wechselseitiger Liebe akzeptierte. Es belog also die Mutter den Sohn und der Sohn die Mutter. Aber beiden wurde die längste Zeit nicht bewußt, daß sie einander belogen und auf welchem schmalen Grat sie ihre Lebenslüge mitschleppten und wie dicht sie vor dem Absturz ins endgültige Chaos standen. Im Jänner des Jahres 1819 vermochte die Witwe des Advokaten Wenzel Grillparzer diesem Chaos nicht mehr länger auszuweichen und flüchtete in den Freitod.

Es mußte Geld ins Haus kommen. Und da war jedes Mittel recht, um der grimmigsten Not zu entkommen. Eines dieser Mittel hieß Privatunterricht. Franz Grillparzer — als Student immer tiefer in die Geheimnisse der Jurisprudenz eindringend, als Poet durch das Verhalten des Sekretärs und Dramaturgen Joseph Sonnleithner zutiefst beleidigt —, nahm zunächst eine Stelle als Nachhilfelehrer oder, wie man das auch nennen könnte, als Korrepetitor im Hause des Joseph Johann Grafen von Seilern an, der auch Besitzer der Herrschaften Kralitz, Lukov, Altitschein, Zieranowitz, Przilepp und des Maierhofes zu Martinitz in Mähren war. Dieser Graf, der ein Onkel war einem jungen Grafen, dem der Nachhilfeunterricht gelten sollte, dieser Herr von Seilern also war mit Grillparzers eigenen Worten „eine eigentliche Karikatur, höchst borniert, eigenwillig, geizig, bigott". Franz Grillparzer durfte sich dennoch glücklich schätzen, diese Stellung und mit ihr einen so hochwohllöblichen und nur um zwei Jahre jüngeren Schüler gefunden zu haben. Im März des Jahres 1812 betrat er erstmals das herrschaftliche Haus der Familie in Wien. Den Sommer brachte man auf den Seilernschen Gütern im Mährischen zu. Es war zweifellos eine angenehme Verpflichtung, die zwar nicht sonderlich gut dotiert, aber durch eine glänzende Verpflegung und eine reichliche Bibliothek, welche Grillparzer nach Belieben benützen konnte, hochinteressant war. Er war jedoch nicht sonderlich glücklich über diesen untergeordneten Zustand, denn er wünschte sich mehr Unabhängigkeit oder Freiheit oder was immer das war, das im Kopf des jungen Juristen Unruhe stiftete. Außerdem langweilte ihn, wie er selbst eingestand, sein Amt als juridischer Lehrmeister eines Grafen, der es nicht notwendig hatte, sich eine Existenz zu erobern.

Es lockerten sich jedenfalls die Beziehungen Grillparzers zum gräflichen Haus derer von Seilern bald wieder, woran wahrscheinlich auch ein Nervenfieber oder, wie andere Quellen vermuten lassen, eine typhusähnliche Krankheit Grillparzers nicht ganz schuldlos war. Diese Krankheit, welchen Namen man ihr auch geben mochte, war zweifellos nicht ganz ungefährlich, zumal man den armen Hauslehrer, der zu jener Zeit auf Schloß Hradisch — das gleichfalls ein Besitz derer von Seilern war — weilte, völlig sich allein überließ. Wahrscheinlich fürchtete die gräfliche Familie eine Ansteckung. Nur die Frau des Hauses erlaubte sich einige Tränen, die sie am Bett des kranken Hauslehrers schicklich vergoß. Und wahrscheinlich war es ihrem Betreiben zu danken, daß ein Pfarrer aus einem nahegelegenen Dorf kam, um Grillparzer die letzte Ölung zu geben, was ruhmlos für die katholische Kirche endete, weil der Kranke ein solches Zeremoniell wütend verweigerte.

Grillparzer überlebte. Er selbst machte dafür später eine „niemals starke, aber unendlich zähe Natur" verantwortlich. Und am 26. Februar 1813 trat er, der seine Existenz als Privatlehrer unter gar keinen Umständen verlängert wissen wollte, als unbesoldeter Praktikant bei der Wiener Hofbibliothek ein.

Zu dem Intermezzo mit den Seilernschen gibt es einen Nachtrag, der es seines nicht uninteressanten Inhaltes wegen lohnt, nacherzählt zu werden und der fast von allen Biographen Grillparzers unterschlagen wird. Dieser Nachtrag hatte, um es so auszudrücken, einen Namen, nämlich Maria Crescentia. Das war eine Nichte des Grafen, ein herzensgutes Wesen, welche man im Kloster zu der Art von asketischer Selbstentäußerung erzogen hatte, die zu jener Zeit recht häufig aus blühenden Jungfrauen anämische Geschöpfe machte, deren Blick zwar tugendsam und deren Gebärden entsagungsvoll, deren Aussichten auf ein erfreuliches Leben aber eher gering waren. Diese Maria Crescentia übernahm jetzt für ein Kurzes die Rolle einer Schicksalsnorne im Leben Grillparzers, indem sie ihm, dem der Graf von Seilern noch das Gehalt für die Zeit seiner Krankheit schuldete, eine Entschädigung anzubieten versuchte. Das waren Schmuckstücke, wobei ungewiß geblieben ist, ob es sich bloß um ihre eigenen, recht bescheidenen und gewiß nicht kostbaren oder nicht doch auch um solche aus dem Besitz der gräflichen Familie gehandelt hat. Und weil es dem jungen Fräulein, das ihre eigene Vorstellung von sozialer Gerechtigkeit hatte, doch eher unschicklich erschienen wäre, sich mit diesen Schmuckstücken auf den Weg in die Wohnung der Grillparzer in der Mölkerbastei zu machen, wandte sich Maria Crescentia vertrauensvoll an eine Bedienstete der Gräfin. Diese übernahm zwar den delikaten Auftrag, informierte aber selbstverständlich ihre Herrin davon. Und die Gräfin erzählte es wiederum dem Grafen, der sogleich an eine unerlaubte Beziehung zwischen der Nichte und dem Habenichts von einem Hofmeister dachte. In diesem Zusammenhang muß man jedoch erwähnen, daß Maria Crescentia alles andere als schön oder einnehmend oder wenigstens lieblich war, dafür aber herzensgut und im übrigen unauffällig und wohl auch ein wenig unansehnlich; in späteren Jahren ehelichte sie dann einen Grafen Szechenyi.

Die Sache mit den Schmuckstücken, die als Ersatz für das nichtausbezahlte Honorar an Grillparzer gedacht waren, endete übrigens zufriedenstellend, und zwar für alle Beteiligten. Grillparzer, der sich ohne weiteres vom Verdacht reinwaschen konnte, ein Liebhaber der frommen Nichte zu sein, bekam das ihm Zustehende ausbezahlt und erhielt überdies so etwas wie eine Entschuldigung ausgedrückt, was ihn aber kaum sonderlich berührt haben mochte. Wichtig war bloß, daß es mit der gräflichen Familie zu keinem Eklat kam und er mit dem jungen Grafen noch für einige Zeit in loser Verbindung bleiben durfte.

„Inzwischen beschäftigte ich mich in der Hofbibliothek. Von Eifer war damals in dieser Anstalt überhaupt nicht viel zu bemerken. Die Beamten, beinahe durchaus gutmütige Leute, benahmen sich ungefähr wie die Invaliden in einem Zeughause oder der Hund beim Heu, bewahrten das Vorhandene, wiesen die Seltenheiten den Besuchern vor, verwendeten die spärliche Dotation zum Ankauf aller gedenkbaren Auflagen der Klassiker und hielten die verbotenen, das heißt alle neueren Bücher, nach Möglichkeit fern. Von bibliothekarischen Systemalarbeiten war gar nicht die Rede.“ (Grillparzer)

Ein junger Mensch kann in einem solchen Chaos zweierlei tun: sich dem allgemeinen Durcheinander andienen und so werden wie die anderen, das heißt, ein Dasein in Gleichgültigkeit und voller Langeweile zu führen; oder aber noch aus dem geringsten Angebot etwas zu machen, das einen geistigen Nutzen einbringt. Grillparzer entschied sich für die zweite Möglichkeit, zumal ihm das unbezahlte Amt genügend Zeit ließ für seine eigenen Unternehmungen. Er vervollkommnete sich, wie er in seiner Selbstbiographie angibt, im Griechischen, widmete sich auch spanischen Dichtern, las vieles, lernte manches kennen, was ihm später dienlich sein sollte und mochte im übrigen ahnen, daß dieses Amt eines unbesoldeten Praktikanten wie ein Sprungbrett oder ein Prolog war auf Kommendes.

Und so war es auch. Denn der Vizepräsident der Finanzhofkammer, Josef Franz Graf Herberstein, der einst Grillparzers Vater Wenzel, den erfolglosen Advokaten und korrekten Menschen, gut gekannt hatte, erfuhr eher zufällig durch Joseph Sonnleithner, gegen dessen unsichere oder abenteuerliche Existenz Wenzel Grillparzer so viele und so ärgerliche Einwände gehabt hatte, daß Franz Grillparzer ohne jedes Gehalt bei der Hofbibliothek in Diensten war. „Grillparzers Glück war nicht müßig“, schrieb Josef Nadler und hatte recht damit. Der einflußreiche Vizepräsident forderte den Sohn seines ehemaligen Freundes oder doch guten Bekannten auf, in sein Amt überzuwechseln. Grillparzer gehorchte freudig diesem wohlmeinenden Rat. Im November 1813 gab er sein höfliches Gesuch ab, welches wohlwollend angenommen wurde. Schon im Jänner 1814 begann er mit seiner Tätigkeit für die Finanzhofkammer, und zwar beim Expedit, beim Protokoll, beim Hauptaufschlagsamt und beim Hauptzollamt. Er bekam erstmals Geld für seine Arbeit und geriet in diesem wichtigen Abschnitt seiner

Menschwerdung an eine Wirklichkeit, von der er bis dahin nicht die mindeste Ahnung gehabt hatte.

Wenn Grillparzer jetzt nämlich, da er als sogenannte Dienstentschädigung immerhin 400 Gulden erhielt, was gewiß kein Vermögen, aber auch keine Bagatelle war, in Befolgung seiner dienstlichen Obliegenheiten irgendwelche Beschuldigte bei Zollvergehen zu vernehmen hatte, dann lag seine Hand wirklich, wie man so schön sagt, am Puls der Zeit. Denn er durfte bei solchen Verhören mit einem Querschnitt aus dem Volk rechnen, den er examinieren konnte. Da waren die einfachen Leute, mitunter sogar der Pofel, wie man derlei in Wien nennt, derb, ordinär, unberechenbar, aber immer schlagkräftig und nie um eine Ausrede verlegen. Da erlebte er täglich von neuem die vielfältigen Begabungen dieser Menschen, ihren Kopf aus der Schlinge einer finanzamtsstraflichen Untersuchung zu ziehen. „Das Verhörzimmer des Zollamtes machte ihn hieb- und stichfest in den Wortkämpfen des einfachen Mannes. Das eine wie das andere kam dem Meister der szenischen Wechselrede zugute.“ (J. Nadler)

Im Februar 1815 wurde Franz Grillparzer allerdings in die Konterbandeabteilung versetzt, wo er nichts anderes zu tun hatte, als die von anderen Beamten angefertigten Bescheide und ergangene Urteile in die richtige Form zu bringen. Schon wenige Wochen später, zu Beginn des März 1815, wurde er Konzeptspraktikant bei der Allgemeinen Hofkammer und erhielt jetzt erstmals einen direkten Vorgesetzten, mit dem er sich täglich auseinandersetzen mußte, nämlich einen Hofrat namens Felix Leicher. Angeblich hatte Franz Grillparzer das viele Reden bei seinen vorherigen Dienststellen nicht ohne weiteres verkraftet, so daß der Wechsel von den ereignisreichen Außenstellen der Finanzhofkammer, von den Verhörzimmern der Zollämter in die gleichsam innere Bürokratie notwendig geworden war. Das ist aber nur eine Vermutung. Irgendeinen handfesten Beweis für dieses Avancement in ein ruhigeres Fahrwasser, das die bürgerliche Karriere des Franz Grillparzer endgültig einleitete, gibt es nicht.

Doch einer, der ein solches Erbteil wie Franz Grillparzer mitschleppen muß und den es jetzt, 1815, in eine Gasse namens „Im

Elend“ verschlagen hat, weil die Wohnungen, die man sich gerade noch leisten konnte, immer preiswerter oder eigentlich billiger sein mußten, ein solcher Mensch entgeht den Niederlagen nicht mehr, die das Schicksal für ihn vorbereitet hat. „Er gehörte mitsamt seiner Familie zu den Armen, die, unter dem Druck der Teuerung seufzend, sich mehr von den neuen Steuern bedrückt als vom Sieg erlöst fühlten“, schreibt Raoul Auernheimer in seiner Biographie des Dichters und erklärt damit auch schon die Ursachen für das Elend, dem die zusammengeschmolzene Familie Grillparzer nicht mehr zu entkommen vermochte.

Es waren die Verhältnisse, die sich ein zwar siegreiches, aber in seinen Siegen fast erstickendes Österreich kaum noch leisten konnte, an denen die Grillparzer und mit ihnen Tausende von Menschen würgten. Der Glanz des Wiener Kongresses mit seinen Feuerwerken, Bällen und Redouten und allen anderen Vergnügungen, von denen jede einzelne den ausgebluteten Staat ein Vermögen kostete, mußte ebenso bezahlt werden wie die Wunden und Ruinen, die der viele Jahre währende Krieg gegen Napoleon verursacht hatte. Ein Steuerzuschlag von rund 50 Prozent, welcher der ohnehin darbenden Bevölkerung auferlegt werden mußte, traf besonders hart jene ärmeren Bevölkerungsschichten, denen spätestens seit dem Hinscheiden des Wenzel Grillparzer auch dessen zurückgebliebene Familie angehörte. Und man konnte dem endgültigen Absturz in eine vollkommene Verelendung nur entgehen, wenn man die steigenden Steuern und die wachsende Teuerung sozusagen schrittweise abfing, indem man sich selbst einem freundlicheren und freilich auch kostspieligeren Leben unnachsichtig entzog. Daß dieses Abfangen ein unaufhaltsamer Rückzug in eine soziale Misere war, welche wie immer und überall die Unschuldigen am härtesten traf, versteht sich von selbst.

Da waren die 400 Gulden und mehr noch die feste Anstellung, welche Franz Grillparzer einen bevorzugten Status garantierten, fast so etwas wie ein Geschenk des Himmels. Daß es dennoch nicht ausreichte, wenigstens ansatzweise das, was man Glück nennen möchte, in die kleine Familie zu bringen, lag an den Menschen; oder, um den Sachverhalt genauer und damit korrekt zu beschreiben, sowohl an der geistig verfallenden Mutter, die mit dem Dämon in sich nicht mehr fertig zu werden vermochte, als auch an ihrem Sohn, der zu schwach war, um die Wahrheit zu begreifen. In jener schrecklichen Nacht vom 23. auf den 24. Jänner 1819 — damals war Franz Grillparzer immerhin schon 28 Jahre alt —, als Anna Maria sich erhängte, war er nicht fähig, die Wahrheit zu akzeptieren. Er hielt hartnäckig daran fest, daß sie, während sie sich ankleiden wollte, der Schlag getroffen habe. Dabei wußte er längst schon, daß seine Mutter „periodenweise von einer eigentlichen Geistesverwirrung heimgesucht" worden war; und daß dieses tragische Ende, welches im Freitod mündete, nur ein zwangsläufiges war.

Aber Franz Grillparzer weigerte sich, mit der Wahrheit auf eine normale Weise umzugehen. Er hielt wie schon einige Male vorher — und wie er das noch oft in seinem langen Dasein tun würde — an einer Lebenslüge fest, die ihm ein Schutz war gegen die Gefahren der Welt.

Oder er flüchtete in die Welt des Theaters. Wobei es eine irrige Annahme wäre, diesen Konzeptspraktikanten Franz Grillparzer sich jetzt als einen leidenschaftlichen Habitué der Theaterwelt vorzustellen. Denn das, was der junge Mensch sich an Theatralischem leistete, ist auch dann nichts wirklich Üppiges, wenn man sich seine Besuche im Wohlgemuthschen Haus mit dessen vertrauter Hausbühne in Erinnerung ruft. Hier ist er ja auch aufgetreten und hat immerhin das Lampenfieber kennengelernt, indem er die nebensächliche Rolle eines Offiziers gestaltete. Von anderen, größeren Unternehmungen, soweit sie das Theater betrafen, weiß man ihn unter den Zuschauern einer Schillerfeier (Dezember 1808), ferner im Theater an der Wien, wo er einer Aufführung von Mozarts „Figaro" beiwohnte (Jänner 1812), und schließlich zweimal, nämlich im April 1813 immerhin im Burgtheater und im August 1815 im Kärntnertortheater, bei Stücken freilich, über die ein gebildeter und eines gewissen Niveaus bedürftiger Mensch die Nase rümpfen könnte. Das alles, — was selbstverständlich nicht alles ist, woran Franz Grillparzer als mehr oder weniger teilnahmsvoller Zuseher seine Freude gehabt haben mochte —, das alles also war, wie schon gesagt, nicht wirklich üppig.

Interessanter ist da schon das Faktum, daß die Familie Grillparzer zwischen dem Todesjahr des unglücklichen Advokaten Wenzel Grillparzer (1809) und dem Selbstmord der Anna Maria Grillparzer zehn Jahre später nicht weniger als sechsmal umgezogen war. Und daß Franz Grillparzer seine „Ahnfrau" im Jahre 1816 unter der wenig einladenden Adresse „Im Elend" schreiben mußte.

Es war also schon einiges, was auf den jungen Menschen einstürmte, und das in jeder Hinsicht. Da war zuerst einmal sein eigentliches berufliches Fortkommen, dem er jede nur mögliche Aufmerksamkeit widmen mußte, wenn er dieses Fortkommen wirklich gesichert sehen wollte. Dann gab es die Begabung, die ihm unzweifelhaft mit auf den Lebensweg gegeben war. In diesem Zusammenhang kann man daran erinnern, was sich aus eher beiläufigen Schulübungen entwickelt hatte: Gedichte, Oden, Fingerübungen eines Schwierigen, der freilich selbst noch nichts ahnte vom wahren Grad seiner Schwierigkeiten. „Meine Nachahmungssucht übersteigt allen Glauben. Alle meine Ideen formen sich nach jüngst Gelesenem", schwärmte Grillparzer noch Jahre später von seiner Fertigkeit, in eine fremde Sprachhaut zu schlüpfen und sie so umzustülpen und dabei auch so zu verändern, daß sie gleichsam im Handumdrehen zur eigenen wurde. Der junge Grillparzer war jedenfalls in vielen Sätteln gerecht, war vielleicht sogar das, was man einen Meister aus zweiter Hand nennen könnte. Schiller, Goethe, aber auch Adolf Müllner und August Kotzebue, deren Erfolgsstücken er an den Wiener Theatern begegnete, bedrängten ihn stark genug, um ihn zum fast perfekten Epigonen werden zu lassen. Dabei ging es hier gar nicht um die Frage der Qualität, sondern weit mehr um das Geheimnis aller schöpferischen Kunst schlechthin. Schrittweise wagte sich Grillparzer jetzt in eine Welt, darin die Phantasie herrschte und alles erreichbar schien, was sich ein denkender Kopf einbildet. Josef Nadler meinte dazu: „Grillparzer tritt aus der Pforte. Sein ganzer Weg liegt erhellt vor uns. Der Fünfzehnjährige betritt und durchwandert ihn Schritt für Schritt vor unseren Augen, bis der Fünfundzwanzigjährige den Fuß auf die erste Stufe eines sieghaften Erfolges setzt."

Vor allem aber traf er nunmehr endlich jenen Mann, an dem er endgültig reifen sollte: Joseph Schreyvogel. Dieser war im Augenblick der ersten Bekanntschaft mit Franz Grillparzer als Dramaturg am Hofburgtheater beschäftigt.

In seiner Selbstbiographie berichtete Grillparzer vom Verhältnis, das Schreyvogel zur Grillparzerschen Familie einmal gehabt hatte: „Schreyvogel war in unserer Familie, zufolge eines ausgangslosen Liebesverhältnisses mit einer Schwester meiner Mutter, nicht im besten Andenken. Trotz eines heimlichen Grauens verehrte ich ihn aber schon in meinen Knabenjahren, und eine von ihm zu Anfang des Jahrhunderts herausgegebene vortreffliche Zeitschrift: ‚Das Sonntagsblatt', hat einen großen Einfluß auf meine Bildung gehabt, indem sie beitrug, mich vor den Albernheiten zu bewahren, die jene Zeit ebenso gut hatte, als die jetzige, nur daß damals zwei große Geister wie eine Zentralsonne in der Mitte standen und die faselnden Romantiker doch zu einer Art Konzentrizität in ihren Bahnen zwangen, indes jetzt die leere Mitte jedem die Erlaubnis zu einer Kometenreise ins Leere und Bodenlose gibt."

Im Frühsommer des Jahres 1816 — Franz Grillparzer lebte damals noch in der schlimmsten Beengtheit eines materiellen Zustandes, der alles andere denn erfreulich oder gar befriedigend war — erledigte er bei Schreyvogel einen zuvor schon mehrfach abgesprochenen Besuch. Es sei das, so sind sich alle Biographen Grillparzers einig, jene Begegnung gewesen, welche dem Leben des bescheidenen Beamten und ehrgeizigen Literaten eine entscheidende Wendung gegeben habe. Grillparzer berichtete dem Dramaturgen und literarischen Leiter des Burgtheaters, der sich nun zum ernsthaften Förderer seiner Fähigkeiten aufschwingen sollte, die Handlung eines Trauerspiels, welche ihm schon längst durch den Kopf gegangen war. Und Schreyvogel, der ein versierter Praktiker des Theaters war und in der ausschweifenden Phantasie des jungen Mannes manches entdeckte, was seiner Bühne nützlich sein könnte, animierte Grillparzer angeblich mit den Worten: „Das Stück ist fertig. Sie brauchen es nur niederzuschreiben."

Grillparzer selbst hatte eine recht genaue Erinnerung an diese Geschichte, über die er in seiner Selbstbiographie ausführlich berichtete. Es geht um einen französischen Räuber namens Jules Mandrin, der vor seinen Häschern auf ein herrschaftliches Schloß flüchtet, wo er mit einer Bediensteten ein Liebesverhältnis eingeht. Dazu, allerdings völlig isoliert von dieser einen Anekdote, kam noch die Erinnerung an ein altes Volksmärchen, in welchem „die letzte Enkelin eines alten Geschlechtes vermöge ihrer Ähnlichkeit mit der als Gespenst umwandelnden Urmutter zu den schauerlichsten Verwechslungen Anlaß gab". Beider dramatischen Anlässe Inhalte beschäftigten Grillparzer so ausdauernd und so heftig, daß der erfahrene Joseph Schreyvogel nichts anderes zu tun brauchte, als dem jungen Mann die letzten Hemmungen zu nehmen, die einer Niederschrift der „Ahnfrau" möglicherweise noch entgegenstanden.

Aber so einfach war die Sache auch wieder nicht. Grillparzer trödelte und zögerte. Und er hatte mit privaten Schwierigkeiten zu kämpfen, welche die üblichen waren, die ein junger Mann immer hat, wenn er sich ausgerechnet im Staatsdienst um eine Karriere bemüht. Jedenfalls gingen die Monate dahin, ohne daß jenes Stück, von welchem Joseph Schreyvogel ursprünglich gemeint hatte, man brauche es nur niederzuschreiben, tatsächlich irgendeine brauchbare Form angenommen hätte.

Grillparzer erzählt in der Selbstbiographie, wie er eines Tages anläßlich eines Spazierganges eher zufällig Joseph Schreyvogel begegnete und von diesem sogleich nach dem Stück gefragt wurde, das er zu schreiben versprochen hätte. Es gehe nicht, habe er, Grillparzer, antworten müssen, was Schreyvogel nicht habe gelten lassen. Und der Mann vom Burgtheater habe dann auch noch an Goethe erinnert, der einmal gesagt haben soll, daß man nur in die Hand blasen müsse, um etwas voranzubringen.

So etwa könnte sich abgespielt haben, was bei Franz Grillparzer dann wie eine mit großer Verspätung erfolgte Explosion eine unerhörte Wirkung zeigte. „Als ich nach Hause gekommen war und zu Nacht gegessen hatte, schrieb ich ohne weitere Absicht acht oder zehn Verse auf ein Blatt Papier und legte mich zu Bette. Da entstand nun ein sonderbarer Aufruhr in mir. Fieberhitzen überfielen mich. Ich wälzte mich die ganze Nacht von einer Seite auf die andere . . ."

Schon am anderen Morgen, dem Grillparzer mit einem Gefühl begegnete, als würde er sich auf eine herannahende schwere Krankheit gefaßt machen müssen, tauchte er endgültig in das Abenteuer seines ersten Stückes ein. Jene am Abend zuvor geschriebenen acht oder zehn Verse waren jetzt wie eine Munition, die Grillparzer rückhaltlos verfeuerte. Er schrieb und steigerte sich in eine Erschöpfung hinein, die das Produkt einer geistigen Raserei war und ihn dennoch glücklich machte. „Die Gedanken und Verse kommen von selbst, des nächsten Tages dieselbe Erscheinung, in drei oder vier Tagen war der erste Akt, beinahe ohne ein durchstrichenes Wort, fertig.“

Mit diesem ersten Ergebnis seiner neuaufgenommenen literarischen Beschäftigung, die ohne jene eindringliche Unterstützung Schreyvogels gewiß nicht oder nicht auf diese erfolgreiche Weise zustande gekommen wäre, daß daraus etwas Brauchbares und auf die Bühne des Burgtheaters zu Verpflanzendes hätte werden können, mit diesem ersten Akt also eilte Grillparzer sogleich zu Schreyvogel. Und Joseph Schreyvogel, der nicht nur ein romantischer, sondern auch hilfsbereiter Charakter gewesen sein muß, studierte die Verse des jungen Mannes mit großer Aufmerksamkeit, widmete ihnen wahrscheinlich sogar so etwas wie feierlichen Ernst und redete dem Poeten eindringlich zu, das einmal Begonnene schleunigst zu beenden.

Man muß die Rolle des Burgtheatersekretärs — denn auch als solcher trat der musische Mensch Joseph Schreyvogel nachhaltig in Erscheinung — mit der gebotenen Eindringlichkeit ins rechte Licht rücken. Es oblag nämlich nicht im mindesten dem Aufgabenbereich Schreyvogels, sich unter den vielen Talenten, die in Wien wie zu allen Zeiten unaufhaltsam heranwuchsen, eines auszusuchen und dann auf eine Weise zu fördern, die das übliche Maß bei weitem überschritt. Schreyvogel wird gewiß auch gewußt haben, welche Möglichkeiten sich in dieser „Ahnfrau“ verbargen und welche Schwächen es gab, an denen das schaurige Stück scheitern konnte. Aber er griff nicht willkürlich in das Drama ein, das sich nun entwickelte. Er überließ es vielmehr dem jungen Dichter, sich ein erstes eigenes Weltbild zu schaffen, das auf der ersten Bühne des deutschen Kulturraums Bestand haben sollte. Sie waren zweifellos ein seltsames Gespann.

Schreyvogel war alles das, was der Vater Grillparzers weder von der charakterlichen Veranlagung her noch aufgrund irgendeiner Begabung jemals hatte sein können und was dem jungen Franz Grillparzer auch von jenem Herrn Sonnleithner, den er seinen Onkel nennen durfte, stets vorenthalten worden war. Jetzt allerdings, als die Arbeit an dem Stück, welches tatsächlich eine kunstvoll inszenierte Exaltation war, ein mühsam genug beabsichtigtes Außer-sich-Geraten, jetzt also, da das Feuer des Schöpferischen schon wieder zu erlöschen drohte, weil die von Schreyvogel so geschickt animierte Arbeit abgeschlossen war, wußte dieser, nämlich Schreyvogel, nicht so recht, „wohin er mein Mondkalb anreihen sollte". Der Mann vom Burgtheater hatte also plötzlich Bedenken und zeigte Skrupel, die überraschten. „Nicht als ob er den Gespensterspuk oder die sogenannte Schicksalsidee verworfen hätte", schrieb Grillparzer später, „er verlangte vielmehr, daß letztere mehr herausgebildet werden sollte, namentlich der ganz unberührt gebliebene Umstand, daß das jetzt lebende Geschlecht geradezu die Frucht der Sünde der Ahnfrau sei. Als ich mich darein nicht finden wollte, erbot er sich sogar mein Stück zu überarbeiten, es sollte dann als unser gemeinschaftliches Werk erscheinen."

Dagegen legte nun freilich Franz Grillparzer den allerschärfsten Protest ein. Entweder, so präzisierte er, würde das von ihm Geschaffene in einer Weise aufgeführt, die dem Schöpfer volle Genugtuung versprach, oder aber es verschwand das Geschriebene sogleich wieder von der Bildfläche. Irgendeinem Kompromiß konnte hier nicht zugestimmt werden, auch nicht um den Preis des Ruhmes, mit dem Schreyvogel den jungen Mann lockte. „Einen jungen Menschen heranzuziehen ist das Vorrecht des Älteren. Ihm im entscheidenden Augenblick die Freiheit zurückzuerstatten das Zeichen, an dem der Erziehende seine eigene Reife erweist. Dieses Zeichen hat Schreyvogel dem jungen Grillparzer nicht gegeben." (H. Politzer)

Dazu sollte man sich vielleicht noch einmal die Lebensumstände in Erinnerung rufen, an denen Grillparzer litt. Er war, lebend unter der Adresse „Im Elend“, an seine zu jener Zeit noch existierende und an ihrer Selbstvernichtung arbeitende Mutter gekettet, selbstverständlich der liebevollste Sohn, den man sich denken kann. Er war eine gehorsame Kreatur, die nicht fähig schien, aus sich selbst hervorzutreten. Er war, wenn man die äußeren Merkmale anführen will, ein blasser Charakter, ein unauffälliger Mensch, eine durchschnittliche Natur. Begabt in der Kunst der Anpassungsfähigkeit, die immer schon ein österreichisches Talent gewesen ist, entsprach Franz Grillparzer damals schon in so gut wie gar nichts dem feurigen oder pathetischen Bild, das man sich von einem Dichter machen könnte. Und fast überrascht es ein wenig, wenn man weiß, daß er das sicherlich gutgemeinte Angebot Schreyvogels, ihm bei der Bearbeitung der „Ahnfrau“ behilflich zu sein, so schroff, so kategorisch ablehnte.

Endlich kam der Tag der ersten Vorstellung. Es war der 31. Jänner 1817. „Meinen Namen auf den Zettel drucken zu lassen, war ich durchaus nicht zu bewegen.“ Hier zumindest bewahrte sich Grillparzer so etwas wie einen Hauch exquisiter Exzentrik. Hier wenigstens schien er für ein Kurzes auszubrechen aus dem langweiligen Ghetto, welches sein Leben war. Das Theater war übrigens schwach besucht, „es gab eine schlechte Einnahme“, Grillparzer, welchen man mit drei Freikarten für die erste Galerie abgefertigt hatte, befand sich mit seiner Mutter und seinem jüngsten Bruder, mit Adolf, mit eben jenem, der wenige Jahre später durch einen mysteriösen Freitod in der Donau ein schauriges Ende nehmen sollte, in einem Zustand fiebriger Erregung. Die Vorstellung selbst machte auf ihn, wie er später notierte, den widerlichsten Eindruck. Das hinderte ihn nicht daran, das ganze Stück halblaut und natürlich auswendig mitzureden. Der kleine Bruder an seiner Seite betete. Die Mutter redete auf Franz ein, sich zu mäßigen. Es war eine Idylle mit groteskem Hintergrund und entsprach damit vollkommen den Grillparzerschen Verhältnissen.

Hinzufügen sollte man vielleicht noch, daß schon ein Jahr später, nämlich am 21. April 1818, „Sappho“ uraufgeführt wurde; und am 26. März 1821 „Das Goldene Vließ“; am 28. Februar 1828 dann „Ein treuer Diener seines Herrn“; und am 5. April 1831 „Des Meeres und der Liebe Wellen", dem schließlich am 4. Oktober 1834 „Der Traum, ein Leben" folgte. „Das waren sieben Stücke und Theaterabende in siebzehn Jahren. Ein seltenes Ereignis bei einem so kurzschaffenden Menschenleben, in der Vaterstadt eines Dichters, auf der einen und gleichen Bühne." (J. Nadler)

Mit der „Ahnfrau" hat also angefangen, was man einen großen Erfolg nennen könnte. Die Meinung mancher Autoren, daß es ein rauschender Erfolg gewesen sei, mochte Grillparzer nicht teilen: „Es wurde viel geklatscht, aber durchaus nur an Stellen, wo die trefflichen Schauspieler ihre Glanzpunkte hatten." Es genügte dennoch, ihm materielle Zubußen und das Wohlwollen einflußreicher Persönlichkeiten zu vermitteln. Was das Geld angeht, so war es allerdings keine dramatische Summe, die ihm von der Theaterdirektion und dem Verleger übermittelt wurde. Und der Siegeszug des romantischen Schauerstückes über die Bühnen Deutschlands brachte nichts ein: „So gaben es alle Theater in Deutschland nach dem gedruckten Exemplar und machten ungeheure Einnahmen, ohne daß es einem einzigen einfiel, mir ein Honorar zu zahlen."

Von seinen Wiener Honoraren beglich Grillparzer übrigens eine überfällige Wohnungsmiete, was nachdrücklich beweist, daß die materielle Situation, in welcher sich der nunmehr berühmte Dichter des Burgtheaters befand, wahrscheinlich katastrophal war. Er selbst nannte das „unserem Hauswesen auszuhelfen", was immerhin soviel kostete, daß ihm nur mehr das Geld blieb, um sich einige Bücher (darunter eine Shakespeare-Ausgabe in englischer Sprache) anzuschaffen.

Der Ruhm hingegen holte ihn mit einer fast gebieterischen Gebärde ein. Spätestens nach der „Sappho", deren Aufführung eine nachdrückliche Bestätigung seines vorerst noch zögernd sich entwickelnden Erfolges war, den er sich mit der „Ahnfrau" erworben hatte, begann man in Wien, stolz auf Franz Grillparzer zu sein. „Der kleine Beamte begann plötzlich auch in seinem Amte zu gelten." (J. Nadler) Und am 30. April 1818 empfing ihn Fürst Metternich, einflußreichster und mächtigster Mann des Kaiserreiches und auch aufmerksamer Liebhaber der schönen Künste. Wenige Tage später, nämlich am 2. Mai, wurde Grillparzer in das Amt des Finanzministers Graf Philipp Stadion zitiert, wo ihm der Minister höchstpersönlich mitteilte, daß die Leitung des Hoftheaters ihn für die kommenden fünf Jahre zum Theaterdichter bestelle. Als Honorar standen tausend Gulden jährlich zur Verfügung. Das Angebot war großzügig, es war österreichisch auf diese besondere Weise, daß man dem Dichter keine Fesseln anlegte und seine Begabung nicht in irgendeine bürokratische Fron zwang. Dazu kam das großzügige Angebot einer „Gesellschaft dramatischer Kunstfreunde", das eine gutverzinsliche Bankaktie im Wert von elfhundert Gulden ausmachte.

Am eindrucksvollsten aber war des Dichters gesellschaftlicher Aufstieg daran abzulesen, daß ihm, der noch im Mai desselben Jahres einen Urlaub begehrte, dieser ohne weiteres bewilligt wurde, was gar nicht selbstverständlich war bei einem eher unscheinbaren Beamten minderen Ranges. Grillparzer ging zuerst nach Baden bei Wien, wo er sich nach Art der damals tonangebenden bürgerlichen Gesellschaft zu erholen wünschte, das heißt, er, der wie ein gehorsamer österreichischer Beamter auftrat und gar nichts von einem Intellektuellen an sich hatte, obgleich sein Erfolg aus musischen und damit auch aus intellektuellen Quellen genährt wurde, er also, der vielfach Hofierte und Bewunderte, machte die üblichen Spaziergänge, grüßte, blindlings den gesellschaftlichen Pflichten gehorchend, die notwendigen Leute, wurde gegrüßt und miteinbezogen in einen besonderen Rhythmus. Das alles begriff er tatsächlich als Erholung, oder als ein Aufatmen nach langer, schwerer Atemnot, was in Wahrheit doch nichts anderes war als das endgültige Anpassen und sich Unterordnen in Verhältnisse, die gegen alle seine Instinkte gerichtet sein mußten. Aber Grillparzer genoß den Erfolg. Und er dachte kaum darüber nach, daß dieser Erfolg ihn möglicherweise von sich selbst entfernte.

Jetzt nahm sich sogar ein Prälat seiner an, nämlich jener von Lilienfeld im Niederösterreichischen, ein gemütlicher Mensch, der übrigens gleichfalls ein Dichter war, und zwar mit Namen Ladislaus Pyrker. Dieser nahm ihn mit von Baden nach Badgastein im Salzburgischen, das damals gerade begann, Ruhm anzusetzen. Und später ging es dann noch zurück nach Lilienfeld, wo es zu

Unterhaltungen zwischen den beiden Dichtern kam, die fast den Irrtum erlaubten, daß die beiden eines Ranges wären. Grillparzer erklomm die Treppe nach oben. Und er durfte sich einbilden, eine bedeutende Persönlichkeit zu sein.

War er also das, was man eine gemachte Persönlichkeit nennt? Und schon gefeit gegen jede Art von Kritik? Kritik gab es jedenfalls genug. Auch solche, die tiefer zielte als das übliche literarische Kräftemessen, das man in Wien fälschlich für einen Akt der intellektuellen Auseinandersetzung hält. Schreyvogels nachhaltige und kraftvolle Unterstützung des beginnenden Höhenflugs Grillparzers hatte Konsequenzen, die nicht nur positiv waren. In sein Tagebuch notierte der Mann vom Burgtheater schon zwei Tage nach der Premiere der „Ahnfrau": „Ich selbst schade dem Verfasser durch zu vieles Lob." Und ein gewisser Hebenstreit, einflußreicher Redakteur einer Zeitschrift fürs sogenannte modische Leben, was in der selbstverliebten Donaustadt immer einer gefährlichen Drohung gleichkommt, urteilte gegen das allgemein angestimmte Lob: „Ich habe die ‚Ahnfrau' von der ersten Vorstellung an für eine Verirrung eines poetischen Gemüts gehalten, entstanden aus falschen Begriffen vom Wesen der Tragödie und ausgeführt in der Meinung, das Hohe und Ansprechende in der Romantik getroffen zu haben." Hebenstreit erreichte allerdings mit seinen Attacken gar nichts. In Wien war man fest entschlossen, das junge Genie liebevoll zu umarmen.

In und mit der „Ahnfrau" machte sich das literaturfähige österreichische Drama zum erstenmal, aber sofort entscheidend, vom Gängelband des norddeutschen kritischen Ästhetizismus los, jubelte Raoul Auernheimer vor rund fünfzig Jahren. Und er vergaß auch nicht mitzuteilen, daß Grillparzer in einem Anflug von übergroßem Patriotismus es abgelehnt hatte, dem deutschen Verleger Cotta die Buchausgabe der „Ahnfrau" anzuvertrauen, weil er sich als Österreicher verpflichtet fühlte, „einem vaterländischen Verleger den Vorzug zu geben". Das führte dann bekanntlich dazu, daß Grillparzers Erfolgsstück, als es über die deutschen Bühnen ging, seinem Verfasser zwar Ruhm, aber kein Geld einbrachte.

Der Anfang war schon das Ende. Einer, der in beengten Verhältnissen aufgewachsen war und kaum eine Möglichkeit sah, ihnen auf legale Weise zu entgehen, hatte Erfolg. Aber dieser Erfolg ließ ihn nicht aus der Fuchtel eines Charakters, der ein Schicksal sein kann. Dazu kamen Verhältnisse, die grotesk waren und des doppelten Bodens nicht entbehrten, der in Wien allem eigentümlich ist, was außerhalb der Norm liegt. Als sich in Grillparzers Kopf der Stoff zur „Sappho" formte, war nicht die Niederschrift des Stückes das eigentlich Schwierige, sondern waren es die wohnlichen Verhältnisse, mit denen Grillparzer sich abplagen mußte. In seiner Selbstbiographie schrieb er darüber nicht ohne einen Anflug von Sarkasmus, daß es vor allem eine Sache des verwandtschaftlichen Nervensystems gewesen sei, welches ihm aufs ärgerlichste zu schaffen gemacht habe. „Wir hatten zu dieser Zeit von der Wohnung einer gleichfalls verwitweten, aber ungleich besser gestellten Schwester meiner Mutter im Schottenhofe zwei Zimmer zur Aftermiete bezogen. Daß sie im ersten Stocke, gerade über der Backstube eines unten wohnenden Bäckers lagen, schien kein Anstand . . ."

Es war dann doch ein Anstand, und was für einer auch noch! Denn an normalen Schlaf war bei dem allnächtlichen Rumoren, das von der Tiefe nach oben drang, nicht im mindesten zu denken. Und gerade bei Nacht aber mußte Grillparzer, der tagsüber als Beamter seinen bescheidenen Pflichten nachging, an seinem Ruhm fortwirken, also schreiben; oder aber sich dem erquickenden Schlaf hingeben. „Beides kann er nicht in dem schwelenden, hochsommerlich überhitzten Dunst und dumpfen Gepolter, das von unten heraufdringt, und wie soll er da mit seiner griechischen Liedsängerin zu Rande kommen." (R. Auernheimer)

In Österreich wird der schöpferischen Intelligenz manches Hindernis in den Weg gerückt, von dem man andernorts nicht einmal ansatzweise eine Ahnung hat. Aber es wäre nicht Österreich oder zumindest nicht Wien, wenn jedes Dilemma nicht doch noch seine profunde Lösung fände. Man müsse bloß kräftig in die Hand blasen, wenn etwas weitergehen solle, hat Goethe einmal gemeint. Josef Schreyvogel hat diese hausbackene Weisheit seinem Schützling Grillparzer weitervermittelt. Jetzt ließ Grillparzer, der längst schon auf dem besten Wege war, ein perfekter Österreicher zu werden, das Schicksal oder zumindest die eigene Verwandtschaft, was manchmal auf dasselbe herauskommt, kräftig in die Hände blasen. Und wozu hat man schließlich eine Verwandtschaft, die wie die Familie der Sonnleithnerischen so reichverzweigt ist, daß es für alles eine Lösung gibt? Eine Tante Grillparzers namens Franziska, die gleichfalls im Schottenhof wohnte, brave Ehefrau eines Advokaten und Mutter von acht Kindern, benötigte trotzdem nur einen Teil ihrer Wohnung. Sie war wohl eine gute Tante, auch wenn sie, wie wir vermuten dürfen, wahrscheinlich so gut wie gar nichts verstand von den Nöten einer Dichterseele, die sich freischreiben will. Aber sie begriff, daß ein junger Mensch Ruhe braucht, um schlafen zu können. Und deshalb gewährte sie dem Beamten und Burgtheaterdichter Grillparzer, in welchem sie freilich nur ihren notleidenden Neffen sah, eines der Zimmer ihrer Wohnung, welches sie ohnedies nur bei Tage nützte. Nachts stand es jetzt dem emsig werkenden Poeten und seiner „Sappho“ zur Verfügung. „Und ich wanderte nun täglich im Finstern, während alles im Hause schon schlief, nach meinem subsidiarischen Schlafgemach, wo ich mich leise zu Bette legte, um des nächsten Morgens so früh als möglich aufzustehen und bei einem schlechten Tintenzeug auf grobem Konzeptpapier an meinem Stück zu arbeiten.“

Es war ihm also geholfen worden. Aber ein leises Raunzen konnte er sich dennoch nicht verbeißen. Es war der Anfang einer Lebenshaltung, an der Grillparzer unendlich schwer zu tragen haben würde.

Ein Urlaub und seine Folgen

Am 13. März 1819 war mit der „Ahnfrau“ und der „Sappho“ der Eintritt ins Reich der Musen aufs entscheidendste getan, war auch die bürgerliche Karriere des zum Hoftheaterdichter ernannten Franz Grillparzer innerhalb eines ganz bestimmten, wenn auch bescheidenen Rahmens abgesichert. Und an jenem 13. März also ersuchte Franz Grillparzer die ihm vorgesetzte Behörde um Urlaub. Für drei Monate wollte er sich auf eine Reise begeben, die ihn nach Rom und Neapel führen sollte. Niemand Geringerer als der Präsident der Hofkammer, Graf Ignaz Chorinsky, unterstützte dieses Gesuch, das vom Grafen Stadion zu genehmigen und vom Kaiser gleichsam abzusegnen war, mit beredten Worten: „Es wäre nie zu billigen, einem Manne den Zutritt zu diesen Reichtümern der Vorwelt zu verschließen, dessen hoher Kunstsinn erprobt ist, und bei dem sich von dem Ausfluge in diese Gegenden, von dem eigenen Anblicke der erhaltenen Denkmäler der Alten, nur die gelungensten Folgen für seine späteren Werke hoffen lassen.“

Es unterstützte hier die Bürokratie die Dichtkunst, was immer schon schöner österreichischer Brauch gewesen ist, weil sich anders die Literatur in einem Land wie Österreich nicht auf Dauer hätte behaupten können. Daß es nur eine Mutmaßung war, die auf nichts als der eigenen Phantasie gründete, was dieser Graf Chorinsky unterstützend zu formulieren wußte, war schon wieder eine andere Geschichte. Und die hatte mit den Dämonen zu tun, mit denen Grillparzer neuerdings vertrauten Umgang haben mußte.

Im November des Jahres 1817, also nur wenige Monate nach dem schönen Erfolg, welchen der Dichter mit der „Ahnfrau“ hatte erringen dürfen, war sein Bruder Adolf in die Donau gegangen. Und am 23. Jänner 1819 hatte sich seine Mutter buchstäblich unter seinem fürsorglichen Aug’ endgültig in jene Schlinge gestürzt, die sie, eine bis zur Selbstzerstörung fromme und der perfektesten Buße ergebene Frau, zuletzt immer enger, immer schmerzhafter um ihren Hals gefühlt hatte. Anna Maria hatte sich erhängt.

Grillparzer hat die Art des Todes seiner Mutter negiert. Er war unfähig, sich die Wahrheit einzugestehen. Sein Bericht über das Sterben dieser Anna Maria Grillparzer, von der er öfter als einmal gesagt hatte, daß er ihren Tod nicht überleben würde und daß ihr Tod für ihn so schrecklich wäre wie sonst nichts auf dieser Welt, dieser Bericht läßt keinen Zweifel darüber offen, daß er sich in einem Zustand der gefährlichen Autosuggestion befand. Er redete sich so hartnäckig eine unglaubliche Lüge ein, bis er selbst daran glaubte. Oder er war, weil das Faktum des Selbstmordes als gesellschaftlich ehrenrührig begriffen wurde, ganz einfach dazu gezwungen, Komödie zu spielen; und steigerte sich dann so sehr in die Absurdität seiner Rolle, daß er vollkommen darin aufging. So schrieb er, wie er Anna Maria „halb angekleidet an der Wand zu Häupten ihres Bettes stehend“ fand und auf sie einredete. „Ich beschwor sie, sich keiner Verkältung auszusetzen und sich wieder niederzulegen, erhielt aber keine Antwort. Ich faßte sie an, um allenfalls ihrer Schwäche nachzuhelfen, da, bei dem Scheine des von der Magd gehaltenen Lichtes, sehe ich ihre Züge starr und leblos. Ich hielt meine Mutter tot in meinen Armen. Wahrscheinlich war ihr während der Nacht der Gedanke wiedergekommen, in die Kirche zur Kommunion zu gehen. Während sie sich ankleiden wollte, traf sie ein Schlagfluß.“

Das offizielle Protokoll der Leichenkammer, wohin die Tote unverzüglich gebracht worden war, hat eine gänzlich andere Tonart. „NE. hat sich erhängt“, heißt es da lapidar. Solche Dinge fallen einem sensiblen Charakter schwer ins Gemüt. Es war zwar auch die „Sappho“ ein heftiger Erfolg für Franz Grillparzer gewesen, aber jetzt, da er gerade mitten in der Arbeit zum „Goldenen Vließ“ stand, da andererseits auch fast alles, was an privaten Verhältnissen ihn beschäftigte, unglücklich oder gar nicht endete, jetzt sah er sein Heil nur noch in der Flucht. Grillparzer, den man nunmehr schon einen österreichischen Dichter nennen durfte, was eine offizielle Punzierung seiner Person ausmachte, „hatte sich aus seiner häuslichen Misere in das Amt gerettet.“ In diesem Augenblick, da ihn die Erschütterung über den Tod seiner Mutter bewegte, bedeutete die Flucht aus dem Amt so etwas wie Lebensrettung.

Aber seiner diesmaligen Rettung standen Hindernisse im Weg. Eines davon hieß Claudius Ritter von Fuljod, war sein unmittelbarer Vorgesetzter und, soweit es Grillparzer betraf, kein sehr angenehmer Mensch. Dieser Herr Fuljod, Ritter und Hofrat, würde später noch eine gewichtige Rolle spielen bei der Besetzung einer inzwischen frei gewordenen Konzipistenstelle mit Grillparzer. Graf Stadion, welcher dem Dichter eine solenne Karriere wünschte, kämpfte dabei gegen seinen eigenen Hofrat, der sich nicht gerade als ein Freund Grillparzers erwies. Dieser wiederum würde immer wieder auf Urlaub gehen, ihn mehr oder minder eigenmächtig überschreiten und sich so als Beamter unbeliebt machen. Es würde eine Auseinandersetzung sein, wie man sie sich österreichischer kaum vorstellen konnte. Sieger würde es dabei keine geben, nur Besiegte und Opfer. Aber auch das war österreichisch.

Jetzt, im März 1819, durfte Grillparzer damit rechnen, die schlimmen, niederdrückenden Ereignisse aus seiner privaten Biographie zumindest vorübergehend zu vergessen. Außerdem hatte er Glück. Durch seinen Vetter und Freund Paumgartten erfuhr er, daß ein Graf Deym „mit eigenem Wagen und Extrapost nach Italien reisen wolle und einen Gefährten auf halbe Kosten suche". Dieser Graf Deym war kaiserlicher Kämmerer und vor allem anderen ein glühender Patriot oder, wie man heute sagen würde, ein unverbesserlicher Monarchist. In jenem Jahr 1819 war nämlich der Kaiser von Österreich, Franz II., mit seiner Gemahlin und einem beträchtlichen Gefolge nach Italien gereist, was eine spürbare Bewegung in die Reihen jener gebracht hatte, welche sich dem Herrscherhause verpflichtet fühlten. Und auch der Graf Deym hielt es jetzt für seine vornehmste Pflicht, seinem Herrn im Auslande aufzuwarten, sich ihm zur Verfügung zu stellen, auch wenn der Kaiser mit einem solchen schönen Opfer gar nichts anzufangen wußte. Es war das der selbstverständliche Herzschlag eines braven Österreichers, der die Menschen so handeln ließ — und woraus nun Grillparzer seinen Nutzen zog. Denn eine bequemere und zugleich preisgünstigere Art, in südliche Gefilde vorzudringen und dabei in offiziöser Eigenschaft auftreten zu dürfen, gab es wohl kaum.

Wenn man in Grillparzers „Selbstbiographie“ dessen teils erheiternden, teils gespenstischen Kampf um einen Reisepaß rekonstruiert, dann kann man sich eine Vorstellung von den nicht immer bloß harmlosen Verrücktheiten der österreichischen Bürokratie machen. Dem Hoftheaterdichter und Beamten Grillparzer, der fürwahr kein Unbekannter war, wurde ein solcher Reisepaß, ohne den er eigentlich nicht ins italienische Ausland hätte kommen dürfen, stets nur versprochen, jedoch niemals wirklich ausgehändigt. In Graz, Laibach und Triest war die zuständige Behörde, also die Polizei, zwar überaus gefällig und freundlich, sah sich jedoch jeweils außerstande, dem prominenten Reisenden das ersehnte Dokument auszuhändigen. Erst in Venedig, das zu jener Zeit bekanntlich noch zu Österreich gehörte, wurde ihm mitgeteilt, daß sein Vetter Ferdinand Paumgartten, welcher auch die Dienste eines Sekretärs der österreichischen Kaiserin besorgte, das gewichtige Dokument ausgefertigt und dann mit der kaiserlichen Post an den Obersthofmeister der Kaiserin abgesandt hatte. Das Dilemma war bloß, daß dieser Obersthofmeister sich in Rom befand und Grillparzer also bis Rom würde warten müssen, um endlich in den Besitz des wertvollen Dokuments zu gelangen. Dafür wäre er in Venedig beinahe mit dem bekannten englischen Lord Byron, welcher sich damals einer einfachen und freilich ungemein verführerischen Bäckersfrau wegen in den allergrößten Unannehmlichkeiten befand, anläßlich einer vom österreichischen Gouverneur, einem Grafen Goeß, arrangierten Abendgesellschaft zusammengekommen. Doch Rom hatte Vorrang. Und so zerschlug sich eine mögliche Freundschaft zwischen den beiden Dichtern.

Grillparzer genoß damals die Reise. „Wir reisten Tag und Nacht, trotz der Warnungen vor Räubern, ja selbst der Widersetzlichkeit der Postillione.“ Eine Woche vor Ostern langte er in der Ewigen Stadt ein, wo er durch einen glücklichen Zufall ans Gefolge des Kaisers geriet, der sich immer noch in Rom aufhielt. Hier war es auch, wo der Dichter endlich zu seinem Reisepaß kam, den der Obersthofmeister der Kaiserin, ein gewisser Graf Gundakar Heinrich Wurmbrand-Stuppach, dem Dichter getreulich aufbewahrt hatte. Und der gute Mann ging noch einen Schritt weiter. In seinem eigenen Wagen nahm er ihn mit nach Neapel, ließ ihn an der sogenannten kaiserlichen Kontrollortafel speisen, was Grillparzer neben der gesellschaftlichen Reputation auch eine erfreuliche Einsparung bei den Reisespesen eintrug. Und wahrscheinlich wäre des freundlichen Grafen Protektion noch weiter gegangen, wenn dieser sich nicht in Neapel ein Bein gebrochen hätte. Der Herr von Wurmbrand-Stuppach erbat sich jetzt vom Kaiser persönlich die Verlängerung des Grillparzerschen Urlaubs auf unbestimmte Zeit, weil er diesen, wie er ausführte, dringend als Gesellschafter benötigte. Der Urlaub wurde natürlich gewährt. Und in Wien, wo der Hofrat Fuljod erst mit erheblicher Verspätung von diesem Umstand erfuhr, wütete Grillparzers Vorgesetzter und begann damit, dem Abwesenden das Leben so schwer wie möglich zu machen.

In Italien freilich wurde Grillparzer zwar nicht eines dauerhaften, aber doch eines erfreulichen Glückes teilhaftig; dieses lag in den gesellschaftlichen Möglichkeiten, die dem jungen Dichter sozusagen am laufenden Band geboten wurden. Fürst Metternich zum Beispiel „erwies mir die Ehre, mich zu Tische zu laden“. Grillparzer erwähnte noch Jahre später voll Begeisterung den Umstand, daß der musisch interessierte, dem Hoftheaterdichter ungemein liebenswürdig entgegenkommende Fürst Verse von Byron in englischer Sprache auswendig rezitierte. Auf der Rückreise, auf der Graf Wurmbrand im Quirinal einquartiert wurde „und er, um mich bei sich zu behalten, mich, wie ich später erfuhr, allerdings für den Sekretär der Kaiserin ausgab“, in Rom also lernte Grillparzer den einflußreichen Kardinal Consalvi kennen und wurde vom greisen Papst Pius VII. für den Grafen Wurmbrand gehalten, was dazu führte, daß der Papst dem nicht sonderlich frommen Grillparzer einen Spezialsegen applizierte.

Doch Grillparzer hatte nicht nur Glück; „meine italienische Reise sollte aber wie eine Pandorenbüchse ein neues Unglück gebären“. Er hatte, weil er sich der Literatur nicht gänzlich entfremden wollte, während seines italienischen Aufenthaltes nicht nur seine Tagebuchnotizen fortgeführt, sondern sich auch immer wieder mit lyrischen Arbeiten beschäftigt. Dabei hatte er auch ein Gedicht auf den sogenannten Campo vaccino geschrieben, von welchem sechzehnzeiligen Werk sich zuerst einmal nichts anderes sagen läßt, als daß man es nicht unbedingt zu den herausragenden Arbeiten Grillparzers zählen sollte. Die eher banalen Verse beschäftigten sich mit einem damals aktuellen Thema, nämlich mit der versuchten Wiederherstellung des Kolosseums durch Papst Pius VII., wobei dieser ein Kreuz zum Gedenken an die christlichen Märtyrer hatte errichten lassen. Und ausgerechnet an diesem christlichen Symbol nahm Grillparzer poetischen Anstoß. In einem Augenblick lyrischer Aufgeregtheit beschäftigte er sich mit diesem Kreuz vom Campo vaccino und stellte einige zornige Fragen, deren Pathos fast schon unerträglich war.

Das Unglück wollte es, daß dieses Gedicht im Jahre 1820 in einem der damals ungemein populären sogenannten Tagebücher, welches übrigens Joseph Schreyvogel herausgab, veröffentlicht wurde. Und dieser immerhin recht „leidenschaftliche Zuruf an das Kreuz, seinen Platz in Rom zu räumen“ (J. Nadler), erregte, fast möchte man sagen selbstverständlich, enormen Anstoß. Zuerst einmal zürnte die Wiener kirchliche Partei ob dieser Unverfrorenheit, wozu noch kam, daß das poetische Taschenbuch zu allem Überfluß der Gattin des bayerischen Kronzprinzen gewidmet war, der späteren Königin Friederike Wilhelmine Caroline von Bayern, was man nicht ganz zu Unrecht als einen unerhörten Affront betrachtete. Daran änderte auch nichts, daß das alles Zufälligkeiten waren, wobei der Verursacher des sich nun entwickelnden Skandals noch am unschuldigsten gewesen sein dürfte. Jedenfalls empörte sich die Partei des bayerischen Kronprinzen, empörten sich die Katholiken in allen Lagern, empörte sich schließlich auch, was an der ganzen Affäre besonders verhängnisvoll war, der allmächtige Fürst Metternich. Das Gedicht wurde von der Zensur aus allen noch greifbaren Exemplaren des Almanachs herausgerissen, was eine gewiß nicht ganz leichte Tätigkeit gewesen ist für die Schergen der Zensurbehörde, wenn man sich die solide Handarbeit in Erinnerung ruft, welche seinerzeit solchen poetischen Almanachen zuteil wurde.

Aber der Skandal zog weitere Kreise. Zum einen waren bereits zahlreiche Exemplare ins Ausland geliefert. Man sprach von mehr als vierhundert Stück, was nun dazu führte, daß die stets allgegenwärtigen Liebhaber sogenannter verbotener Schriften diese nicht zensurierten Exemplare mit einer liebevollen bis habgierigen Aufmerksamkeit bedachten. Und wer sich kein gedrucktes Exemplar mehr verschaffen konnte, „schrieb wenigstens aus einem solchen mein Gedicht ab und nie hat irgendeine meiner Arbeiten eine solche Verbreitung in meinem Vaterlande erhalten“, stellte Grillparzer griesgrämig fest.

Zum anderen war die Behörde fest entschlossen, daraus eine Affäre von internationaler Bedeutung zu machen. Es hatte sich zwar Fürst Metternich nicht ohne diplomatische Durchtriebenheit zum Beschützer des jungen Poeten aufgeschwungen, indem er nicht ihn tadelte, der das alles durch seine Begabung provoziert hatte, sondern den Zensor, der die Provokation übersehen hatte. Aber letzten Endes blieb Grillparzer nichts anderes übrig, als sich zu demütigen und auf eine Weise zu Kreuze zu kriechen, die ihm auf Jahrzehnte hinaus noch als schmerzhafter Widerhaken in der Seele daran erinnerte, daß er zuerst ein Untertan und dann erst ein Dichter sein durfte.

Immerhin enthielt Metternichs Bericht an den Kaiser unter anderem die schwere Anschuldigung der Insubordination und des Verrates am Vaterland: „Dieses Gedicht ist nicht allein mit offenbarer Leidenschaftlichkeit gegen die Regierung, sondern mit einer für die Gewichtigkeit des Gegenstandes sicher nicht ziemenden Einseitigkeit gegen die christliche Religion als die Ursache des Verfalls des römischen Reiches geschrieben.“ Außerdem war Grillparzer, nachdem der saumselige Zensor und er selbst getadelt worden waren, um eine Illusion ärmer geworden, nämlich um jene, daß er sich durch seine Poesie das Wohlwollen der sogenannten allerhöchsten Kreise erworben und vielleicht auch so etwas wie die Zuneigung des einfachen Volkes für sich gewonnen haben könnte. „Von da an glaubte jeder Lump sich an mir reiben, mich angreifen und verlästern zu können.“

Aber auch den Dichter selbst traf die unterdrückte Wut der Behörde, die sich nun dafür rächen konnte und mußte, daß sie ein subversives Talent so lange ungeschoren hatte davonkommen lassen. Grillparzer hatte sein neues Trauerspiel „König Ottokars Glück und Ende“ im Frühjahr 1823 abgeschlossen und, wie das die Pflicht eines jeden Bürgers war, der sich schreibend betätigte, selbstverständlich nichts dagegen einzuwenden gehabt, daß das Manuskript, welches er erwartungsfroh dem Burgtheater übergeben hatte, zuerst einmal der Zensur vorgelegt wurde. Diese Behörde gedachte sogleich der Affäre rund um den Campo vaccino und war nicht willens, sich jetzt für einen Mann, der dafür bekannt war, daß er Schwierigkeiten machte, in die Nesseln zu setzen.

Grillparzer wartete zu. Er wußte, daß er sich in Geduld üben mußte. Aber Monat um Monat verstrich, ohne daß irgendeine Entscheidung fiel. Schließlich bequemte man sich am Burgtheater zur verlegenen Ausrede, daß man das Stück nicht parat habe, während es in Wahrheit bei der Behörde, welche das obsolete Geschäft der Zensur betrieb, schlichtweg verschwunden war. Grillparzer ging der Sache nach. Bald erfuhr er, daß die Staatskanzlei des Herrn Metternich am Verschwinden seines „Ottokar“ beteiligt wäre und daß ein gewisser Hofrat Gentz, welcher ein Intimus und zugleich Schützling des Fürsten Metternich war, die Hände mit im Spiel hätte.

In Grillparzers Selbstbiographie kann man nachlesen, was er empfand, als er einen notwendig gewordenen Pflichtbesuch bei eben diesem Hofrat unternahm; und wie er das unheilvolle und zugleich unheimliche Wesen aller Bürokratie zu begreifen lernte, als er das Interieur auf sich einwirken lassen mußte, das den sybaritischen und zugleich auch, was nur scheinbar ein Widerspruch ist, völlig verknöcherten Herrn von Gentz am Leben erhielt. Alles an dieser Wohnung, an diesem Manne war Grillparzer widerlich. Er wußte jetzt, wie einem Opfer zumute sein mußte, um welches eine Spinne ihre schleimigen Fäden zieht. „Gentz empfing mich kalt, aber höflich“, notierte Grillparzer in sein Tagebuch. „Er hatte mein Stück allerdings empfangen und gelesen, aber bereits wieder abgegeben. Ich ging. Neuer Kreislauf, neue Ungewißheit, zuletzt Verschwinden aller weiteren Spur.“

In dieser Situation, die eigentlich eine normale Lösung der ganzen Affäre kaum noch erlaubte, kam Hilfe von außen und zudem auf die überraschendste Weise. Es hörte nämlich die damals gerade unpäßlich darniederliegende Kaiserin Karolina Augusta von diesem merkwürdigen Stück, welches offiziell nicht existierte und dennoch für so viel Aufhebens sorgte, daß bald jedermann bei Hofe davon wußte. Karolina Augusta äußerte den Wunsch, unterstützt vom patriotischen Dichter Matthäus Collin, dieses Trauerspiel zu lesen. Augenblicklich wurde der „Ottokar", der zuvor angeblich unauffindbar gewesen war, nunmehr im Labyrinth der Zensurbehörde entdeckt und der Kaiserin übermittelt. Collin las ihr das Stück vor. Sie konnte nicht begreifen, weshalb man es verbieten wollte. Zufällig kam auch der Kaiser hinzu, der sogleich und ohne jede Schwierigkeit davon überzeugt werden konnte, daß man „König Ottokars Gück und Ende" unbedingt aufführen müßte.

Grillparzer in seinem Tagebuch: „Als der Tag der Aufführung kam (19. Februar 1825), gab es ein Gedränge, desgleichen man im Hofburgtheater weder früher noch später erlebt hat. Leider konnte ich die Ehre dieses Zulaufs nicht bloß mir anrechnen, es war vielmehr das Gerücht, daß das Stück von der Zensur verboten gewesen sei, was dem Publikum die Aussicht auf einen allfälligen Skandal eröffnete."

Den Skandal gab es, allerdings in einer ganz anderen Dimension und auch mit anderen moralischen Vorzeichen als sie von Grillparzer erwartet worden waren. Es empörten sich nämlich die in Wien lebenden Böhmen, welche König Ottokar als zu ungehörig charakterisiert fanden, über das Stück. Und diese nationale Aufregung, welche Grillparzer angesichts seines durchaus österreichisch gehaltenen „Ottokar" dennoch nicht begreifen konnte, setzte sich bis nach Prag fort, von wo es neben anderen Grobheiten jetzt auch anonyme Drohbriefe gab. Grillparzer selbst, dem auch noch manches andere, teils Private und zum Teil in den Verhältnissen jener unseligen Zeit Begründete herzhaft mißlang, verlor allmählich allen Mut: „Ich wußte in der Tat nicht mehr, was ich tun sollte. Wo ich hintrat, stieß ich an. Und wo ich Dank erwartet hatte, machte man mich für fremde Absurditäten verantwortlich."

Der Dichter spielte hier, ohne Namen zu nennen, auch auf jene Affäre an, die sich zwischen dem November 1825 und dem April des darauffolgenden Jahres abspielte. Der Maler Moritz Daffinger, mit dessen anfänglicher Freundin Marie Smolk von Smolenitz und nachmaliger Ehefrau Grillparzer ein nicht ganz unproblematisches Verhältnis gehabt hatte, hatte sich an einem Wirtshaustisch zu spöttischen Äußerungen über das Justizwesen und das Militär hinreißen lassen, die Grillparzer durchaus beifällig aufgenommen hatte. Die in aller Öffentlichkeit bezeugte Dummheit kam der allgegenwärtigen Behörde zu Ohren. Der Maler wurde mit Arrest bestraft und Grillparzer erhielt einen scharfen Verweis.

Dazu kam noch die Sache mit der „Ludlamshöhle“, welche eine Vereinigung war, die man heute vielleicht eine etwas merkwürdige Mischung von Freimaurerritual und Künstlerstammtisch nennen könnte. Es waren typische Herrenabende, die im Gasthaus „Haidvogel“ unweit des Stephansplatzes stattfanden und wo gewiß weniger über Politik, den würgenden Arm der Zensur oder die allen verhaßte Polizei Metternichs diskutiert als vielmehr über schöne Frauen und die nicht minder schönen Künste philosophiert wurde.

Der Behörde war diese „Ludlamshöhle“ allerdings verdächtig. Im Zeitalter Metternichs war jede regelmäßige Zusammenrottung von mehreren erwachsenen Personen schon ein Indiz für Landesverrat. Und dementsprechend energisch ging die Polizei auch hier vor, als sie in der Nacht zum 17. April 1826 in das Gasthaus „Haidvogel“ gewaltsam eindrang und alle dort anwesenden Personen, unter denen sich auch Franz Grillparzer befand, vorerst einmal in Arrest nahm. Bei Grillparzer wurde dann am 19. April noch eine ausführliche Hausdurchsuchung durchgeführt, bei welcher man selbstverständlich kein belastendes Material — was immer man darunter verstand — entdecken konnte.

Anderes kam dazu: sogenannte Herzensangelegenheiten; Enttäuschungen in literarischer Hinsicht; eine Verdrossenheit, die zur Manie zu werden drohte hinsichtlich der politischen Realität in Wien; und schießlich die Erkenntnis, die jeder Mensch macht, wenn er erst einmal über sich nachzudenken beginnt, daß nämlich, wie Grillparzer es ausdrückte, eine Reise ein vortreffliches Heilmittel für verworrene Zustände sein kann.

Reisen als Fluchtwege

Die Gründe, die einer angibt, um seine Lust auf die Ferne erklärlicher zu machen, mögen vielfältiger Natur sein. Im Falle Grillparzers, dessen Reisen stets ein wenig nach Flucht und Ausbruch schmeckten, kamen private Niederlagen, Schwierigkeiten im Beruf, Enttäuschungen auf literarischem Gebiet, eine Art von Unlust oder auch Lebensüberdruß zusammen, was alles ein Bündel von Gründen war, sich aus Wien davonzumachen. Am 3. Juni 1826 jedenfalls ersuchte er offiziell um die Gewährung eines Urlaubs, der ihm auch prompt bewilligt wurde. Schon am Abend des 21. August 1826 verließ er Wien in Richtung Prag und Dresden, wo er Ludwig Tieck aufsuchte, einen deutschen Literaten und Intellektuellen, der ihn seinerseits bereits in Wien besucht hatte und mit welchem er dann in loser Verbindung geblieben war; jetzt allerdings glaubte er ihn als einen „Verderber unserer Literatur" zu erkennen.

Die bloße Aufzählung dessen, was Grillparzer nunmehr auf dieser Reise erlebte, könnte die falsche Meinung aufkommen lassen, er wäre kopfüber in den Wirbel der Welt gesprungen. Aber dem war selbstverständlich nicht so! Denn längst schon hatte der Beamte und Dichter, der, wie es der Augenschein vermittelte, weder als Beamter noch als Dichter eine rasche und begeisterungsfähige Karriere machen wollte, mehr oder minder resignierend begriffen, daß es sein eigener Charakter war, der irgendeinem rasanten Aufstieg, irgendeinem spektakulären Triumph hinderlich im Wege stand. Grillparzer, jetzt Mitte Dreißig und damit nach allen Erwartungen und Statistiken bereits in der zweiten Hälfte seines Lebens, war längst ein fertiger Mensch. Es gab nichts mehr, was entwicklungsfähig gewesen wäre oder Anspruch gehabt hätte auf irgendeine optimistische Hoffnung. Mit fünfunddreißig war man zu jener Zeit abgestempelt, geprägt und unwiderruflich an die Verhältnisse gekettet, die man sich bis dahin geschaffen hatte; ganz zu schweigen vom Charakter, gegen den eine Opposition ohnedies unmöglich war.

Franz Grillparzer unternahm also diese Reise nach Deutschland — wie jene bereits absolvierte nach Italien und alle später folgenden — nicht aus Gründen der Vergnügung oder Erholung, sondern weil er sich auch anläßlich solcher Fluchtversuche — vor sich selber oder den Verhältnissen, die ihm Atemnot bereiteten — immer wieder von neuem bewähren wollte. Er war seiner moralischen Kostümierung zufolge schon als junger Mann ein Griesgram, aber einer, der lange Zeit und tief in sich nicht die Hoffnung aufgegeben hatte, vor sich selbst gerettet zu werden. Und wenn er der durchaus realistischen Meinung sein mußte, in Wien, das ihm und seinen melancholischen bis mürrischen Neigungen eine mörderische Falle war, einer solchen Errettung nicht teilhaftig werden zu können, machte er sich einfach aus dem Staub — bildlich gesprochen und dabei durchaus symbolhaft gemeint. Er war gewissermaßen ein Flüchtling aus edlen Motiven, wobei er das Sentimentale seiner jeweiligen Flucht durch Bildungshunger zu verbergen suchte. Und doch war er außerstande, sich zu ändern oder auch nur um einen Millimeter vom einmal eingeschlagenen Lebensweg abzuweichen.

Also grantelte er auch im Ausland. Und er gehorchte wie alle Österreicher, die es auf ein geistiges Kräftemessen mit den Deutschen ankommen lassen, der schlimmen Selbsttäuschung, daß der Deutsche einen pfleglicheren Umgang mit der Bildung habe. „In Wien zu wenig Bildung, in Berlin zu viel", heißt es lapidar in seiner Selbstbiographie.

Dann, nach Prag und Dresden, endlich Berlin. Hier begeisterte ihn zuerst einmal die damals noch blutjunge Henriette Sontag, eine Sängerin, die nach einem triumphalen Gastspiel in Paris jetzt am Königstädter Theater auftrat, wo sie vom germanischen Pöbel, den es zu jener Zeit auch schon gegeben hat, als Französin geschmäht wurde; dabei war sie eine Pragerin. Und nicht nur der Umstand, daß die Sontag als Siebzehnjährige bei der Erstaufführung von Beethovens „Neunter" mitgesungen hatte, versetzte Grillparzer jetzt in Berlin, wo er mit der Sontag lebhaften Umgang hatte, in einige Aufregung. Ein Frauenzimmer, das mehr konnte, als bloß mit den Augen kokett in die Welt zu blicken und dessen hübsches Lärvchen es nicht an einer ordentlichen und unterhaltsamen Konversation hinderte, war für Grillparzer stets ein Anlaß für Herzklopfen und eine Eintragung ins Tagebuch. Mehr war nicht, mehr gaben solche Begegnungen nicht her, denn ein kecker Verführer war Grillparzer entgegen seiner eigenen diesbezüglichen Meinung wahrlich nicht.

Er wohnte im Gasthof „Zum König von Portugal", was sich in der Berliner literarischen Gemeinde rasch herumsprach. Erste Besuche kamen. Etwa jener Baron de la Motte Fouché, der damals, was den Ruhm oder eigentlich die ordinäre Popularität angeht, seiner „Undine" wegen von den Deutschen über Goethe gestellt wurde und der nunmehr, als er an einem frühen Morgen Grillparzer buchstäblich überfiel, den mit der morgendlichen Rasur beschäftigten Österreicher dazu brachte, daß sich dieser mit dem Rasiermesser einen Zeigefinger spaltete. Fouché revanchierte sich auf eine angenehme Art. Er führte den jüngeren Kollegen aus Österreich in seine eigene sogenannte Mittwoch-Gesellschaft ein, wo Grillparzer neben musischen Bürgern auch die damals bereits legendäre Frau Varnhagen und den Dichter Adalbert von Chamisso kennenlernen durfte.

Was Rahel Varnhagen angeht, so traf Grillparzer die Frau Legationsrätin zum erstenmal nach einem langen und anstrengenden Tag, an dessen abendlichem Ende es Varnhagen selbst war, also ihr braver und freilich eher mittelmäßiger Ehemann, der alles für den Ruhm der angebeteten Gefährtin tat, welcher Grillparzer zu sich in die Wohnung verschleppte, vier Stockwerke hoch und von einer Geistigkeit durchtränkt, wie sie Grillparzer bis dahin noch nicht erlebt hatte. „Nun fing aber die alternde, vielleicht nie hübsche, von Krankheit zusammengekrümmte, etwas einer Fee, um nicht zu sagen Hexe, ähnliche Frau zu sprechen an, und ich war bezaubert. Meine Müdigkeit verflog oder machte vielmehr einer Art Trunkenheit Platz. Sie sprach und sprach bis gegen Mitternacht, und ich weiß nicht mehr, haben sie mich fortgetrieben oder ging ich von selbst fort. Ich habe nie in meinem Leben interessanter und besser reden gehört."

Grillparzer konnte es sich sogar erlauben, wählerisch zu sein. Die Einladung eines Ministers namens Stägemann zum Teezirkel lehnte er, der „weder den Tee noch den Minister liebt“, entschieden ab. Auch die betonte Freundlichkeit des Fürsten Sayn-Wittgenstein, der die politische und in gewisser Hinsicht auch moralische Oberaufsicht über die Berliner Theater und deren Personal innehatte, wies Grillparzer recht schroff zurück. An die Möglichkeiten, die sich ihm aus einer näheren Bekanntschaft mit Sayn-Wittgenstein geboten hätten, was seine eigene Produktion anging, dachte er dabei nicht im mindesten. Dafür machte er die Bekanntschaft eines Herrn Stieglitz, jenes kuriosen Poeten also, der einige Jahre später dadurch berühmt oder eigentlich berüchtigt werden sollte, daß seine ihm hysterisch ergebene Frau Charlotte sich mit einem Dolch eigenhändig ums Leben brachte, um durch dieses fundamentale Ereignis das eher schwächliche Talent des Stieglitz gewissermaßen aufs kräftigste zu massieren — was allerdings auch nichts fruchtete und Stieglitz keinesfalls aus seiner eintönigen Mittelmäßigkeit hervorlockte.

Jetzt und auf Grillparzer bezogen erwies sich Herr Stieglitz als eine Art lästiger Cicerone. Der Berliner Poet, der bei Grillparzer vorstellig geworden war, um diesen zuerst auf die eigene Person und dann auf jene eines gewissen Hegel aufmerksam zu machen, war nämlich von ungewöhnlicher Hartnäckigkeit. Und das war auch notwendig. Grillparzer hielt nämlich so gut wie gar nichts von Georg Friedrich Wilhelm Hegel, dem Philosophen, den er zu jenem Zeitpunkt noch gar nicht kannte. Außerdem war er jetzt ohnedies schon reichlich verstört durch die Bekanntschaft mit einem Literaturhistoriker namens Horn, die ihm Fouché vermittelt hatte. Dieser Horn dürfte einer jener schrecklichen preußischen Charaktere gewesen sein, welche damals bereits aus der Beschäftigung mit Literatur so etwas wie ein preußisches Lehrbuch für die Kunst des Exerzierens zu machen verstanden. In diesem besonderen Fall hieß das Opfer Shakespeare, den Grillparzer seit seinen eigenen literarischen Anfängen über alles bewunderte und den der preußische Professor Horn gänzlich verunstaltete, indem er ihn auf eine Weise kommentierte, daß er selbst dem gutmütigsten Menschen in und mit seinem Werk als gänzlich unverständlich erscheinen mußte.

Und dazu jetzt auch noch ein Philosoph namens Hegel! Denn Stieglitz gab selbstverständlich nicht auf, ehe er seine österreichische Beute im Haus Hegels untergebracht hatte. Grillparzer verhielt sich mißtrauisch. „Ich fand Hegeln so angenehm, verständig und rekonziliant, als ich in der Folge sein System abstrus und absprechend gefunden habe.“ Erleichtert wurde Grillparzer die Situation dadurch, daß er eines Tages in Hegels Haus „die niedliche Sontag“ vorfand, „so daß der Abend unter heiterem Gespräch und Musik verging, ohne daß man durch irgendetwas an den Katheder gemahnt wurde.“

Grillparzer schreckte also vor der gravitätischen, allzu würdevollen Meinung des Philosophen zurück, die dieser, als stünde er wie ein Lehrer vor seinem Katheder, dem Gast unbarmherzig aufzwang. Und Grillparzer war auch nicht nach Berlin gekommen, um sich hier durch Hegels Weltanschauung indoktrinieren zu lassen. Außerdem besaß dieser die Keckheit, seinen verstört zusammenzuckenden Gast ausgerechnet mit dem „als Dichter wie als Theaterkritiker gleich übel beleumundeten Wiener Witzbold Saphir“ (R. Auernheimer) zusammenzubringen, dem er, Grillparzer, ein Leben lang ausgewichen war. Wenn man in diesem Zusammenhang, wie das manche österreichische Autoren getan haben, von einer monumentalen Taktlosigkeit Hegels spricht, so ist nachgerade noch diskret dargestellt, was sich der Berliner Philosoph hier an Dummheit und abgeschmackter Ignoranz geleistet hat. Und vielleicht dachte Grillparzer an Hegel, als er später über seine Berliner Erfahrungen diesen einen Satz formulierte: „Nun hat aber die deutsche Bildung das Eigentümliche, daß sie sich gar zu gern von dem gesunden Urteile und der natürlichen Empfindung entfernt.“

Die nächsten Ziele hießen Leipzig und Weimar, wobei es wieder zu einem dieser scheinbar glücklichen Zufälle kam, welcher auch diesmal wie seinerzeit schon in Italien eine Art der Bequemlichkeit bedeutete, die allerdings auch ihre gewaltigen Tücken hatte. Denn als Grillparzer am Tag vor seiner Abreise aus Berlin von einer „Landsmännin, der Sängerin Seidler“ Abschied nahm, „fand ich dort einen sächsischen Grafen, der sich in den Kopf setzte, der schon etwas alternden, aber noch immer hübschen Frau den Hof zu machen". Aus dieser Zufälligkeit erwuchs Grillparzer ein Reisebegleiter, von dem er annehmen durfte, daß er zur Halbierung der Reisespesen beitragen würde. In Wahrheit war der sächsische Standesherr ohne einen Groschen Geld unterwegs, das heißt, er hatte das Seine in Berlin, wo er allzu lange den Mann von Welt gespielt hatte, leichten Herzens vertan. Daraus ergaben sich ein paar peinliche Situationen, aber weil der sächsische Graf eben doch den besten Familien Sachsens angehörte, wie das Grillparzer spätestens in Leipzig höchst erleichtert feststellte, fand sich eine Gelegenheit, einen Kredit zu bekommen: ein Postmeister war mitleidig genug und borgte dem Grafen ein paar Taler, „und so kamen wir, wie ein paar Lumpe, in Leipzig an".

Über Leipzig, wo Grillparzer zwei, drei Herren ohne tiefere Bedeutung kennenlernte, läßt sich nicht viel mehr sagen, als daß der sächsische Leichtfuß und Graf sich hier endlich erkenntlich zeigen wollte und Grillparzer als bedeutenden Dichter aus Wien dem Wirt jenes Hotels empfahl, wo Grillparzer Unterkunft gefunden hatte. „Worauf ihn der Wirt drei Tage lang mit der größten Hochachtung, ja geradezu mit Verehrung, als Herr von Castelli ansprach und behandelte, da dieser Wiener Witzonkel der einzige Wiener Dichter war, den er dem Namen nach kannte. Grillparzer, der nachgerade dahintergekommen war, daß der Österreicher in Deutschland und ganz besonders der Wiener immer wieder operettenhaften Verwechslungen ausgesetzt ist, ließ sich die Falschmeldung gefallen und steckte die aufmerksamere Behandlung, die er ihr verdankte, als eine Art Trinkgeld des Ruhmes ein." (R. Auernheimer)

Aber das eigentliche Ziel, der anvisierte Inhalt der ganzen Reise war und blieb natürlich Weimar. Drei Tage genügten ihm, um sich in Leipzig, wo übrigens gerade Messe war, hinlänglich umzutun. Mehr glaubte er nicht in diese Stadt investieren zu müssen, die ihm vielleicht auch dadurch etwas suspekt geworden war, daß er dort ohne eigene Schuld unter einem fremden Namen firmierte und einen fragwürdigen Lohn für einen fremden Ruhm kassierte. Außerdem war Weimar mit dem Geheimrat von Goethe eine zu große Verlockung, war der Ruf, der von dieser Kleinstadt ausging, längst schon zur Legende geworden und mußte Grillparzer endlich eine Antwort auf die oftmals und ängstlich gestellte Frage erhalten, wie der Siebenundsiebzigjährige den unangesagten Gast aus Wien wohl aufnehmen werde. „Es ging nun nach Weimar. Einerseits freute ich mich darauf, andererseits aber sank meine, ohnehin nicht große Meinung von mir selbst Grad für Grad in mir selbst zusammen.“ Nie verkörperte Grillparzer jenen Typus des Österreichers, der sich ständig unter seinem eigenen Wert verkauft, besser, überzeugender als hier, da er ängstlich und voller Selbstzweifel auf Weimar und das dort hausende Monument zurollte.

Daselbst endlich angekommen, kehrte er im damals „in ganz Deutschland bekannten Gasthofe ‚Zum Elefanten‘, gleichsam dem Vorzimmer zu Weimars Walhalla ein“. Er beauftragte, wie es sich seiner Meinung nach gehörte, einen Kellner, im Hause des Geheimrates anzufragen, ob er, Grillparzer, aufwarten dürfe. Die Antwort war kurz: Der Geheimrat habe Gäste und stünde daher jetzt nicht zur Verfügung; aber für den Abend zum Tee erwarte er den Österreicher.

Grillparzer, dem es übrigens leichtgefallen wäre, sich von Berlin oder sogar noch von Leipzig aus dem Olympier aufs schicklichste bekannt zu machen, indem er ihn von seiner Absicht, ihn aufzusuchen, unterrichtete, was übrigens wirklich nur ein selbstverständliches Gebot der Höflichkeit gewesen wäre im Gegensatz zu jenem Überfall, den er sich jetzt erlaubte, Grillparzer also verbrachte den Nachmittag mit Geduld oder, wie man das wohl auch vermuten darf, vielleicht doch in der allergrößten Unruhe, bis er sich gegen Abend dann zu jenem Haus am Frauenplan aufmachte, das seit langem schon als Zentrum des literarischen Lebens in Deutschland galt. Er traf dort auf eine größere Gesellschaft, „die des noch nicht sichtbar gewordenen Herrn Geheimrats wartete“. Darunter entdeckte Grillparzer, wie er später in seiner Selbstbiographie ausdrücklich erwähnte, die schöne und gebildete Tochter irgendeines Hofrats, mit der er sogleich ins Gespräch kam, und zwar so ausgiebig und intensiv, daß er alle Bangigkeit verlor, „und ich vergaß im Gespräche mit dem liebenswürdigen Mädchen beinahe, daß ich bei Goethe war".

Es war diese flüchtige Begegnung zweifellos wieder ein Beweis für die erstaunliche Begabung Grillparzers, allein durch die Gegenwart einer Frau oder — weil man diese Tochter eines Hofrats als Frau noch nicht wirklich ansprechen konnte — einfach eines weiblichen Wesens gleichsam in zahllose winzige Explosionen zu zerplatzen, die aus ihm für ein paar Augenblicke oder auch für die Dauer eines Abends einen gänzlich anderen Menschen machten. Er war dann wie ein Spiegel, der den Glanz hübscher Weiberaugen und glatter Frauenwangen reflektierte. Und er vermochte in solchen Augenblicken mit einer Behendigkeit, die man dem ständig Grantelnden und Unwirschen niemals zugetraut hätte, aus der eigenen Haut hervorzutreten und so zu tun, als sei er ein Anderer, Besserer, ein fröhlicher Mensch gar, dem die jetzt zur Schau gestellte Leichtigkeit und Anmut angeboren wäre. Grillparzer verstellte sich, wenn er ein weibliches Wesen in seiner Nähe witterte, auf die vollkommenste Art und Weise. Er war dann sogar, wie er es im Haus am Frauenplan in Weimar demonstrierte, imstande, den Anlaß seines Auftritts zu vergessen.

Übrigens muß man ihm zugute halten, daß seine abendliche Bekanntschaft tatsächlich vielversprechend in jeder Hinsicht gewesen ist. Später einmal würde sie unter dem Namen Talvj sogar so etwas wie einen literarischen Ruf erwerben, was wohl nur bestätigte, daß sie keine gewöhnliche und erst recht keine dumme Person war. Einer solchen hätte Grillparzer nämlich nicht einmal im Augenblick der höchsten Verlegenheit irgendeine Aufmerksamkeit gewidmet; auch dann nicht, wenn er mehr angstvoll als aufgeregt dem Auftreten Goethes entgegenfieberte und für jede Zerstreuung dankbar sein mußte.

Dieser, nämlich Goethe, betrat endlich durch eine Seitentür den Salon. „Schwarz gekleidet, den Ordensstern auf der Brust, gerader, beinahe steifer Haltung, trat er unter uns, wie ein audienzgebender Monarch. Er sprach mit diesem und jenem ein paar Worte und kam endlich auch zu mir, der ich an der entgegengesetzten Seite des Zimmers stand."

Und? Nichts weiter. Ob in Österreich die italienische Literatur „sehr betrieben werde", wollte Goethe von seinem vorerst noch völlig in Ehrfurcht erstarrten Gast wissen. Und dieser, der wahrscheinlich alles andere als eine solche Frage erwartet hatte, antwortete mechanisch, daß die italienische Sprache wohl verbreitet, hingegen die italienische Literatur kaum bekannt wäre. Und weil Grillparzer nun schon einmal beim Reden war und jetzt, als wäre er eine Marionette, die sozusagen nur in Absätzen funktioniert, nicht mehr mit dem Reden aufhören konnte, plauderte oder plapperte er wie ein Gleichgestellter munter weiter, trockenen Halses und Mundes zwar, aber beredt wie selten zuvor. Vom Italienischen geriet er ans Englische oder vielmehr an die englische Literatur, „welche bei aller Vortrefflichkeit doch eine Beimischung von Derbheit habe, die für den gegenwärtigen Zustand der deutschen Kultur, vornehmlich der poetischen, mir nichts weniger als förderlich scheine".

So redete Grillparzer. Wir wissen nicht, wie Goethe auf diesen rätselhaften Unsinn reagierte. Auch Grillparzer wußte es nicht. Dieser wußte überhaupt gar nichts. Nicht einmal so viel, ob und wann der Geheimrat sich von ihm entfernt und ihm sich wieder genähert hatte und ob und was dabei gesprochen worden war. Möglicherweise begriff Goethe, der zu jener Zeit übrigens in einen intensiven Briefwechsel mit dem englischen Lord Byron verwickelt war, gar nicht wirklich, was ihm da der Österreicher über die Nachteile der englischen Kultur mitteilte. Möglicherweise war er für ein paar Augenblicke ganz einfach vom moderaten Wohlklang des Süddeutschen, des Wienerischen angetan, das ihm da fremdartig und doch verlockend entgegenwehte. Und möglicherweise redeten die beiden Herren, der noch junge Gast, dem Ehrfurcht und Aufgeregtheit die Kehle zuschnürten, und der leicht gelangweilte, über die Maßen berühmte Greis, ganz einfach, wie das üblich ist bei solchen abendlichen Gesellschaften, aneinander vorbei; und zwar so vollkommen, daß das Mißverständnis schon wieder zum System wurde.

Grillparzer später in seiner Selbstbiographie: „Ich gestehe, daß ich mit einer höchst unangenehmen Empfindung in mein Gasthaus zurückkehrte. Nicht als wäre meine Eitelkeit beleidigt gewesen, Goethe hatte mich im Gegenteil freundlicher und aufmerksamer behandelt, als ich voraussetzte. Aber das Ideal meiner Jugend als steifen Minister zu sehen, der seinen Gästen den Tee segnete, ließ mich aus allen meinen Himmeln herabfallen. Wenn er mir Grobheiten gesagt und mich zur Tür hinausgeworfen hätte, wäre es mir fast lieber gewesen. Ich bereute fast, nach Weimar gegangen zu sein."

Franz Grillparzer war ein Hypochonder. Er war es in jeder Hinsicht, die seine Existenz betraf. Und er war, wie das bei solchen Charakteren oft der Fall ist, selbstverständlich auch ein hemmungsloser Egozentriker. Denn außerstande, die eigene Nachlässigkeit zu bedenken, mit welcher er es verabsäumt hatte, sich dem Geheimrat Goethe auf eine honette Weise bekanntzumachen, das heißt, dem Besuchten eine vorzeitige Ahnung von diesem Besuche zu vermitteln, bemitleidete sich Grillparzer jetzt, weil sein erster Auftritt im Haus am Frauenplan kein glanzvolles Ereignis gewesen war.

Was hatte er eigentlich erwartet? In seinem ansonst recht ausführlichen Reisetagebuch fehlt jeder Hinweis auf Weimar, was wahrscheinlich darauf zurückzuführen ist, daß sein gespaltener Finger, den ein zu frühzeitig und zu stürmisch auftretender Fouché in Berlin indirekt verursacht hatte, Grillparzer jetzt am Schreiben hinderte. Aber die Selbstbiographie gibt hinlängliche Auskunft über diesen Aufenthalt. Und auch in den Aufzeichnungen Goethes findet sich ein beachtenswerter Hinweis. Demnach trat der Österreicher zuerst einmal mit großem Respekt und einigem Unbehagen, welches möglicherweise auf einem Gefühl der eigenen Unterlegenheit basierte, an dieses Abenteuer heran. Grillparzer, auch hierin ein echter Österreicher und außerdem wieder einmal hypochondrisch bis zur Selbstaufgabe, redete sich dem Geheimrat gegenüber die eigene Bedeutungslosigkeit wie eine heftig herbeigesehnte Krankheit ein. Er tat so, als habe er nichts anderes als Unaufmerksamkeit und Gleichgültigkeit verdient. Im nämlichen Atemzuge aber spekulierte er doch damit, daß man ihn gleichsam erkennen, also auch respektieren werde. Und es mag schon sein, daß daraus der Eindruck einer etwas duckmäuserischen Haltung entstand, daß also Grillparzer gewissermaßen auf zwei Stühlen zu sitzen versuchte, wobei er heftig schwankte zwischen unangebrachter Devotheit und nicht minder unangebrachter Eitelkeit.

Der Literaturhistoriker Nadler schreibt in diesem Zusammenhang: „Wie verhielt sich Grillparzer? Nach dem Gesetz seines Wesens abwartend, dann seinem überströmenden Gefühl nachgebend, zuletzt eine Unterredung zu zweit ausschlagend. Darüber ist viel geredet worden. Grillparzer wich aus, wie gern in solchen Lagen. Zweifellos liegt hier kein anderes Problem vor als das seiner problematischen Natur. Er ist der letzten Unterredung mit Goethe aus Stolz und aus Schwäche ausgewichen . . . Die Begegnung mißglückte von beiden Seiten."

Aber bis es zu diesem kleinen Eklat kam, daß der unbekannte Österreicher eine Einladung Goethes zum Dialog unter vier Augen nicht berücksichtigte und buchstäblich aus Weimar flüchtete, ereignete sich noch einiges. Erinnern wir uns: Am 29. September 1826 war Grillparzer erstmals im Haus Goethes. Am 1. Oktober wurde ihm die Ehre eines Mittagessens zuteil. Am Tag darauf wurde er bei Goethe vom Weimarer Maler Schmeller für die Galerie im Hause am Frauenplan gezeichnet, was man doch eine außerordentliche Ehre nennen sollte, die bei weitem nicht jedem der zahlreichen Gäste des Geheimrats zuteil wurde. Und am 3. Oktober wurde dann Grillparzer im sogenannten Weimarer Schießhaus sogar ein Fest gegeben, eine Auszeichnung, die gewiß nur jenen Besuchern der Stadt angetan wurde, die bei Goethe keinen allzu schlechten Eindruck hinterlassen hatten. Dieser schrieb übrigens am 11. Oktober, also nur wenige Tage nach dem Besuch Grillparzers, an seinen Vertrauten Zelter: „Grillparzer ist ein angenehmer wohlgefälliger Mann; ein angeborenes poetisches Talent darf man ihm wohl zuschreiben; wohin es langt und wie es ausreicht, will ich nicht sagen. Daß er in unserem freien Leben etwas gedrückt erschien, ist natürlich."

Grillparzer würde daraus ein rundes Jahr später, indem er noch einmal sich mit Goethe zu messen versuchte, so etwas wie einen Schlußstrich unter diese Affäre ziehen. „Ich weiß, daß ich es nie erreichen werde, nach was ich strebe in der dramatischen Poesie: das Leben und die Form so zu vereinigen, daß beiden ihr volles Recht geschieht." Der Hypochonder geißelte sich selbst. Und er war vielleicht glücklich darüber, daß ihm diese spezielle Form der Selbsterniedrigung literarisch so flink von der Hand ging.

In Weimar freilich, jetzt im Oktober, wo Grillparzer allein schon dadurch, daß er praktisch unmittelbar nach seiner Ankunft bei Goethe in Erscheinung hatte treten dürfen, so etwas wie eine Augenblicksberühmtheit geworden war, in Weimar freilich war zu irgendeiner Art von Hypochondrie tatsächlich kein Anlaß vorhanden; auch dann nicht, wenn Grillparzer gegen sich selbst wütete, weil Goethe ihm nicht spornstreichs um den Hals gefallen war. Erstens traten Weimarer lokale Zelebritäten auf, die neugierig auf den Österreicher waren, so etwa ein gewisser Müller, ein Politiker von provinziellem Rang, aber nicht unwichtig, wenn man sich in Weimar umtun wollte. Dann war da zweitens auch noch der Kapellmeister Hummel, ein Wiener, der seit längerem schon in Weimar tätig war und mit dem sich Grillparzer im lange entbehrten wienerischen Dialekt unterhalten konnte. Und schließlich brachte sich der Kellner, den Grillparzer schon zu seiner eigenen Anmeldung im Hause am Frauenplan benützt hatte, noch einmal dadurch in Erinnerung, daß er jetzt Grillparzer mit einer Einladung Goethes zum Mittagessen für den nächstfolgenden Tag überraschte.

„Die Ordnung der Tage verwirrte sich mir", schrieb Grillparzer, wobei sich nicht genau feststellen läßt, ob er diese bewegende Eintragung aus echter innerer Anteilnahme gemacht hat oder bloß aus jener Koketterie, zu welcher er mitunter durchaus fähig war. Im übrigen erging es ihm, hätte er das alles bloß wirklich genießen und ungeschmälert von Zweifeln und düsteren Gedanken auf sich einwirken lassen können, wie einem literarischen Hans im Glück. Ein eher intimes Essen bei Hummel, wo der Gast ein Wiedersehen feiern konnte mit der Gemahlin des Kapellmeisters, einer einst recht hübschen Wiener Sängerin names Röckel, „die mir in Pagenkleidern und prallen seidenen Trikots noch immer vor der Erinnerung schwebte", bildete sozusagen die Ouvertüre. Dann ein gemeinsamer Theaterbesuch mit dem Kanzler Müller, wobei Grillparzer sich von einem Schauspieler namens Graff, welcher vor Jahren Schillers erster Wallenstein gewesen war, enttäuscht zeigen durfte. Und schließlich kam jener Tag, den Grillparzer in seiner maßlosen Hypochondrie als einen verhängnisvollen bezeichnete, weil er bei Goethe zum Mittagessen geladen war. „Als ich im Zimmer vorschritt, kam mir Goethe entgegen und war so liebenswürdig und warm, als er neulich steif und kalt gewesen war. Das Innerste meines Wesens begann sich zu bewegen. Als es aber zu Tische ging und der Mann, der mir die Verkörperung der deutschen Poesie, der mir in der Entfernung und dem unermeßlichen Abstande beinahe zu einer mythischen Person geworden war, meine Hand ergriff, um mich ins Speisezimmer zu führen, da kam einmal wieder der Knabe in mir zum Vorschein, und ich brach in Tränen aus. Goethe gab sich alle Mühe, um meine Albernheit zu maskieren."

Man kann sich die Szene unschwer vorstellen, die nicht ohne tieferreichende Rührung geblieben wäre, wenn Grillparzer bloß um etliches jünger gewesen und nicht im Verdacht gestanden wäre, aus bloß literarischen Gründen alle möglichen Gefühle gleichsam nach Belieben in Anspruch zu nehmen; und wenn außerdem nicht auch noch ein halbes Dutzend anderer Gäste nebst dem auf- und abtragenden Personal zum Augenzeugen dieser österreichischen Bewegtheit geworden wäre. Denn Grillparzer war keineswegs der einzige Gast im Hause am Frauenplan, sondern mußte die Auszeichnung, von Goethe so sichtbar bevorzugt zu werden, mit einigen anderen Herren von Reputation teilen, die jetzt wahrscheinlich nicht ohne Überraschung beobachteten, wie der hagere und ungeachtet seines noch eher jugendlichen Alters schon griesgrämig wirkende Österreicher beherzt und vielleicht sogar ein wenig verzweifelt versuchte, seiner Rührung Herr zu werden — gleichviel, ob diese Rührung eine echte oder nur Ausdruck einer komödiantischen Begabung war.

Grillparzer, der stets ein genauer und wortreicher Darsteller seiner selbst und der von ihm herbeigeführten Lebenssituationen zu sein vermochte, blieb diesmal alles schuldig. Er entzog sich der Selbstdarstellung und verweigerte sich jeder schriftlichen Auseinandersetzung mit der Wirklichkeit. Später, zurückgekehrt nach

Wien, würde er diesen Rückzug mit seiner Verletzung, welche ihm das Schreiben unmöglich machte, zu erklären versuchen. Aber weil er wohl selbst spürte, daß dies für einen Literaten eine gar zu erbärmliche Ausrede war, notierte er kurzerhand: „Und ich habe von diesem, ich hätte bald gesagt: wichtigsten Moment meines Lebens nichts als die allgemeinen Eindrücke im Gedächtnis behalten." Das sah dann so aus, daß Grillparzer „im Eifer des Gesprächs" an der Mittagstafel ein Stück Brot zerkrümelte „und dadurch unschöne Brosamen erzeugte", die der Herr Geheimrat liebevoll und pedantisch mit dem Finger aufpickte und zu einem kleinen Häufchen ordnete, was wiederum Grillparzer, nachdem er sein zerstreutes Tun bemerkt hatte, erschrocken innehalten ließ.

Das war es. Und das war auch schon alles. Aber ungeachtet seiner nervösen Zerstreutheit und seiner möglichen Wortkargheit und ungeachtet auch jener unmännlichen Rührung, die im Hause eines deutschen Dichterfürsten wohl als übertriebene Sentimentalität empfunden worden ist, schien sich Grillparzer dennoch wacker genug gehalten zu haben. Denn schon für den nächsten Vormittag erhielt er eine neuerliche Einladung: um, wie das bereits erwähnt wurde, für die Galerie des Hauses „in schwarzer Kreide" porträtiert zu werden.

Dieser dritte Besuch Grillparzers im Haus am Frauenplan brachte endlich ein Ergebnis, wie man es sich von einem beschreibungswütigen Literaten wohl erwarten darf. Denn weil „der Maler noch nicht gekommen" war, hatte Grillparzer Gelegenheit, Goethe genauer zu beobachten. Und entgegen seiner sonstigen Gewohnheit, in und über Weimar seines in Berlin gespaltenen Fingers wegen so gut wie nichts zu berichten, machte er sich diesmal doch Notizen, die er dann in Wien ausarbeitete. Das Alter seines Gastgebers zitierte er, indem er Goethe etwas genauer beschrieb und auch nicht verschwieg, daß dieser „mit einem langen Hausrock bekleidet, ein kleines Schirmkäppchen auf den weißen Haaren", etwas unendlich Rührendes besaß. Halb wie ein König und halb wie ein Vater habe er ausgesehen. Und, was Grillparzer selbstverständlich nicht zu erwähnen vergaß, auch der „Sappho" gedachte er, die sein Gast in Wien auf die Bühne gebracht hatte.

Dann kam der Maler, der sich etwas verspätet hatte, und Grillparzer ging mit diesem ins Haus, um ihm zum Porträt zu sitzen. Später kam auch Goethe hinzu, zeigte sich freundlich, war zugänglich und ließ Grillparzer einige Schaustücke seiner angehäuften Schätze bewundern, die das Haus am Frauenplan fast zu einem Museum machten. Darunter befand sich Goethes Briefwechsel mit Lord Byron, worauf der Geheimrat besonders stolz war, und auch manches schriftliche Dokument, das die nähere Bekanntschaft des Dichters mit dem österreichischen Kaiserpaar, die sich im Modebad Karlsbad ergeben hatte, nachdrücklich bestätigte. Grillparzer war beeindruckt. Goethe war freundlich. Alles hatte seine Ordnung. Und Grillparzers Karriere in und für Weimar schien gesichert. Aber da „begab sich meine zweite weimarische Dummheit".

Grillparzer, um die Sache so einfach wie möglich zu erklären, ängstigte sich davor, mit Goethe einen ganzen Abend allein sein zu müssen. Und daraus entstand dann das, was er seine zweite weimarische Dummheit nannte.

Man muß die ganze Geschichte erzählen, um die Dimensionen dieser Dummheit zu erkennen. Denn einer offiziellen Einladung war der Österreicher nicht wirklich teilhaftig geworden. Es war ihm lediglich durch den allgegenwärtigen Kanzler Müller bedeutet worden, daß Goethe an diesem besagten Abend allein zu Hause sein würde. Grillparzer schrieb dazu: „Im Laufe des Tages forderte mich Kanzler Müller auf, gegen Abend Goethe zu besuchen. Ich würde ihn allein treffen und mein Besuch ihm durchaus nicht unangenehm sein. Erst später fiel mir auf, daß Müller das nicht ohne Goethes Vorwissen gesagt haben konnte."

Es war also neben der Angst, die man auch als übergroßen Respekt vor dem Genie Goethes bezeichnen könnte, auch Umständlichkeit mit im Spiel, und zwar diese österreichische Abart, die gewiß damals schon, wie das heute noch der Fall ist, eine Mischung aus echter Beklommenheit und merkwürdigem Duckmäusertum gewesen ist. Grillparzer war zwar kein Mann von Welt, kein glänzender Intellektueller, aber solche Umständlichkeiten, wie er sie sich hier leistete, hätte sich auch ein untergeordneter

Beamter eines österreichischen Ministeriums nicht antun dürfen. Wenn ihn Goethe, den er leidenschaftlich verehrte, zu sehen wünschte und ihn das auf distinguierte Umwege wissen ließ, so hatte Grillparzer wahrlich keine Ursache, wie eine verstörte Jungfer aufzuschrecken und sich einem Schmollen hinzugeben, das im Grunde nur lächerlich war.

Grillparzer scheint das spätestens in Wien recht gut begriffen zu haben, als er sich genauere Notizen machte und damit auch so etwas wie eine Rechenschaft über seine weimarische Handlungsweise abzugeben versuchte. In seiner Selbstbiographie kann man das nachlesen. „Diese Furcht bestand aus mehreren Elementen". Und dann redete sich Grillparzer auch ein, für Goethe zu dumm, zu unbedeutend zu sein. Außerdem habe er, wie er anführte, Wien vor allem wegen des Gefühls „eines gänzlichen Versiegens meines poetischen Talentes verlassen", und das war ihm ausgerechnet in Weimar „bis zur eigentlichen Niedergedrückheit" angewachsen. Außerdem habe er befürchtet, „Goethen Klagelieder vorzusingen und von ihm durch nichts verbürgte Tröstungen entgegenzunehmen".

Es war die vollkommene Konfusion. Da saß einer, der sich nach jeder Sekunde Zusammenseins mit dem Geheimrat und Dichterfürsten buchstäblich verzehrte, raunzend und schmollend, gekränkt und todunglücklich in seinem Weimarer Gasthof und würgte an seinem Herzeleid, das doch nichts anderes war als eine Einbildung oder die Hysterie eines Hypochonders. Jede der Ausreden, die Grillparzer für seine Unvernunft vorbrachte, war haltlos. Jede seiner Befürchtungen, die er sich hartnäckig einredete, war eine Dummheit. Aber wer so strukturiert ist wie dieser Grillparzer, vermag gegen sein Schicksal nicht anzukämpfen. Und wer über die Begabung verfügt, sich jeden Unsinn überzeugend einzureden und daraus noch literarisches Kapital zu schlagen, wie das Franz Grillparzer mit seinem Nichtauftritt auf der Goetheschen Bühne demonstriert hat, dem ist schlichtweg nicht mehr zu helfen. „Wie nun immer, ich ging nicht hin, und das hat Goethe verstimmt."

Wenigstens das also begriff der Hasenfuß, daß man sich im

Schatten eines Olympiers doch etwas anders aufzuführen hat, als sich das ein in Seelenkämpfe verzettelnder Österreicher vorstellen mag. Die Abschiedsaudienz anderntags, zu welcher sich Grillparzer noch aufraffte, um nicht gänzlich als grober Tölpel aus der tiefsten Provinz dazustehen, war dann dementsprechend kühl. Goethe verhielt sich eher abweisend und spielte, was man ihm nicht verübeln sollte, den Gleichgültigen. Grillparzer war verlegen. Goethe wunderte sich höflich über die Plötzlichkeit der Abreise und äußerte wie nebenbei den Wunsch, von Grillparzer in Zukunft zu hören, was darauf hinauslief, daß Grillparzer nunmehr in die Pflicht genommen war, mit Goethe in einen Briefwechsel einzutreten, wie dieser ihn mit zahllosen mehr oder minder bedeutenden Persönlichkeiten führte. Grillparzer stammelte irgendeine Antwort und dachte nicht im mindesten daran, dieser Aufforderung, die beinahe ein Befehl war, zu gehorchen. Es war, alles in allem, eine empfindliche Niederlage für den Österreicher. Dieser freilich, obgleich er alles getan hatte, um in diese Niederlage verstrickt zu werden, sah die Sache doch etwas anders. Und er würde später einmal feststellen, daß er nach Goethe und Schiller immerhin der bedeutendste Literat sei, welchen die deutsche Literatur seiner Tage vorzuweisen habe.

Das war es, was an Grillparzer zog und zerrte, dieses Hin und Her seiner Gefühle, die vielfach nur Einbildung waren, dieses Auf und Ab in seiner Einschätzung der jeweiligen Situation, die er oft nicht verstand. Aber bei aller Zerrissenheit seines Charakters, für die er nach Tunlichkeit selbst sorgte, und bei aller Verwirrtheit seiner Gefühle, welche er nicht ohne Behagen immer wieder selbst inszenierte, fühlte sich Grillparzer dennoch recht wohl in seiner Haut.

„Endlich saß ich im Wagen und fuhr über Jena nach Kahla", war Grillparzers ganzer Kommentar zu seinen Weimarer Erlebnissen. Einige Zeilen davor heißt es in seiner Selbstbiographie sogar noch: „Ich war damals eine deutsche Celebrität."

Nein, geknickt, verstört, vernichtet war Grillparzer nicht im mindesten. Was immer auch er sich von Weimar erhofft haben mochte und was dann nicht eingetreten war oder seine möglicherweise recht hochgespannten Erwartungen bitter enttäuscht hatte, lastete jetzt bei weitem nicht so bedrückend auf seiner Seele, daß es ihn endgültig zu Boden gezwungen hätte. Seine wetterwendische Seele drehte sich, während er in der Postkutsche Weimar verließ, schon wieder nach der Sonnenseite. Und daß er Goethes strengen Anforderungen nur in geringem Ausmaß hatte entsprechen können, störte ihn jetzt, drei oder dreißig Meilen hinter Weimar, nicht im mindesten.

Seine deutsche Reise führte nun direkt nach Süden und näherte sich ihrem Ende. Jena also, dann Kahla, wo er nur mit Mühe einem gefährlichen Sturz in den Fluß Saale entging, welchen ein eingeschlafener Postillion beinahe verursacht hätte. Dann, „auf gräßlichen Wegen und als einziger Passagier in der Nacht den Thüringer Wald" passierend, unterwegs in Richtung Süddeutschland, wobei Grillparzer einen Tag in Coburg verweilte, „wo ich mich gräßlich langweilte, ohne bei meiner geringen literarischen Topographie zu wissen, daß sich der Dichter Rückert dort aufhielt". Dann endlich ein Eilwagen, der ihn nach München brachte. Dort entdeckte Grillparzer, der jetzt freilich schon Sehnsucht empfand nach dem heimatlichen Wien, daß die bayrische Haupt- und Residenzstadt erst im Entstehen begriffen war. Im Haus eines Ministers Schenk verbrachte er noch einige glückliche Stunden, wobei König Ludwig dort verkehrt haben dürfte, denn Grillparzer notierte später in seiner Selbstbiographie, daß Bayerns Monarch „weder damals noch später von mir Notiz genommen" habe.

Der Gram darüber, daß er vor Goethe mehr oder minder versagt hatte, konnte also in der Tat nicht überwältigend groß gewesen sein, wenn er nunmehr, nur kurze Zeit später, einer solchen Bemerkung fähig war. Was hatte er sich eigentlich erwartet? Daß ihn König Ludwig, der allerdings ein Freund der schönen Künste war, voll Begeisterung empfangen werde? War sein Selbstbewußtsein hier in München, wo die vermeintliche Niederlage von Weimar längst in Vergessenheit geraten war, schon wieder groß genug, um sich einer solchen Eitelkeit hinzugeben? In der Selbstbiographie heißt es dazu: „Der Aufenthalt in München und die Reiseeindrücke überhaupt hatten meinem Stumpfsinn ein Ende gemacht, und in

Wien angekommen, beschloß ich, sogleich an ein neues dramatisches Werk zu gehen, das ich, statt eines langweiligen Verkehrs durch Briefe Goethe zueignen wollte."

Das also war es. Grillparzer war längst wieder reif für eine neue literarische Arbeit. „Es sollte überhaupt eine ganz neue Epoche in meinem literarischen Treiben eintreten." Was in Berlin, in Weimar sich ereignet hatte, mochte jetzt eine Art Munition sein, um des Dichters poetische und dramatische Einfälle endlich wieder explodieren zu lassen. Eines greisen Goethe tadelnder Blick oder das von ihm verlangte Zeremoniell, welches in reichlich dünner Luft stattfinden mußte, hatte nun keine Bedeutung mehr. Jetzt, wieder heimgekehrt nach Wien, lockte der „Treue Diener seines Herrn", und „daß ich denjenigen Stoff wählte, der mir die wenigsten Zensurschwierigkeiten darzubieten schien, war, nach den gemachten Erfahrungen, natürlich."

Grillparzer war also wie ein Fisch, dem diese Betätigung eine Art Lebensnotwendigkeit bedeutet, durch fremdes Gewässer geschwommen und hatte dabei die seiner Seele bekömmlichen Wechselbäder der Gefühle genommen. Jetzt aber war es wieder an der Zeit, in den heimatlichen Dunstkreis einzutauchen. Und Grillparzer unternahm diesen Kopfsprung nach rückwärts mit behaglichem Vergnügen. Und er war auch sogleich wieder in die typischen österreichischen Verhältnisse involviert, das heißt, er durfte sich als österreichischer Untertan fühlen, dem stets von neuem beigebracht wurde, was Patriotismus und Loyalität zu bedeuten haben. Am 28. Februar 1828 nämlich wurde sein „Treuer Diener" aufgeführt, und zwar „mit ungeheurem Beifall". Das Publikum raste. Und sogar dem Kaiser gefiel das Stück, wie er durch den Oberstkämmerer, den Grafen Czernin, ausrichten ließ. „Der Beifall wollte nicht enden, ich erschien auf der Bühne und stattete durch eine stumme Verbeugung meinen Dank ab."

Glücklich war Grillparzer freilich nicht. Denn der „Treue Diener" hatte bei ihm, wie er sich ausdrückte, kein inneres Bedürfnis befriedigt. Wahrscheinlich war Grillparzer bloß zufrieden damit, endlich wieder den Stachel in sich zu spüren, mit dem er jede aufkommende Freude abtöten konnte. Außerdem wurde er ohnedies schon am nächsten Vormittag zum Grafen Sedlnitzky gerufen, dem höchsten Polizeibeamten Wiens. Das am Vorabend mit so großem Erfolg uraufgeführte Stück verfiel nämlich der Zensur; oder einer kuriosen Abart davon. Denn weil man in Wien war, wo jede Wahrheit mehrere Auslegungen erfährt, erklärte Sedlnitzky dem maßlos überraschten Dichter, daß das Schauspiel dem Kaiser so außerordentlich behagt habe, daß derselbe nunmehr alleiniger Besitzer des Stückes zu sein wünschte. Das wiederum bedeutete, daß Grillparzer sein eigenes Originalexemplar abzuliefern hatte, nachdem die am Theater verwendeten Souffleurbücher und Rollenbücher bereits in der Privatbibliothek ihrer Majestät verschwunden waren.

Was übrigens Kaiser Franz am „Treuen Diener“, den Grillparzer selbst „bis zum Übermaß loyal“ nannte, mißfallen hatte, wurde nie offenbar. Im übrigen hielt sich Grillparzers Erstaunen über diesen Vorfall in Grenzen. Er kannte die Verhältnisse, mit denen er es zu tun hatte, nur zu gut. Und er war nicht der Mensch, wider den Stachel zu löcken. Er fügte sich. Und raunzte. Aber er raunzte so, daß es nicht als Ungebührlichkeit ausgelegt werden konnte.

Der gefesselte Eros

Nunmehr, im Alter von fünfunddreißig, sechsunddreißig Jahren, da er auch Deutschland hinter sich gebracht und eine zwar nicht glanzvolle, aber doch solide berufliche Position erreicht hatte, außerdem als Literat erfolgreich genug war, um der ständigen Aufmerksamkeit durch die Zensur und zugleich des abwechslungsreichen und nicht immer ungefährlichen Wohlwollens durch die kaiserliche Familie sicher zu sein, jetzt also, 1826, 1827 und auch danach, müßte man eigentlich längst schon Ausschau halten nach einer Gefährtin. Grillparzer war ein Mann in den besten Jahren. Und er sah passabel aus, wenn man den Porträts glaubt, die von ihm gemacht wurden. Er verdiente Geld und er durfte im Staatsdienst tätig sein. Das waren einige handfeste Vorteile für einen Mann, der es sich längst schon hätte leisten können, auf Brautschau zu gehen.

Aber da war keine Frau, der man das Prädikat „Gefährtin Grillparzers" zusprechen möchte. Die Leiden, die seinem Leben Inhalt und seinem Schaffen Sinn verliehen haben, wären nicht von außen, sondern von innen gekommen, meinte schon Josef Nadler. Und wenn man, wie man nach genauerer Kenntnis der Grillparzerschen Biographie doch wohl behaupten darf, davon ausgeht, daß der Jüngling ungeachtet seiner Heftigkeit und Hitzigkeit mit dem anderen Geschlecht nichts im Sinne gehabt hatte, nicht wirklich gefährdet gewesen war durch das Weibliche, Verführerische, scheinbar Sanfte und scheinbar Nachgiebige, so zeigte sich auch jetzt, da er zum Manne erwachsen war, aus dieser Windrichtung keine wirkliche Gefahr. „So frühreif und so sinnlich der junge Grillparzer war, keine (Frau) ist ihm gefährlich geworden und keine hat auf die Entschlüsse des Daseins Einfluß genommen", schrieb dazu Nadler.

Was war es, das Grillparzer zwar nicht unempfänglich machte für die Signale, die von einer Frau ausgehen, ihn aber dennoch immer im entscheidenden Augenblick wie erstarrt oder wie vollkommen verkrustet gegenüber dem anderen Geschlecht sein ließ?

Kann es dieser grenzenlose Egoismus gewesen sein, der ihn mit zunehmendem Alter wie eine Art Schuppenflechte bedeckte? Und was war, wenn diese Annahme zutrifft, die Ursache dieses Egoismus? Oder ängstigte er sich einfach, wie das vielen Männern auf die wunderlichste Art und Weise passiert, vor der Selbstaufgabe oder Selbstentblößung zugunsten einer Frau?

Aber vielleicht war alles ganz anders, viel einfacher, dabei viel rabiater und damit viel gefährlicher? Ein rundes Jahrzehnt hat Grillparzer mit seiner Mutter zusammengelebt, und das war nicht bloß ein verwandtschaftliches Zusammenleben, sondern fast schon eine Beziehung, die ansatzweise zum Drama wurde. Der Sohn mußte nach dem frühen Tod des Vaters zum Gatten-Ersatz werden, was man nicht in des Wortes inzestiöser Bedeutung begreifen darf, was aber dennoch zur Katastrophe wurde, weil es Grillparzers Empfängnisbereitschaft für das Leben völlig verstümmelte. „Aus unserem Zusammenleben“, schrieb er einmal, „konnte ich abnehmen, daß ein eheliches Verhältnis meinem Wesen gar nicht entgegengesetzt war.“

Das war der verhängnisvollste Aberglaube, dem Grillparzer jemals erlegen ist. Das enge, innige und bis zur eifersüchtigen Zärtlichkeit gesteigerte Verhältnis zu seiner Mutter, wie man das Zusammenleben dieser beiden exaltierten Naturen wohl nennen kann, hatte ihn gewissermaßen immun gemacht für jede eheliche Gemeinschaft. Und noch einmal Grillparzer: „Aber eigentlich zu zweien zu sein verbot mir das Einsame meines Wesens.“ Nur war dieses „Einsame“ seines Wesens ihm kaum angeboren, war es keine Laune des Schicksals, sondern zielstrebig herangebildet worden durch die Ausschließlichkeit, mit der sich hier ein liebevoller und freilich nicht ganz unkomplizierter Sohn auf seine Mutter eingestellt hatte.

Aber auch der Einsamste setzt sich gelegentlich auf eine fremde Fährte. Im Jahre 1807 — da war Grillparzer ganze sechzehn Jahre alt — hatte er ein damals vierzehnjähriges Mädchen namens Charlotte Jetzer kennengelernt, das später die Ehefrau des Freundes und Vetters Ferdinand von Paumgartten wurde. Es kam dem jungen Paar ein Kind, Karoline, das nur kurz zu leben hatte und dem Grillparzer eines der empfindsamsten und schönsten Gedichte widmete, die jemals auf ein Kind geschrieben wurden. Charlotte, zur durchaus anmutigen, geistig interessierten und wohl auch ein wenig kapriziösen und der Koketterie fähigen Frau herangewachsen, bewunderte den Dichter, der gerade die ersten Lorbeeren pflückte. Seine Mutter war gestorben. Er fühlte sich einsam und war es wohl auch. Die Reise nach Italien, eine Flucht wie fast jede seiner Reisen, hatte nichts wirklich verändert. Die Arbeit in der Behörde, der er pflichtbewußt, jedoch ohne sonderliche Begeisterung oblag, konnte ihn nicht ausfüllen. Außerdem verunsicherten ihn Schwierigkeiten im Umgang mit der Literatur. Da tat die Gewißheit wohl, Zuflucht im Hause eines guten Freundes zu finden. Charlotte muß eine feine Witterung besessen haben für die Hilflosigkeit Grillparzers, für seine stumme Verzweiflung, die sich in Nörgelei und Räsonieren Ventile suchte, die doch nichts von seinem inneren Elend an die Außenwelt brachten, und sie ergriff allmählich Besitz von ihm. Oder sie war ihm eine tröstende Freundin, bis daraus unvermittelt Liebe wurde; oder eigentlich etwas anderes, nämlich besitzergreifende Leidenschaft der Frau.

Denn er selbst war, wenn man seinen eigenen Äußerungen glaubt, der Verführte, auch der Beobachter, war zudem der aufrichtige Freund des gehörnten Ehemannes und befand sich damit in einer Rolle, die ihm eigentlich nicht behagen durfte. „Wie sie trotzig war den ganzen Abend und höhnisch fast und unhöflich", notierte Grillparzer, „beim Fortgehen aber das Licht auf den Boden setzte und sprach: Ich muß dich küssen . . . und mich nun umfing und an sich drückte mit all der verzehrenden Glut der Leidenschaft und des Verlangens." Und weil ihm, der ein Dichter war und doch auch nichts anderes als ein Mann, der sich immerzu als eleganter Eroberer fühlte und obendrein sich auch als begehrenswert empfand, was alles bloß ein weitverbreiteter Irrtum ist, weil ihm also der Kamm schwoll angesichts solcher Zudringlichkeit, fügte er dem oben Notierten noch folgende Sequenz bei: „Studiere diesen Charakter genau. Dem Dichter kommt nicht leicht ein interessanterer vor."

Hochmütiger kann ein Mann über seine Geliebte kaum befinden.

Und der ganzen Komödie, die er mit Charlotte von Paumgartten inszenierte, schlimmerer Teil enthüllte dann endgültig den wirklich schrankenlosen Egoismus, mit welchem sich Franz Grillparzer vor einem tieferen Gefühl für diese Frau schützte. Denn etwa um die Mitte des Septembers 1827, als Franz Grillparzer „sich mit Katty zankte und mit Marie berauschte, jener verweigerte, was diese ihm ablistete“ (J. Nadler), in jenem Monat also, da er schon ein Verhältnis mit Marie Daffinger und selbstverständlich keines mit Katharina Fröhlich hatte, lag die Paumgartten hoffnungslos darnieder. Grillparzer besaß noch soviel Anstand, um die Sterbende zu besuchen, obgleich man sich bei genauerem Nachdenken fragen sollte, was das eigentlich mit Anstand zu tun hat, wenn ein entlaufener Liebhaber und gefühlskalter Mensch eine von ihm gebrauchte Frau in einem Augenblick aufsucht, da alles zu Ende geht. Aufrichtige Anteilnahme am Schicksal Charlottes kann es nicht gewesen sein. Eher spielte da schon verwandtschaftliche Pflichterfüllung gegenüber dem Vetter Paumgartten eine Rolle. Oder es war überhaupt nichts weiter als ein Zufall, der ihn zur Sterbenden trieb. Grillparzer blieb, wie es seine Natur war, kalt. So urteilten jedenfalls Zeitzeugen und Biographen über ihn, der sich allerdings dann, als die Ärmste tot war, was am 16. September mittags geschah, eines teils poetischen und teilweise moralischen Nachrufes nicht enthalten konnte. Grillparzer wörtlich: „Hätte ich je ahnen können, daß diese scheinbar äußerliche, ja kokette Natur zugleich so stark, von so innerer Andauer wäre, manches wäre nicht geschehen und manches stünde besser. Ich habe sie verlassen, mißhandelt. Ich war vielleicht Ursache ihres Todes. Aber weiß Gott, ich hatte keine Vorstellung davon, daß diese Leidenschaft so tiefe Wurzeln geschlagen hätte. Der einzige poetische Punkt in ihrem Leben war diese Liebe — und daran starb sie.“

Natürlich mußte Grillparzer auch in diesem Augenblick übertreiben. Eines Mannes Selbstliebe verbietet es, einer Sterbenden, die seine Geliebte gewesen ist, gewissermaßen die Absolution zu erteilen und ihr einen Tod zu erlauben, der nichts mit ihm zu tun hat. Grillparzer machte da keine Ausnahme. Außerdem drückte ihn das schlechte Gewissen. Denn tatsächlich hatte er einer anderen wegen Charlotte verlassen, was sich ein wenig kurios anhört angesichts des Umstands, daß die Geliebte das Eheweib eines Verwandten, der ein Freund war, und tüchtige Mutter etlicher Kinder war. Aber Grillparzer übersah dort, wo Eros die Hand mit im Spiele hatte, gern alle Konventionen. Gerade sein Verhalten Charlotte Paumgartten gegenüber war ein Beweis dafür. Er hatte ihr den Laufpaß gegeben, um sich mit einer gewissen Marie auf eine Sinnlichkeit einzulassen, der er aber nur zeitweise gewachsen war. So hatte es ihn doch wieder zurückgetrieben zu seiner ersten Geliebten, wobei man nicht verschweigen sollte, daß zu jener Zeit auch schon Katty Fröhlich an seinem Lebenshorizont aufgetaucht war.

Aber man sollte die Geschichte der erotischen Irrungen und Wirrungen Grillparzers nach Tunlichkeit der Reihe nach erzählen. Wobei man, um gleichsam dem seelischen Unterfutter dieses Menschen nahezukommen, davor noch eine andere, platonische Anekdote berichten muß. Denn aus der heraus wird alles Nachfolgende und damit auch die Obsession — denn um eine solche handelte es sich — mit und auf die vorhin angeführte Marie erklärt.

Übrigens muß man, wenn es um den Namen Marie geht, vorsichtig sein und Mißverständnisse zu meiden versuchen. Es hieß nämlich nicht nur jenes Fräulein Smolk von Smolenitz, das eine verehelichte Daffinger wurde, Marie, wobei man mit aller Eindeutigkeit feststellen muß, daß diese Marie von Smolenitz und später verehelichte Daffinger ein unendlich erotisches Frauenzimmer war und damit imstande, auch einen beginnenden Hagestolz wie Grillparzer im Handumdrehen zu verführen. Auch ein unschuldiges Mädchen, von dem Grillparzer später behaupten würde, es sei sein zweites Opfer gewesen, nannte sich Marie.

Er habe durch seinen Mangel an Liebesfähigkeit das Unglück von drei Frauenzimmern „von starkem Charakter" gemacht, notierte er und tat dabei so, als ob er Reue empfände. „Zwei davon sind nun bereits tot." Womit zuerst die unglückliche Charlotte von Paumgartten gemeint war, jene ehebrecherisch Liebende, die, wie wir von Grillparzer wissen, das Nachtlicht auf den Boden stellte, um ihn voll wüster Sinnlichkeit beidhändig zu umarmen und an sich zu ziehen; und dann eine Marie Piquot oder eigentlich Marie von Piquot, eine Jungfer, die diesem ehrbaren Stande nie zu entfliehen vermochte, weil sie den Mann, den sie wirklich liebte, nämlich Grillparzer, bloß zwei Jahre vor ihrem allzu frühen Tod kennenlernte, ohne daß in dieser ihr noch verbleibenden Zeit eine Attacke auf ihre Unberührtheit stattgefunden hätte. Wobei man annehmen darf, daß sie gegen einen solchen Angriff, wenn ihn Grillparzer bloß unternommen hätte, gar nichts einzuwenden gehabt hätte. Denn sie liebte den Beamten und Dichter auf eine Weise, die man fast schon abgöttisch nennen kann.

Aber bleiben wir in der korrekten Reihenfolge! Bald nach dem Tod seiner Mutter und nachdem er auch seine verhältnismäßig kurze Reise nach Italien hinter sich gebracht hatte, lernte Franz Grillparzer im Haus der Karoline Pichler, welche eine brave Literatin und eine ausgezeichnete Chronistin dieses Zeitalters werden sollte, ein zweiundzwanzigjähriges Mädchen kennen, von dem die Pichler selbst sagte, daß es von seltener Geistesbildung und trefflichem Charakter wäre. Das Mädchen hieß Marie von Piquot, war die Tochter eines Peter Ritter von Piquot, eines Berliners, der seit dem Jahre 1792 der preußischen Gesandtschaft in Wien zugeteilt und ein so tüchtiger und vielseitig verwendbarer Mann war, daß er jetzt neben den Preußen auch Sachsen-Weimar und Mecklenburg-Strelitz am Weimarer Hof vertreten konnte. Außerdem war er den schönen Künsten zugetan und vielleicht sogar das, was man einen musisch ambitionierten Intellektuellen nennt. Ein Bruder seiner Frau dilettierte auf literarische Weise und war mit Ferdinand Raimund befreundet. Und die ganze Familie verkehrte freundschaftlich im Haus der Karoline Pichler, was allein schon eine gewisse Geisteshaltung voraussetzte. Karoline Pichler wiederum, die in der Auswahl ihrer Bekannten und Freunde recht wählerisch sein durfte, war innig befreundet mit dieser Marie von Piquot, die jetzt ihr trauriges Schicksal erlebte.

Denn Grillparzer, in den sich diese Marie verliebte, hatte bald nach seiner Bekanntschaft mit der Familie Piquot wieder das Weite gesucht, „weil ich in dem dort herrschenden Ton etwas Gesuchtes zu bemerken glaubte, weil ich fürchtete, es könnte durch Zeit,

Gewohnheit und Gerede der Leute ein näheres Verhältnis zwischen mir und der Tochter vom Hause entstehen". Und ein solches näheres Verhältnis wäre ihm wahrscheinlich ärgerlich gewesen. Wobei er diese Tochter geistreich, gebildet und gut nannte und freilich auch als nicht besonders schön bezeichnete. Denn dieser Herzlosigkeit, ein ihn anbetendes Geschöpf auf die leichtfertigste Art der Welt abzukanzeln oder sogar verächtlich zu machen, war Grillparzer wie jeder andere Mann durchaus fähig. Und er übersah dabei möglicherweise jeden eigenen Mangel an Schönheit und Charme. „Zu alldem gesellte sich noch meine alte Menschen- oder vielmehr Gesellschaftscheu, und kurz, ich blieb weg."

So war es. Das Mädchen reizte ihn nicht. Er hatte andere Möglichkeiten, sich mit dem, was er für erotisch hielt, zu beschäftigen. Aber Marie von Piquot liebte ihn, und zwar auf eine Weise, die nicht nur schwärmerisch oder, was bei einer zwei-, dreiundzwanzigjährigen Jungfer vielleicht sogar verständlich gewesen ist, exaltiert war, obwohl Marie manches unternahm, was man als Exaltation bezeichnen könnte. So eilte sie einmal — und das war im Winter auf das Jahr 1822 — zu einem Tanzabend im Hause der Sonnleithner, also der Verwandten Grillparzers mütterlicherseits, weil sie darauf spekulierte, dort Franz Grillparzer zu treffen.

Natürlich traf sie den emphatisch und platonisch Geliebten dort nicht an. Aber sie erkältete sich. Und sie geriet in der Folge in eine so schlimme gesundheitliche Krise, daß an ihrem Aufkommen schon gezweifelt wurde. Grillparzer, der davon erfuhr, überlegte einige Tage lang einen Besuch bei Marie von Piquot. Hätte er es bloß getan! Aber die Jungfer erholte sich scheinbar wieder, Grillparzer ließ von seinem Vorhaben erleichtert ab und gab sich den gewohnten Zerstreuungen hin. Und als Marie am 17. März 1822 völlig überraschend verstarb, wußte er davon nichts.

Es gab dann noch ein Nachspiel. Grillparzer erfuhr erst durch einen zufälligen Besuch des Stephansdoms vom Tod des Mädchens, als er, völlig ahnungslos, dort dem Leichenbegängnis Marie von Piquots begegnete und dann selbstverständlich auch daran teilnahm. „Der Leichenzug kam, die Bahre mit der Jungfrauenkrone geziert, hinterher der alte grämliche Bediente, der mir oft, wenn ich neben dem Mädchen saß, die Teller gewechselt . . .".

Und wieder einmal glaubte Grillparzer, an sich eine Verhärtung des Herzens zu empfinden, weil ihn dieser Leichenzug, dieses zugleich feierliche und sentimentale Zeremoniell zu wenig oder gar nicht berührte. Er hatte es sich angewöhnt, sein Gemüt an einer jeweiligen Wirklichkeit zu messen und Vergleiche zu ziehen zwischen dem Grad der öffentlichen Erregung und der Stärke seines eigenen Gefühls. Dabei hatte er feststellen müssen, daß die Dramatik der verschiedenen Anlässe niemals ausreichte, um ihn einer Gemütsbewegung zu überführen. Zumindest bildete und redete er sich das ein. Und er sah in sich einen Hartherzigen, Gleichgültigen, irgendeiner Empfindung Unfähigen, was ihm einerseits schmeichelte und ihn andererseits freilich auch erschreckte. Im Falle der Jungfer Piquot hätte er es sich allerdings ersparen können, den üblichen Jammer über seine Herzenskälte anzustimmen. Er hatte das Mädchen nicht geliebt. Es war von ihr kein Funke übergesprungen, der seine erotischen Gelüste in Brand hätte setzen können. Außerdem war er diesbezüglich anderweitig beschäftigt und gewissermaßen ausgelastet, physisch wie psychisch, was bedeutete, daß er dieser schwärmerischen Marie nur aus den Augenwinkeln gewahr werden konnte.

Und was seine vermeintliche Empfindungslosigkeit, seinen von ihm befürchteten Mangel an Gefühlen anging, so hätte er sich zum Beispiel bloß an jenen Auftritt im Haus am Frauenplan in Weimar erinnern sollen, als er, überwältigt von einer abgrundtiefen Sentimentalität, vor Goethe und angesichts dieses großen Mannes in Tränen ausgebrochen war. Wobei man freilich auch hinzufügen kann, daß er sich dort bei Goethe in eine Theatralik hineinsteigern konnte, die ihm jetzt vor einem verschlossenen Sarg verwehrt war.

Dann gab es noch ein letztes Nachspiel, das aus dieser ganzen — im Grunde gar nicht stattgefundenen — Affäre endgültig ein Rührstück machte. Denn fast sechs Wochen nach Todesfall und Begräbnis der Marie von Piquot wurde Grillparzer zur Mutter der Verstorbenen gebeten. Er gehorchte. Und er erlebte eine unendlich peinliche Situation. Die Mutter, rasch in Tränen ausbrechend, erzählte Grillparzer nämlich vom Kummer ihrer Tochter, welcher die alte Phrase, daß einer an gebrochenem Herzen sterben könnte, aufs traurigste bestätigte. „Das Mädchen hatte zu mir eine heftige Neigung erfaßt", schrieb Grillparzer eher ungerührt in sein Tagebuch, und weil das aller Welt verborgen geblieben war oder um des sittlichen Anstandes wegen ein Geheimnis bleiben mußte, würgte und litt die arme Marie an diesem Zustand, dem sie, weil sie nicht selber irgendeine Initiative ergreifen konnte, ein vernünftiges Ende nicht bereiten konnte. Dafür vernahm er jetzt von ihr, die ihn leidenschaftlich und stumm entsagend geliebt hatte, über den Umweg eines Testaments den wohl rührendsten Beweis ihrer Zuneigung. Denn dieses Testament besagte nicht mehr und nicht weniger, als daß Grillparzer ins Haus ihrer Eltern übersiedeln möchte und von diesen gleichsam an Kindes Statt angenommen werden sollte. „Das alles ward mir angeboten. Und ich? Kalt, zerstreut, hörte ich das alles an, schlug aus, lehnte ab, spielte ein wenig Komödie, ward aber keiner Träne Meister und war froh, als ich wieder gehen konnte."

Grillparzer blieb also seiner Rolle treu; oder dem, was er in seiner Einfalt dafür hielt. Das große Gefühl der Marie von Piquot, die ganz gewiß kein dummes Gänschen war, rührte ihn nicht im mindesten. Die Tränen ihrer Mutter, die möglicherweise sogar imstande gewesen wäre, den testamentarisch beglaubigten Wunsch ihrer Tochter zu erfüllen, waren ihm lästig. Er flüchtete sich in abweisende Kälte und „spielte ein wenig Komödie". Aber derlei fiel ihm ja leicht, zumindest war er selbst fest davon überzeugt.

Alles Komödiantische verging ihm allerdings recht bald, wenn es sich um sein eigenes Seelenheil drehte. Und wenn einer seiner Biographen einmal meinte, daß Grillparzer ein unheilbarer Schönheitsnarr gewesen sei, der „sich so leicht an gesteigerte weibliche Reize verlor und doch nie verlor" (R. Auernheimer), so ist das nur die halbe Wahrheit, denn da war noch diese andere, zweite Marie. Sie, die über eine gewisse Wegstrecke hinweg immer wieder in Grillparzers Leben eindringen und dabei erhebliche Unruhe stiften sollte, war durchaus fähig, in Grillparzer etwas zu erwecken, das man als ganz ordinäre sinnliche Erregung bezeichnen könnte. Und die wiederum animierte den Poeten aufs heftigste und ließ ihn Verse schreiben, über deren literarischen Gehalt man geteilter Meinung sein kann, die aber alles verraten, was in Grillparzer an erotischer Verwirrung passiert war. „Der Himmel läßt in Tropfen sich hernieder“, dichtete Grillparzer, den Blick starr oder wie gebannt auf die deutlich zur Schau gestellten Reize dieser anderen Marie gerichtet, „die Erde wallt in Düften ihm entgegen. Und weich ausbreitend ihre matten Glieder, empfängt ihr Schoß den zeugungswarmen Regen.“

So empfindet, dichtet einer, dem zwar nicht die Liebe, wohl aber ein Übermaß an Sinnlichkeit den Kopf verwirrt hat. Die Ursache dieser Verwirrung hieß Marie Smolk von Smolenitz, würde später einmal den Maler Daffinger ehelichen und Grillparzer lange Zeit zum Narren seiner Leidenschaft machen.

Die Liebesgeschichte — oder wie man das nennen mag, was zwischen Franz Grillparzer und Marie von Smolenitz passiert ist — hatte die besten, dauerhaftesten Wurzeln von der Welt. Der Dichter und Hofbeamte wohnte seit dem Jahre 1823 in der engen und düsteren Ballgasse. Sein Gegenüber war der Herr Smolk von Smolenitz mit seiner Familie, zu welcher das Mädchen Marie gehörte, dessen fremdartige Schönheit, wie sie uns auf einem Porträt gezeigt wird, das Moritz Michael Daffinger gemalt hat, auch jeden anderen Mann als den ohnedies rasch entflammbaren Poeten Grillparzer fasziniert hätte. Schweres dunkles Haar um ein blasses Gesicht, die Augen mandelförmig, der Mund sinnlich rot und dazu das Exotische einer fremdländischen Herkunft — der Herr von Smolenitz soll nämlich ein Grieche gewesen sein.

Jedenfalls bewirkte diese Nachbarschaft, daß über die Gasse hinweg sich etwas entwickelte, das bald mehr wurde als ein harmloser Augenkontakt oder diese beiläufige Art von Höflichkeit, die nichts verlangt und zu nichts verpflichtet. Grillparzer verliebte sich in Marie Smolk von Smolenitz, wobei er in seiner damaligen Verrücktheit wahrscheinlich unfähig war, sich über seine Gefühle Rechenschaft abzulegen. Denn hätte er das getan, wäre ihm zweifellos bewußt geworden, daß seine Empfindungen für diese Marie, die ihn gekonnt umgurrte und umschwirrte, nichts mit Liebe, sondern nur mit simpler und roher Sinnlichkeit zu tun hatten. Das änderte nichts daran, daß er diesem Mädchen, das mehr Frau war als die meisten ihres Alters, eine gewisse Zeit lang und auf eine gewisse Weise hoffnungslos verfallen war. Es ist kein Wunder, daß sie, die man sich allerdings nicht bloß als kokettes Weibchen, sondern wohl auch als zwar sinnliches, aber doch selbstbewußtes Frauenzimmer wird vorstellen müssen, das sich seines Anwertes bei den Männern durchaus und auf eine solide Art bewußt war, daß sie also in den Augen der Biographen Grillparzers keine Gnade fand. Aller Reize fähig, die mit der Natur ihres Geschlechtes zusammenhängen, nannten diese Biographen die Begabung Maries, einem Manne gefällig zu sein und ihn dabei doch zu beherrschen, so daß er nur noch ein Sklave ihres Willens und ein Opfer ihrer Launen zu sein vermochte. Sie habe den Dichter auf die Folter gespannt, sich ihm hingegeben und dann wieder verweigert, ihn erhoben und ebenso erniedrigt, ihm jetzt ihr Herz und dann nur blanken Hohn gezeigt.

Den Moralaposteln mag in diesem Zusammenhang als Unterstützung gedient haben, daß Marie von Smolenitz sich gleichzeitig mit zwei Männern verbunden hat, denn nicht nur Grillparzer durfte ihr Geliebter sein, sondern auch der Maler Daffinger lag in ihren Armen, und zwar auf eine so heftige Weise, daß sie alsbald von ihm ein Kind erwartete. Was die Moralisten freilich stets zu verschweigen pflegten, waren die Irrwege Grillparzers, wenn er zu lieben vermeinte. Und diese Irrwege führten ihn von der einen Marie zwar nicht gerade zu einer anderen, aber doch zu jener Charlotte, die im September 1827, als er sich von der hübschen Hexe aus der Ballgasse losreißen wollte, erkrankt war oder eigentlich schon hoffnungslos darniederlag. Sie, die Paumgartten, starb. Die Marie von Smolenitz wurde eine Daffinger. Am 30. Dezember 1827 ehelichte sie den Maler, was allerdings gar nichts daran änderte, daß Grillparzer, der freilich auch schon mit Katharina Fröhlich ernsthaft verbandelt war, weiterhin bei ihr mit dem Feuer spielen durfte. „Vor Tisch bei Fröhlichs. Nach Tisch bei Daffinger", konnte Grillparzer, der sich fast als Frauenliebling fühlen durfte, notieren.

Maries Ehe mit dem Maler Daffinger ging nicht gut. Wer der hauptsächliche Verursacher der immer häufigeren Verstimmungen zwischen den jungen Eheleuten war, läßt sich mit Sicherheit heute nicht mehr feststellen. Unzweifelhaft war der Gewinn Grillparzers bei dieser ganzen Geschichte. Daffinger, der sein Freund war, zog ihn als Schiedsrichter hinzu. Marie, die seine Geliebte gewesen war, machte ihm schöne Augen und sank von neuem in seine Arme oder verführte ihn, der ungeachtet des Vorhandenseins einer Kathi Fröhlich nichts lieber tat, als sich verführen zu lassen. Gleichzeitig redete er sich ein, über der ganzen Sache zu stehen. Er trat als Seelenanalytiker auf, wo er doch selbst am ehesten alle Ursache gehabt hätte, sich über den eigenen Seelenzustand zu ängstigen. Und wenn es ihm wieder einmal gelungen war, einen besonders heftigen Ehezwist zu schlichten, dann notierte er selbstgefällig: „In dieser Frau liegt offenbar mehr, als anfangs scheint." Das hinderte ihn nicht daran, kurze Zeit später wie jeder Verliebte zu argumentieren: „Nachmittags bei Daffinger. Die Frau wunderschön." Und wenige Tage später: „Nachmittags bei Daffinger. Die Frau, schön, schön, schön."

Grillparzer betrieb den Ehebruch jetzt also schon mit routinierter Geschicklichkeit. Nach seinem Verhältnis mit Charlotte von Paumgartten stürzte er sich Hals über Kopf in die Heftigkeit mit Marie Daffinger, wobei diese Affäre bald eine gefährliche Wendung nahm. Denn im zweiten Teil seiner eingebildeten Liebe zur nunmehrigen Gemahlin eines Freundes, der von seinen Hörnern wie früher schon der Herr von Paumgartten nichts geahnt haben dürfte, wurde plötzlich sogar von Heirat geredet. Das war im Jahre 1831. Und jetzt roch auch Moritz Daffinger endlich den Braten, war großzügig und bereit, sich scheiden zu lassen. Was den Anstifter zu dieser glorreichen Idee angeht, Marie Daffinger aus den Armen eines Malers gleichsam offiziell in jene eines Literaten überwechseln zu lassen, so ist das heute mit Sicherheit nicht mehr feststellbar. Eine Tatsache ist, daß das Durcheinander in dieser Dreiecksaffäre, an deren diffusem Horizont es nun stets auch eine Kathi Fröhlich gab, ein grenzenloses war.

Das Durcheinander endete mit einem Knalleffekt. Denn im

Oktober 1832 stellte sich heraus, daß Marie Daffinger in der Tat ein weites Herz besaß. Ein neuer Liebhaber war aufgetaucht, und Moritz Daffinger wandte sich erneut an seinen Freund Grillparzer, daß dieser wiederum den Schiedsrichter mache bei den ehelichen Auseinandersetzungen, die jetzt dieser neue Liebhaber verursachte. Grillparzer fühlte sich wie ein „Komödien-Vormund", wobei er wenigstens so vernünftig war, sich einzugestehen, daß er in dieser Komödie vor noch gar nicht so langer Zeit selbst eine eher fragwürdige Rolle gespielt hatte.

Im übrigen erlaubte er sich eine Art Zwischenbilanz. Diese hatte freilich ihre Tücken. Denn von den vier Frauen, die ihn geliebt hatten oder von denen man doch annehmen durfte, daß sie ihm ein tieferes Gefühl entgegenbrachten, hatte er eine verschmäht (Marie von Piquot), zwei besessen oder wie man das nennen soll, wozu sich Grillparzer in seiner hoffärtigen Art doch aufgerafft hatte (Charlotte von Paumgartten und Marie Daffinger), und eine (Katharina Fröhlich) gewissermaßen aufgespart, was aber nur ein reichlich unpassender Ausdruck für das ist, was Grillparzer hier getan oder eigentlich nicht getan hatte. Es war also im Grunde nichts passiert, was ihn beunruhigt haben könnte. Und alles blieb innerhalb der Grenzen, die einer Figur wie ihm zwangsläufig gesetzt waren. Eros, bei Grillparzer allerdings immer nur als gefesselte Gottheit auftretend, war dennoch zu seinem Recht gekommen, ohne daß ihm deshalb ein zu hoher Tribut hätte geopfert werden müssen. Der Gefahr einer Verehelichung, die des Dichters Erregungen in bürgerliche Bahnen gelenkt hätte, war er entgangen, indem er sich zuerst auf ehebrecherische Vergnügungen einließ und sich dann dem Anschein nach damit zufrieden gab, ein kauziger Hagestolz zu sein.

Außerdem war da noch Katty oder Kathi, wie sie von ihren Freunden und Bekannten abwechselnd genannt wurde, Katharina Fröhlich, der Grillparzer im Winter 1820 auf 1821 erstmals begegnet war, und zwar im Haus des Bankiers Johann Heinrich von Geymüller, wo die Schwestern Fröhlich, davon es vier Stück gab, häufige und gerngesehene Gäste waren. Die Familie war vor noch gar nicht langer Zeit aus dem Niederösterreichischen zugewandert und wohnte jetzt in der Singerstraße. Matthias Fröhlich besaß auf der Wieden ein Geschäft, von dem er und die Seinen mehr schlecht als recht ihr Auskommen hatten, was wohl damit zusammenhing, daß Matthias Fröhlich eine wissenschaftliche Natur war und dementsprechende Neigungen hatte, die sich aber nicht in bare Münze verwandeln ließen. Die vier Schwestern, möglicherweise vom phantasievollen und intellektuellen Vater beeinflußt, besaßen musische Neigungen. Die älteste, Anna, hatte es zur angesehenen Gesangslehrerin gebracht. Die Zweitgeborene, Barbara, hatte ausgerechnet bei Moritz Daffinger ihre kunsthandwerklichen Fähigkeiten vervollkommnet und sich dann einen gewissen Namen als Blumenmalerin gemacht. Aber da man davon allein nicht leben konnte und diese Barbara wohl eine Person von gesundem Realismus war, wurde sie Zeichenlehrerin an einer Anstalt für Offizierstöchter und verehelichte sie sich mit einem Kanzlisten der allgemeinen Hofkammer. Katharina war die Drittälteste, und über sie wird man, indem man auf Grillparzers Spuren bleibt, noch alles Wesentliche in Erfahrung bringen. Josephine hieß die vierte, die jüngste Schwester. Sie war als Sängerin begabt, hatte einige kleine Erfolge erzielen können, war aber außerstande, wirklichen, dauerhaften Erfolg zu haben.

Was Katharina Fröhlich betrifft, so war sie eine schauspielerische Begabung, die auf den zahlreichen Privatbühnen, die damals den vielen dilettierenden Komödianten Wiens zur Verfügung standen, durchaus zu gefallen vermochte. Die bedeutende Schauspielerin Sophie Schröder, die am Burgtheater manchen Triumph gefeiert hatte, wollte sie an dasselbe vermitteln. Aber anscheinend hatte Kathi Fröhlich eine vernünftigere Meinung von ihrer Begabung, was sich dadurch ausdrückte, daß sie gewissermaßen bei ihrem Leisten blieb. Und das war nun einmal die private Unterhaltung, der private Auftritt, wobei gerade Katharina Fröhlich noch genügend Gelegenheit haben sollte, mit und gegen Grillparzer alle Nuancen des Dramatischen wie des Komödiantischen auszuprobieren.

Die Geschichte der wechselseitigen Annäherung dieser zwei Menschen, deren niemals wirklich stattgefundenes Verhältnis ein

Musterbeispiel dafür ist, wie aus vergebenen Möglichkeiten ein literarisches Dokument und zugleich eine große Lebenslüge entstehen kann, die Geschichte dieser Annäherung also war ungemein abwechslungsreich. „Schöner Wuchs, sehr schlank, der Schnitt des Gesichtes ein längliches Oval, unendliche Augen, grundlose, eigentlich kaum ergründliche Augen", schwärmte ein Bewunderer der Schönheit Katharinas, und da näherte sich diese bereits dem vierten Lebensjahrzehnt. Wie hübsch, wie verführerisch oder wie aufregend muß die Jungfer, die ein Leben lang in diesem Zustand verharren sollte, da erst in jenem Winter auf das Jahr 1821 gewesen sein, als sie einundzwanzigjährig war, taufrisch und auch unendlich verführerisch?

Eine auffallende Schönheit war Katharina Fröhlich freilich nicht. Dazu war sie wohl zu keck oder zu burschikos, was dem Mädchen, der jungen Frau zwar einen recht würzigen Reiz geschenkt haben mag, aber der durchaus vorstellbaren reinen Schönheit, die man auch ein Kunstwerk nennen könnte, doch heftigen Abbruch tat. Außerdem schien sie auch zu wenig auffällig, zu wenig attraktiv in diesem herausfordernden Sinne gewesen zu sein, um einem Manne gleich vom ersten Augenblick an den Kopf zu verdrehen. Sie prahlte nicht mit dem, was sie weiblich und reizvoll sein ließ. Grillparzer jedenfalls benötigte einige Monate, bis er endlich begriff, welcher prachtvolle Köder da auf ihn wartete. „Nach einem Vierteljahr beinahe sehe ich bei einer musikalischen Mittagsunterhaltung, der ich beiwohnte, auf einmal eine unruhige Bewegung entstehen. Ein Musikstück soll aufgeführt werden, bei dem auf die Mitwirkung jener gesangreichen Geschwister gerechnet ist, und sie selber sind nicht da . . ."

Dem Kunstsinn also, den sich damals die politisch längst mundtote, jeder Gesellschaftskritik unzugängliche und auch unfähige, aber dafür in falscher Romantik schwelgende bürgerliche Wiener Gesellschaft einbildete, verdankte es Grillparzer, daß er zu seiner ewigen Braut kam. Denn musiziert, Komödie gespielt, schwärmerisch rezitiert — und was der schönen Kunstausübung sonst noch möglich war — wurde in fast jedem Wiener Haus, dessen Eigentümer darauf bedacht sein mußten, sich vom ordinären Pöbel abzuheben. Man war dem Musischen ergeben, weil man sonst kein Ventil hatte, um seine Gefühle abzureagieren, und weil Musik, Tanz und das Komödiantische den Wienern vielleicht wirklich im Blut lagen, wie das seit Generationen von ihnen behauptet wird. Diese Zusammenkünfte und Auftritte waren eine harmlose Unterhaltung, die von jedem Polizeikommissär auch zu Metternichs und Sedlnitzkys Zeiten bedenkenlos gestattet werden mußten. Außerdem waren sie nicht nur ein immerwährender Jahrmarkt der selbstverständlichen Eitelkeiten, sondern auch ein Paradeplatz für die Zurschaustellung heiratsfähiger Söhne und Töchter. Das Bürgertum hielt auf diese Weise, flankiert von mancherlei künstlerischem Mummenschanz, sozusagen hof.

Grillparzer fühlte sich inmitten solcher Zerstreuungen pudelwohl. Obgleich er auch hier raunzte und alle möglichen Einwände hatte gegen diese Art von Kommunikation. Aber er trottete doch immer wieder hin zu diesen Veranstaltungen, was es ihm schließlich erlaubte, nach mehrmonatiger Pause und nachdem er schon im ersten Augenblick der Bekanntschaft es verabsäumt hatte, die fesche Kathi zu erobern, mit dieser Katharina Fröhlich doch noch in eine vorerst harmlose Bekanntschaft einzutreten. Dabei benahm er sich unmöglich, was die Harmlosigkeit dieses Zueinanderfindens angeht. Und er belog sich und alle Welt aufs unverschämteste. Denn während er anläßlich jener musikalischen Mittagsunterhaltung, zu welcher die Schwestern Fröhlich erheblich verspätet erschienen waren, sich aufführte, als habe er nur die anderen Schwestern im Sinn, notierte er längst schon in sein Tagebuch ganz anderes, Delikateres, Verräterisches. Vor allem die Augen der Katharina Fröhlich hatten es ihm angetan, diese blitzenden dunkelbraunen Bälle, wie er sie emphatisch beschrieb, „scharffassend, leicht beweglich, alles bemerkend, jede Bewegung, jedes Wort einträchtig begleitend", wie er sorgfältig aufzählte, was ihn von der ersten Sekunde an beeindruckt hatte.

Aber nach außen hin übte er hochmütige Zurückhaltung. Dabei hatte er den Köder, der auf ihn wartete, längst geschluckt. Die Schwestern, denen er Artigkeiten aufgesagt hatte, wobei er, der sonst ein unentwegt räsonierender Kritiker war, sich hier als ein lobhudelnder Süßholzraspler aufführte, waren prompt darauf hereingefallen. Und sie hatten ihn, der ihren Gesang gelobt hatte, zu einem Besuch in ihrem Hause aufgefordert, eine Einladung, der Grillparzer fast unverzüglich nachkam. Am 6. März 1821 geschah sein großer Auftritt vor den Fröhlichs, die dem Manne und dem, was er vorzuweisen hatte, durchaus gewogen waren. Immerhin war er eine berühmte Persönlichkeit, zählte er zu den kulturellen Aushängeschildern der Wiener Gesellschaft, hatte er sich auch politisch insofern herausgetan, als ihn diverse Verwicklungen mit den Zensurbehörden interessant machten, und er war außerdem ein Mann von Stand, das heißt, er oblag nicht nur einer ordentlichen, sondern (als Beamter) einer höchst angesehenen Beschäftigung. Er war also nicht bloß ein Mann, sondern auch ein Charakter; zumindest in den Augen jener, die ihn jetzt wohlgefällig betrachteten.

Am 6. März 1821 schrieb Grillparzer der jetzt von ihm schon deutlich und am Anfang dieser Affäre gewiß auch liebevoll Umworbenen eine Zeile ins Poesiealbum: „Für Herzen und für Geister regiert der Augenblick." Das ist so banal wie die Art und die Strategie der Werbung, durch die der Dichter die ohnedies Geneigte für sich gewinnen wollte. Denn wirkliche Hindernisse außer jenem selbstverständlichen des mädchenhaften Stolzes, der fraulichen Zurückhaltung gab es keine. Katharina Fröhlich, blutjung, gänzlich unerfahren im Umgang mit dem anderen Geschlecht und hoffnungslos überfordert, wenn es darum ging, einen kühlen, klaren Kopf zu bewahren inmitten der heimtückischen Stromschnellen einer aufbrechenden Leidenschaft, die alles fordert und auch alles gewährt, Katharina Fröhlich hatte vor diesem Mannsbild kapituliert, bevor dasselbe eine Ahnung davon hatte, daß eine solche Kapitulation überhaupt notwendig wäre. Sie gewährte ihm alles, was er von ihr zu fordern gedachte. Aber er forderte nichts oder doch zu wenig. Er schien über beiläufige Texte auf Albumblättern und den einen oder anderen unschuldigen Kuß, der ihr als eine vielversprechende Vorahnung auf Kommendes erscheinen mußte, nicht hinauszukommen. Das heißt, einer Verlobung war er gerade noch gewachsen. Und auch die Vorbereitungen zur Hochzeit konnten in der ersten Phase ihrer Verbindung noch anlaufen. Dann kam schon sein Ausbruch, inszenierte er bereits alle diese Häßlichkeiten oder eigentlich Torheiten, an denen jedes echte Gefühl scheitern mußte. Der Komödiendichter Bauernfeld, einer von Grillparzers Gefährten in dieser Zeit, notierte nicht ohne Ironie: „Alle Nachmittage ist er hingegangen, mit ihr vierhändig zu spielen, alle Tage haben sie dann gezankt und ist er wütend fortgegangen. Einmal hat er schon eine Wohnung zum Heiraten genommen, dann hat er sich doch nicht dazu bringen können."

Es war ein ebenso lästiges wie absurdes Hin und Her, wobei Grillparzers Hypochondrie wieder einmal seltsame Triumphe feierte, so etwa, wenn er sich Sorgen darüber machte, wie das wohl sein würde, wenn „man sich vor einander waschen soll . . .". Oder er kam von Hietzing, vom Heurigen, wo er ungebührlich lange verweilt war und ungebührlich viel getrunken hatte, in einem merkwürdigen Zustand zu seiner Katharina, bei welcher er dann nichts anderes zu tun wußte, als sie in eine heftige Auseinandersetzung zu zerren. In sein Tagebuch aber schrieb er: „Wie hatte sie sich auf den Abend, auf mich, gefreut! Und nun . . . ohne Ursache komme ich in üble Laune." Konsterniert beklagte er die „teuflische Lust, sie zu quälen, und mich mit ihr", und immer wieder eilte er dann davon, wütend, verstört, unglücklich und einen Dämon in sich spürend, gegen den er nicht ankonnte. Als man ihm Artiges, Höfliches über Katharina Fröhlich sagte und dazu meinte, daß er von Glück sprechen könnte, einem solchen Engel begegnet zu sein, meinte er herb korrigierend. „Ja, sie ist ein Engel, aber wenn man halt gar keinen Verstand hat." Er demütigte sie, wo er bloß konnte, und quälte sich selbst dadurch am meisten. Er spielte den Eifersüchtigen, obwohl ihm dazu nicht der mindeste Anlaß gegeben wurde. Und weil er ein begabter Komödiant war und auch über genügend Phantasie verfügte, um sich als betrogenen Bräutigam vorzustellen, arteten solche Auseinandersetzungen fast stets zu Katastrophen aus. Dann wieder, wie etwa während eines Gewitterregens 1822 draußen in Grinzing, empfand er Reue über das, was er diesem jungen Geschöpf antat, und übertrieb auch hier, indem er sich als einen Schurken sah, welcher der Köstlichkeit nicht wert war, ein Mädchen wie Katharina Fröhlich im Arm zu halten.

Es war ein hysterisches Verhältnis. Wobei die Hysterie zweifellos von Grillparzer ausging, während das völlig unschuldige Mädchen, das eigentlich nur den Hochzeitstermin herbeisehnte, gehorsam beinahe jeder seiner Launen nachgab und im übrigen nicht wußte, wie die Sache weitergehen sollte. Grillparzer schmollte und zauderte und kränkte sich gelegentlich fast zu Tode, indem er seiner Verlobten, der er davonlaufen wollte, Kränkungen antat. In sein Tagebuch schrieb er verzweifelt, daß es ihm ein so schrecklicher Gedanke wäre, mitzuerleben, wie diese Liebe zwischen ihm und Katharina „je abnehmen könnte", daß ihn dieses Denken, diese Angst allein schon vom Heiraten abhalte . . . Keine Ausrede war ihm zu dürftig, kein Vorurteil zu abgeschmackt, um sich nicht immer wieder einzureden, daß er für eine Verehelichung völlig unbegabt war. Die Mutter, die längst verstorbene Anna Maria, der er mehr als bloß ein liebevoller und gehorsamer Sohn gewesen war, hing ihm auf vertrackte Weise über ihren selbstverschuldeten Tod hinaus noch nach. Er war, ohne daß er sich das jemals eingestanden hätte, ein von der Wirklichkeit hoffnungslos überfordertes Muttersöhnchen. Wenn einer vor der Heirat Angst hat, weil ihm der Gedanke Unbehagen bereite, „sich vor einander" zu waschen, dann ist das ohnedies schon ein Fall für den Arzt, weil derlei Verrücktheit die Kräfte einer ahnungslosen Jungfer bei weitem überfordert.

Aber Grillparzer hielt sich selbstverständlich für normal. Und er wütete hemmungslos weiter gegen sich selbst und gegen jenes Geschöpf, das ihn liebte. „Er war der Sohn seiner Mutter, die es in der Kunst, sich selbst und andere zu peinigen, weit gebracht hatte", meinte dazu einer seiner Biographen. Grillparzer freilich war weder fähig, aus der unschuldigen Katharina eine Geliebte zu machen, noch dachte er daran, sie zu ehelichen. Was sein sogenanntes Liebesleben anging, so hatte er in dieser Zeit die Hand auf der Marie von Smolenitz und nachmaligen Gemahlin des Malers Daffinger. Und was seine Brauchbarkeit für eine Ehe betraf, so ahnte er selbst, daß ihm daraus nur weiteres Elend erwachsen würde.

Das Dilemma, in welches das niemals stattgefundene Verhältnis der beiden Liebenden hineinmanövriert wurde, läßt sich am ehesten, auch am deutlichsten durch zwei nachfolgende Lebensumstände charakterisieren: daß Grillparzer nämlich im Alter von sechsundfünfzig Jahren mit den Schwestern Fröhlich zusammenzog, allerdings in aller gebotenen Unschuld, was aber zu jenem Zeitpunkt ohnedies schon eine Selbstverständlichkeit gewesen sein dürfte; und daß er nach seinem achtzigsten Geburtstag Katharina Fröhlich in den Stephansdom beorderte, um sich dort mit ihr endlich trauen zu lassen. Aber die zuerst erstaunte und dann hellauf entrüstete Kathi soll in Tränen ausgebrochen sein und dann gerufen haben, daß sie keine alte Hofratsköchin wäre. Und aus der von Grillparzer anvisierten Hochzeit, die wohl das schlechte Gewissen eines halben Menschenalters hätte aufwiegen sollen, wurde nichts. Bewiesen aber wurde durch diese beiden Fakten, daß er Katharina Fröhlich nicht wirklich missen wollte; und daß er der Gefangene eines Gefühls war, über das er selbst schon längst keine Macht mehr besaß.

Was Grillparzers schlechtes Gewissen angeht, das ihn wahrscheinlich gar nicht sonderlich gedrückt hat, sollte man sich stets in Erinnerung rufen, daß er — über dessen Fähigkeiten als Liebhaber man sich keine Illusionen zu machen braucht — Katharina Fröhlich dennoch herzhaft betrogen hat, und das in jeder Hinsicht! Denn Kathi war zuerst einmal tatsächlich nichts anderes als die Nachfolgerin jener unglücklichen Charlotte von Paumgartten, die Grillparzer den ersten Schritt hinein ins Labyrinth der Sexualität ermöglicht hatte. Und sie war dann, als sie sich bereits mitten auf der Via triumphalis heimwärts zum ehelichen Glück wähnte, die Nebenbuhlerin der Marie Daffinger, der sie unmißverständlich unterliegen mußte, solange sie nicht zur Kapitulation bereit war.

Aber Katharina Fröhlich war keine Frau, die auf diese billige Art, mit der man die Männer endgültig auf den Leim lockt, manipuliert hätte. Sie war aus Überzeugung keusch. Sie war stolz. Und sie war dem Manne Grillparzer durchaus ebenbürtig, das heißt, sie war feinnervig, sensibel, ohne hysterisch zu werden. Vor allem war sie, im Gegensatz zu ihm, niemals wehleidig. Wobei man als nüchterner Beobachter dieser Szenen immer bedenken sollte, daß alle Frauen, die in Grillparzers Leben auftauchten, einem totalen Verfremdungseffekt unterworfen waren. Denn wer einem Dichter Umarmungen gewährt, muß damit rechnen, daß aus jeder einzelnen Umarmung ein poetischer Akt wird. Und das bedeutet wiederum, daß die subtile Kunst der literarischen Übertreibung hier fast schon zur stilbildenden Methode wird, daß also aus einem ganz normalen Frauenauge eine Metapher entsteht oder aus einem angenehmen Charakterzug eine Gabe des Himmels wird. Grillparzer war, wie übrigens alle seines Schlags, ein haltloser Schwärmer, wenn er sich bemüßigt fühlte, einer Frau zu zeigen, daß er sich für sie interessierte. Das Raunzen und Murren, das auch einen Teil seines Verhaltens ausmachte, kam immer erst später, wurde stets dann wirksam, wenn er genug hatte von den Anstrengungen der sogenannten Liebe. Das änderte allerdings nichts an den poetischen Schwärmereien, an den haltlosen Übertreibungen und auch an den literarischen Handgreiflichkeiten, mit denen er jede einzelne seiner Frauen bedachte.

Andererseits muß man ihm zugute halten, daß er nie gegen die von ihm aufgestellten Spielregeln verstoßen hat; und sich „nie mit einer Frau eingelassen, die ihn nicht deutlich merken ließ, daß sie sich mit ihm einzulassen wünschte“. Grillparzer brauchte sich also keinesfalls vorzuwerfen — oder er redete sich diese Haltung zumindest nachdrücklich ein —, daß er Katharina Fröhlich verführt hätte, ihr also den Kopf verdreht hätte, indem er ihr schöne Augen machte und sie mit Anweisungen auf die Zukunft überschüttete. Er konnte darauf verweisen, daß er am Beginn ihrer Bekanntschaft eigentlich nur Augen für die anderen drei Schwestern gehabt und die üblichen einschmeichlerischen Komplimente nur ihnen gemacht hätte; und daß er, bevor der Blitz, den man wohl Liebe nennt, in sie beide einschlug, der Jungfer genügend Zeit und Gelegenheit gelassen hätte, sich vor ihm in acht zu nehmen. Andererseits antwortete er einmal dem Schriftsteller Johann Ludwig Deinhardtstein auf dessen durchaus verständliche Frage, warum er, Grillparzer, nicht endlich seine Katharina eheliche, ganz schlicht und einfach: „I fürcht' mi.“

Dieses Eingeständnis einer Furcht, welche möglicherweise wie ein Alp auf Grillparzers Gemüt lastete, ist ungemein entlarvend. Und es wird auch verständlich, wenn man sich jenes Porträt der Kathi Fröhlich genauer vor Augen führt, das, vervielfältigt nach einer Kreidezeichnung von Heinrich, in allen diesbezüglichen Nachschlagewerken und Biographien enthalten ist. Dieses Bild enthüllt einen harschen Charakter. Es mag schon zutreffen, daß das, was Grillparzer und andere Bewunderer an Achtens- und Lobenswertem immer wieder festgestellt haben, der Wahrheit entspricht; und daß Katharina Fröhlich in der Tat eine hübsche Mamsell gewesen ist, feurigen Auges gar, auch mit einem verlockenden Mund versehen und überhaupt in jene Kategorie von Frauen einreihbar, deren Hübschheit und Adrettheit jeden Mann treffen wie ein Blattschuß. Aber da bleibt eben noch diese Kreidezeichnung als der Wahrheit anderer Teil, gibt es die Möglichkeit, höchst indiskret hinter das lebhafte und hübsche Lärvchen einer vifen Jungfer zu blicken, was dann neue Perspektiven eröffnet. Plötzlich ahnt man nämlich eine Begabung fürs Zänkische, auch Herrschsüchtige und Rechthaberische. Und mit etwas Phantasie entdeckt man sogar eine Spur jener Feindseligkeit auf diesem glatten und hübschen Gesicht, die wie eine angeborene Krankheit ist, gegen die es keine Medizin gibt, eine gegen das Leben und gegen jedwede Person, inbegriffen die eigene, gerichtete Feindseligkeit, die wie ein festsitzender Stachel auch gegen das wütet, was man eigentlich herzinnig liebt. Das düstere Verneinen ist hier also der Nachbar einer friedlichen Heiterkeit, die sich allerdings nie ganz entfalten kann, weil sie ein kleiner, heimtückischer Dämon daran hindert, weil ein Schatten darüber liegt, den man selbst wirft. Solche Menschen wüten gegen sich selbst und gegen die ganze Welt und sind zutiefst unglücklich darüber, obgleich sie an diesem Malheur völlig unschuldig sind, weil ihr Charakter gar nicht anders kann, als so zu sein, daß einen die Galle beutelt. Die schlimmen Auseinandersetzungen, die es zwischen dem dichtenden Hofbeamten und der zu Höherem berufenen Tochter aus gutem Hause immer wieder gegeben hat, werden dadurch natürlich verständlich, und damit wohl auch der Seufzer „I fürcht' mi".

Außerdem flüchtete sich Grillparzer häufig in einen Hochmut, der durch nichts begründet war. So zum Beispiel war ihm bekannt, daß Katharina Phasen hatte, in denen sie buchstäblich unter ihrer Liebe zu ihm litt. Sie wurde schlichtweg krank, wenn es in ihrer ohnedies fragmentarischen Beziehung zu Franz Grillparzer Pannen gab. Und diese gab es, wie wir wissen, häufig. Das ermutigte ihn eines Tages zur Frechheit — anders kann, darf man das nicht bezeichnen —, an eine der Schwestern Kathis einen Brief zu richten, darin er unter anderem voll unangebrachten Hochmuts feststellte: „Sie selbst wissen nur zu gut, daß seit mehreren Jahren mein Verhältnis zu den Ihrigen nur durch die Besorgnis aufrechterhalten wird, daß eine Trennung dem Gemüts- und Gesundheitszustande Ihrer Schwester Katty verderblich werden könnte."

Es entblödete sich das vollausgewachsene, längst in Amt und Würden befindliche und auch von der Gloriole des Ruhms erfreulich beschienene Mannsbild (dieser Brief wurde im September 1830 geschrieben) also nicht, hier in die billige Haut eines Märtyrers zu schlüpfen, der sich für das Seelenheil und mehr noch für das physische Wohlbefinden eines angeblich hysterischen Frauenzimmers aufopfern muß. So wenigstens sah Grillparzer die Sachlage. Und er kokettierte mit dieser seiner Einbildung auf eine Weise, die nur noch lächerlich war. „Er hat ihr viel und Widersprüchliches vorgeworfen und ist sich oft dabei bewußt gewesen, daß sie's ihm doch nie und nimmer recht machen konnte und daß es ihn ebenso gestört hätte, wenn das Gegenteil dessen, was er an ihr aussetzte, wahr gewesen wäre." (H. Politzer)

Dabei konnte er gegebenenfalls von einer Gemütsrohheit sein, die nur er nicht als solche begriff, weil er der Meinung war, daß alles, was seinem Tun und Denken entsprang, höchst interessant oder sogar genial war. Einmal notierte er: „Mein Gemüt hat Katty am meisten interessiert. Die Süßigkeit der Nähe war bei Marie (nämlich bei Marie Daffinger) am stärksten. Das Körperliche fand ich am Anfange des Verhältnisses mit Charlotte in der höchsten Aufregung." In solcher Betrachtungsweise schwingt unendlich viel Hochmut mit; und wenig Lebenserfahrung; und gar nichts von einem echten Gefühl. An Katharina störte ihn zum Beispiel ausgerechnet jene Geradheit und Spontanität, die er an den anderen

Damen, mit denen er sozusagen näher ins Geschäft gekommen war, schmerzhaft vermißt hatte. Und weil sie, nämlich Kathi, ebenso lebhaft wie wißbegierig war, grantelte er in sein Tagebuch: „Sie wäre ein Schatz für jemanden, der, nach abspannenden Geschäften, zu Hause Anregung braucht. Einem, der von seinem aufregenden Streben Abspannung sucht, muß sie notwendig zur Qual werden."

Nichts war ihm recht an ihr. An allem, was Katharina tat und sagte, hatte er etwas auszusetzen. Auf den naheliegenden Einfall, einmal in den Spiegel zu blicken, kam Franz Grillparzer allerdings nie; wohl aber war er der Koketterie mit sich selber fähig. Dazu kamen immer wieder Anfälle von Selbstmitleid. Wie er das Leben wohl packen könnte, klagte er einmal, denn „mein Inneres ist so kalt und unfruchtbar wie eine Polarlandschaft". Der Lebenskraft entbehrte er, nur „aus Kälte entfachter Ideen" wäre er fähig. Grillparzer war, wenn er an sich selbst Maß zu nehmen pflegte, jeder Übertreibung fähig.

Und mit einer Rücksichtslosigkeit, wie sie nur der Egoismus kennt, wütete er auch gegen diejenigen, die er zu lieben glaubte. Da war zum Beispiel die Musikalität Katharinas. „Sie ist ihrer selbst nicht mehr mächtig, wenn sie gute Musik hört", nörgelte er schon 1822, als die Verbindung zwischen ihm und Katharina Fröhlich das Stadium der Verheißung noch nicht verlassen hatte. „Wie Säufer in Wein, so betrinkt sie sich in Musik." Hatte Grillparzer ganz und gar vergessen, daß seine Mutter von einer ähnlichen Leidenschaft besessen war? Oder wollte er mit seiner nicht ganz passenden Kritik tatsächlich nur eine Erinnerung an jene Zeit heraufbeschwören, da er noch mit Anna Maria Grillparzer vereint gewesen war und mit ihr musiziert hatte? Der Germanist Heinz Politzer hat diese Möglichkeit berücksichtigt und dazu festgestellt: „Er liebte sie (Katharina) um ihrer selbst willen und leistete ihr wegen ihrer Ähnlichkeit mit einer anderen Widerstand, mit seiner Mutter, die in sein Leben früher noch als sie (Katharina), und darum noch weniger überwindlich, eingegriffen hatte."

Daran mag manches wahr sein. Grillparzer reagierte wie viele Menschen auf das Ähnliche völlig unterschiedlich. Der Mutter war er ergeben gewesen, ein liebevoller und vor allem ein gehorsamer Sohn. Der Freundin, die vergeblich auf ihre Erweckung zur Geliebten wartete, mochte er die Ähnlichkeit mit seiner Mutter nicht verzeihen. Diese Ähnlichkeit irritierte ihn. Wahrscheinlich ängstigte sie ihn sogar, weil er unter der Ebene, auf welcher er seiner Mutter einst blindlings gehorcht hatte, das Rumoren noch in sich spürte, den lautlosen Widerstand heftig nachempfand, den er früher insgeheim gegen seinen Gehorsam empfunden hatte. Ein Muttersöhnchen, als welches man Franz Grillparzer in manchen Abteilungen seines Charakters wird hinstellen müssen, ist des Widerstands gegen das ihm aufgezwungene Schicksal durchaus fähig. Die Tragödie daran ist bloß, daß dieser Widerstand nicht an die Oberfläche dringt — oder erst nach Jahren und vor allem auch nach vielen Umwegen sichtbar, spürbar wird und dann wie eine Fernzündung wirkt. Katharina Fröhlich erhielt auf diese Weise moralische Ohrfeigen, deren tieferen Sinn und deren mögliche Berechtigung sie niemals begreifen konnte. Es war so, wenn man die Sachlage übertrieben ausdrückt, als ob eine Hand sich aus jenem Grab, darin Anna Maria Grillparzer moderte, ins jugendfrische Antlitz der Katharina Fröhlich verirrt und dort zornig zugeschlagen hätte. Grillparzer selbst war dabei eigentlich nur eine Art Handlanger, ein Tölpel, der ausführte, was ihm ein häßlicher Instinkt befahl. Daß dieser Instinkt viele Jahre zurückführte und noch aus einer Zeit herrührte, als er buchstäblich unter der liebevollen Fuchtel seiner Mutter stand und sich dabei doch unsäglich wohl fühlte, begriff er nicht. Und auch Katharina Fröhlich ahnte nichts von diesen dubiosen Zusammenhängen, die ihr zuerst den Geliebten und dann den Mann raubten.

„I fürcht' mi" — das, was Grillparzer mit diesem kurzen Satz dem Schriftsteller Deinhardtstein mitteilte, war viel mehr als bloß das Eingeständnis, sich vor dem Eintritt in eine Ehe oder auch davor zu ängstigen, mit einem im Grunde fremden Menschen eine einschüchternde Intimität einzugehen. In diesem Geständnis lag wohl auch der ganze Jammer seiner Herkunft, ein Erbteil, welches Grillparzer niemals würde abschütteln können. „I fürcht' mi" — einfacher, direkter, genauer kann man nicht ausdrücken, weshalb man das beleidigt, was man zu lieben vermeint, oder warum man gegen etwas wütet, von dem man annehmen darf, daß es eine entscheidende Veränderung herbeiführen könnte.

Nun wäre es freilich völlig verfehlt, annehmen zu wollen, daß Franz Grillparzer an irgendwelchen Veränderungen ernsthaft interessiert gewesen wäre. Denn das Gegenteil war der Fall. Und wenn ihm nicht ein tieferes und damit bedrohliches Gefühl in die Quere gekommen wäre, hätte sich Grillparzer am Anfang seiner sonderbaren Beziehung zu Katharina Fröhlich durchaus wohlgefühlt. Und er hätte außerdem und vor allem diese Katharina Fröhlich verführt, genossen, ausgekostet und dann wie jede seiner wenigen Liebhaberinnen behandelt, nämlich gottserbärmlich schlecht. Aber so passierte ihm etwas, mit dem er nicht gerechnet hatte. Denn 1826, immerhin fünf Jahre nach ihrer ersten Begegnung und nachdem sie einander schon manches vernichtende Scharmützel geliefert hatten, notierte er folgende Eintragung: „Am Ende war es doch hauptsächlich mein grillenhaft beobachteter Vorsatz, das Mädchen nicht zu genießen, was mich in diesen kläglichen Zustand versetzt hat."

Einer Grille, einer Laune also, einer Mystifikation vielleicht sogar verdankte Franz Grillparzer die einzige wirkliche sittliche Haltung, zu der er, soweit es die Frauen betraf, während seines Lebens fähig gewesen ist.

Oder war möglicherweise alles ganz anders? War er in Wahrheit womöglich gar nicht fähig, Katharina Fröhlich zu verführen?

Es war Ernst Alker, der zuerst jene Vermutung ausgesprochen hat, die erklären könnte, was, ganz allgemein gesagt, rätselhaft am Wesen Grillparzers und, im Detail, verwirrend in seiner Beziehung zu Katharina anmutet. Alker hat vom „Versagen Grillparzers als Mann" gesprochen und dann sogleich nach den Gründen dafür gefragt. Und diese „waren nicht seelischer, sondern physischer Art. Er fürchtete, wohl aus einer gewissen Erfahrung heraus, daß entweder seine Ehe niemals ein Matrimonium consummatum (wie das kanonische Recht sagt) werden würde, oder daß er physisch der Leidenschaft Kattys keine ausreichende Befriedigung bieten könnte." Kurzum, Grillparzer konnte als Mann nicht so, wie er wollte.

Was in diesem Zusammenhang Ernst Alker — dessen Arbeiten über Grillparzer zwar wenig bekannt, aber von besonderer Bedeutung sind — bereits in den dreißiger Jahren über Grillparzer weniger als Vermutung, sondern vielmehr als begründeten Verdacht zur Sprache gebracht hat, würde alles Sonderbare im Verhalten Grillparzers gegenüber den Frauen erklären; und auch seine eklatante Selbstunterschätzung, die er seinen literarischen Arbeiten entgegenbrachte, seinen „Mondkälbern", wie er sie zu nennen pflegte. Ein Mann, dessen Physis einen Makel hat, und noch dazu einen solchen, daß die sogenannte Männlichkeit des Betroffenen in Frage gestellt werden muß, flüchtet in alle möglichen Schlupfwinkel. Denn die Furcht vor der eigenen Unfähigkeit, eine Ehe zu konsumieren, bleibt selbst dann als eine Art Schicksalswolke über dem Unglücklichen hängen, wenn er ganz andere Möglichkeiten als den profanen Umgang mit dem weiblichen Geschlecht hat, um sich selbst darzustellen oder um sich zu verwirklichen, wie man das auch nennen mag.

Das alles sind natürlich nur Vermutungen. Und beweisbar ist gar nichts. Aber Alkers Verdacht ist vor allem dann nicht von der Hand zu weisen, wenn man das lächerliche Hin und Her mit Katharina Fröhlich nicht bloß als Marotte eines eingebildeten und gleichzeitig zutiefst verunsicherten Mannes begreifen mag. Außerdem war Katharina nicht nur ein strammes, sondern auch ein temperamentvolles Frauenzimmer. Sie hat, was ihre Bereitschaft zur Sexualität anging, unter ihrer Jungfernschaft zweifellos gelitten. Denn Stockfisch war sie ganz gewiß keiner, sondern eine durchaus normale Frau, die dem Mann, den sie liebte, auch wirklich angehören wollte. Aber dieser Mann war entweder blind, taub und stumm oder er war aus durchaus einsichtigen Gründen außerstande, das Selbstverständliche zu tun. „Grillparzer kannte seine Katharina gut und liebte sie. Er kannte aber auch sich und liebte sich nicht", schrieb Heinz Politzer und traf damit vielleicht wirklich den Nagel auf den Kopf. Der Rest liegt auf der Hand. Noch einmal Heinz Politzer: „Er war Frauenkenner genug, um sich nicht zu verhehlen, daß sein Verhalten bei der reschen, lebenslustigen und temperamentvollen Wienerin Katharina alle

Wirkungen der unbefriedigten Geschlechtsliebe hervorrufen mußte."

Über die Auswirkungen dieser Situation gab Grillparzer selbst eine entlarvende Auskunft, als er über Katharina in sein Tagebuch notierte: „Sie ward argwöhnisch, heftig, zänkisch sogar, und so ward dieses Verhältnis auch in seinen geistigen Bestandteilen gestört, die es so fabelhaft schön gemacht hatten."

Es wäre ungerecht, wollte man alle diese Indizien, die sich hier angesammelt haben, als profunde Ausrede für Grillparzers Verhalten hernehmen. Aber einiges davon lastete zweifellos bedrückend auf seiner Seele, ohne daß er auch nur im mindesten eine Ahnung gehabt hätte, wie er sich von solcher Last befreien könnte. Das Erbteil seiner Mutter nötigte ihn immer wieder, die merkwürdigsten Kapriolen zu riskieren und das, was er an ihr noch gemocht oder zumindest toleriert hatte, bei anderen Frauen wütend abzulehnen. Das mangelnde Talent, sich in vorgegebene Situationen einzufügen, quälte ihn gleichfalls. Sein Egoismus stand ihm unentwegt im Weg. Und an der ihm eigenen Wehleidigkeit würgte er zweifellos ein Leben lang. Wenn dann auch noch zutrifft, was Ernst Alker erstmals 1930 als wohlbegründeten Verdacht ausgesprochen hat, daß es nämlich mit seinen Möglichkeiten zum normalen Geschlechtsleben nicht sonderlich gut bestellt gewesen wäre, dann ist beinahe so etwas wie Mitleid oder doch Verständnis für einen Mann angebracht, der bei oberflächlicher Betrachtung wie ein kauziger Sonderling gewirkt haben mag. Grillparzer litt in Wahrheit am meisten unter sich selbst. Er hatte keinen gefährlicheren, hartnäckigeren und damit unangenehmeren Gegner als sich selbst. Ihm blieb letzten Endes nur die Flucht. Und weil er nicht nach Belieben in eine fremde Haut schlüpfen oder sich, wie er es sich wohl vorstellte, in fremde Schlupfwinkel verkriechen konnte, endete diese Flucht fast zwangsläufig dort, wo solche Abenteuer manchmal zu enden pflegen, nämlich in der Größe. Nur der Preis dafür war, wenn man sich Grillparzers private Existenz vorstellt, unbestreitbar zu hoch.

Archivierte Existenz

Das dritte Jahrzehnt des 19. Jahrhunderts, also Grillparzers vierte Lebensdekade, soll sein eigentliches Liebeszeitalter gewesen sein, behaupten einige der mit ihm besonders nachhaltig befaßten Autoren, darunter Raoul Auernheimer, wobei man parallel dazu die bürgerliche Karriere Grillparzers nicht vergessen sollte. Hier, wohin der Lärm seiner Weibergeschichten niemals drang, herrschten andere Gesetze und Gewohnheiten als in den Salons der Wiener Gesellschaft, wo Grillparzer seine fragwürdigen Beutezüge unternehmen konnte.

Am 13. November 1831, da war der Dichter rund vierzigjährig, richtete er, nachdem er vom Tod Johannes Georg Megerles von Mühlfeld, des bisherigen Direktors am Hofkammerarchiv, erfahren hatte, an die k.k. Allgemeine Hofkammer ein Gesuch, in und mit welchem er seine bisherige neunzehnjährige Diensttätigkeit vortrefflich zu beschreiben versuchte. Von seinen poetischen Fähigkeiten und Erfolgen war da die Rede, und auch davon, daß er sechs fremde Sprachen mehr oder minder beherrschte. Die minuziöse Darlegung seiner amtlichen Fähigkeiten verstand sich von selbst. Nicht umsonst hatte Grillparzer Jahr um Jahr seine Pflicht getan, war er allmählich hineingewachsen ins Räderwerk einer Bürokratie, von welcher er nun selbst schon ein Teil geworden war, und gar nicht der schlechteste oder belangloseste, wie Franz Grillparzer wohl von sich behaupten durfte.

Das Gesuch, auf welches der Reflektant gewiß eine außerordentliche und vielleicht sogar liebevolle Mühe gewandt hatte, verfehlte jedenfalls nicht seine Wirkung. Bereits am 23. Jänner 1832, also nach einer für österreichische Verhältnisse überraschend kurzen Frist, erfolgte seine Ernennung zum Archivdirektor. Am 10. April 1833 erschien Grillparzer dann beim Kaiser Franz in Audienz, um sich, wie es sich nach damaligem Brauch gehörte, für die Gnade zu bedanken, eine Position ausfüllen zu dürfen, die ein anderer, wie Grillparzer meinte, ohnedies nicht bewältigt hätte. Aber es mußte alles seine Ordnung haben: zuerst der Tod eines Vorgesetzten; dann das möglichst diplomatisch abgefaßte Gesuch, um ein Erbteil anzutreten, auf das man ein Recht zu haben glaubte; dann die Ernennung; und schließlich der symbolische Kniefall vor dem Kaiser, um sich für dero allerhöchster Protektion submissest zu bedanken. Alles erfolgte in der Reihenfolge und auch in der Ordnung, die vorgeschrieben waren. Grillparzer kannte sich aus, er wußte, was zu tun war, wenn man Karriere machen wollte, und an der Intelligenz, um einen möglichen Nebenbuhler aus dem Feld zu schlagen, mangelte es ihm ohnedies nicht. Wobei es mehr als fraglich war, ob es überhaupt ernstzunehmende Nebenbuhler gab.

Das glaubte zumindest Grillparzer. Schon ein Jahr später, nachdem er beim Kaiser in Audienz hatte antreten dürfen, mußte er eine andere Erfahrung machen. Im Frühjahr 1834, als es ihn nach einem weiteren Aufstieg gelüstete, bewarb er sich um die Leitung der Universitätsbibliothek. Aber es wurde ihm ein gewisser Franz Lechner vorgezogen, wobei die Legende, die seit damals entstanden ist und von einer unbegründeten Benachteiligung Grillparzers spricht, keinesfalls den tatsächlichen Gegebenheiten gerecht wird. Der Mann, der hier dem Archivdirektor vorgezogen wurde, besaß durchaus alle fachlichen Voraussetzungen, um die von ihm angestrebte Position zufriedenstellend zu besetzen.

Übrigens versuchte Grillparzer dann ein Jahrzehnt später noch einmal — oder eigentlich zweimal —, eine Veränderung seiner beruflichen Existenz zu erreichen. Es handelte sich dabei um die durchaus begehrenswerte Stelle eines ersten Kustos an der Hofbibliothek. Diese wurde jedoch zuerst einem Manne namens Bartholomäus Kopitar überantwortet und nach dessen frühem Tod dem Herrn Eligius von Münch-Bellinghausen, der sich als Dichter dann gutbürgerlich Friedrich Halm nannte. Grillparzer bewarb sich unverdrossen und jedesmal von neuem, also zweimal, um diese Stelle, verfaßte die von ihm verlangten Gesuche nicht bloß fein säuberlich, sondern auch mit achtenswerter inhaltlicher Akribie und war im übrigen beide Male davon überzeugt, als Erster durchs Ziel zu kommen. Den rasch verstorbenen Bartholomäus Kopitar verkraftete er gerade noch. Aber daß einer, der als Friedrich Halm nicht im entferntesten an einen Franz Grillparzer heranzureichen vermochte, ihm vorgezogen wurde, kränkte ihn zutiefst. Er betrachtete das Avancement des Rivalen ungeachtet dessen möglicher beruflicher Solidität als einen Affront und verhielt sich dementsprechend. Er schmollte und murrte und fühlte sich, ganz wie es der altösterreichischen Tradition entsprach, entgegen seinen Fähigkeiten und Erwartungen zurückgesetzt und auch gedemütigt.

Was sein Salär anging, so erhielt er als Direktor des Hofkammerarchivs zunächst achtzehnhundert Gulden, die durch einen kaiserlichen Gunsterweis — der selbstverständlich den Dichter meinte und nicht den Beamten — ab dem Jahre 1835 jährlich um dreihundert Gulden erhöht wurden. Das war, wenn man die Sache unvoreingenommen ansieht, eine durchaus entsprechende Dotation, eine den gebotenen Leistungen durchaus entsprechende Zahlung, denn Grillparzer war als Direktor des Hofkammerarchivs keinesfalls so gefordert, daß ihm daraus eine unzumutbare Anstrengung erwachsen wäre. Die Position, die er hier bekleidete, war alles andere denn arbeitsreich oder arbeitsintensiv, was zwar materielle Nachteile mit sich brachte, aber einem tätigen Literaten jene Freizeit bot, die er zur Abfassung seiner Werke gewiß benötigte. Der österreichische Staat oder eigentlich die ganz besondere Art des österreichischen Lebens ermöglichte diese eher indirekte, sehr diskrete Unterstützung der Kultur ohne besonderen Aufhebens. Man vermittelte einem Theaterdichter, der seine Erfolge am ersten Sprechtheater der Nation errungen hatte, eine ruhige Position in irgendeinem Archivwinkel. Und weil solches Tun nicht gerade fürstlich bezahlt wurde, gewährte dann der Kaiser noch ein Sonderhonorar, welches das schmale Einkommen auffetten sollte. Später, zu Zeiten des Ersten Weltkriegs, würde man Österreichs Dichter und Intellektuelle scharenweise in ein eigens dafür erfundenes Amt im Kriegsministerium in Sicherheit bringen. Dieses Amt würde zwar der sogenannten Propaganda dienen, aber in Wahrheit nützte es den Literaten, sich vor den Strapazen und Gefahren des Krieges erfolgreich zu drücken.

Grillparzer genoß jetzt also alle Möglichkeiten, die ihm das Schicksal oder eher doch das Wohlwollen seiner Vorgesetzten oder überhaupt diese österreichischen Verhältnisse boten, mit und in denen es sich stets vortrefflich auskommen ließ. Die hauptsächliche Arbeit im Amt bewältigte ohnedies ein sogenannter mittlerer Beamter. Das heißt aber nicht, daß Grillparzer auf der faulen Haut gelegen wäre. Er soll sogar, wie Fachleute urteilten, ein ganz ausgezeichneter und allen modernen Ideen zugänglicher Archivdirektor gewesen sein. Das sagt freilich nichts über seine tatsächliche Qualifikation als Beamter aus, weil das Hofkammerarchiv alles andere sein konnte als eine Bewährungsprobe für österreichische Beamte, die sich zugleich als Dichter versuchten. Die hauptsächliche Betätigung eines Direktors dieser Institution bestand wohl eher darin, daß er für Ruhe und Ordnung sorgte und das Vorhandene archivierte, was wiederum bedeutete, daß er mit aufregenden Neuerungen nicht konfrontiert wurde. Zweifellos gab es interessantere und auch besser bezahlte Arbeiten als dieses Amt, das seinen Träger zwar ernährte, ihm aber keine Aufstiegschancen und keinen wie immer gearteten Erfolg erlaubte.

Grillparzer konnte das alles nur recht sein. „Dem Dichter und Menschen konnte kein anderes Amt besser dienen als dieses", meinte schon Josef Nadler in seiner Beschreibung der gegebenen Situation. „Es nährte den Mann und machte aus ihm einen Freiherrn. Im Hofkammerarchiv fand er Stoff und Muße für seine letzten Dichtungen, die das Gesamtwerk des Dichters zur Vollendung rundeten. Im Hofkammerarchiv ist er ein Forscher auf eigene Faust und der umfassende Kenner des menschlichen Geistes, seiner Natur, seiner Geschichte, seiner Leistungen geworden. Er konnte den Strich unter eine Rechnung, die er zu haben glaubte, setzen."

Es mochte sich also Grillparzers eigentliches Liebeszeitalter tatsächlich in den dreißiger Jahren des 19. Jahrhunderts etabliert haben. Und aus dem mehr oder minder erfolgreichen Liebhaber wurde jetzt allmählich nur noch ein Frauenfreund, der sich mit einer fragmentarischen Verbindung zufriedengeben mußte. Am sparsamen Stil, an den sich ein altösterreichischer Beamter — auch wenn er es bis zum Direktor eines Archivs gebracht hatte — immerfort gewöhnen mußte, änderte das gar nichts. Er hatte eine Wohnung, wobei eine allmähliche Begabung fürs Seßhafte nunmehr die Häufigkeit des Adressenwechsels verringerte, er hatte sein Essen und das, was ein altösterreichischer Beamter und Dichter brauchte, um sich ordentlich — wenn auch nicht immer wirklich standesgemäß — zu kleiden. Das alles konnte er bezahlen. Aber dann war auch schon Schluß. Ein frivoles Mehr erlaubte ihm sein Staatsbeamtengehalt nicht. Er brauchte nicht zu hungern oder sich seiner Kleidung wegen zu schämen, aber um Einladungen, die er angenommen hatte, durch Gegeneinladungen zu belohnen, fehlte ihm das Geld. Denn auf großem Fuß vermochte er nicht zu existieren. Wobei ohnedies immer fraglich bleiben muß, was ein Beamter in Österreich darunter verstehen darf.

Zusätzliche Einnahmen gab es übrigens kaum. Ein neues Stück, das etwas Geld in die leeren Taschen des Dichters gebracht hätte, existierte nicht. Und in Deutschland hatte man seit der „Sappho", welcher dort kein besonderer Erfolg beschieden gewesen war, überhaupt nichts mehr von ihm zur Aufführung gebracht. „Ersparnisse hatte er keine, und was er allenfalls monatlich abknappen konnte, verschlang der hungrige Familienanhang, seine zwei Brüder, die als Kanzlisten ihr Leben fristeten, und deren immer noch sich mehrende Nachkommenschaft. Wer sollte ihnen, wenn Kindbetten, Krankenbetten, Unglücksfälle das armselige Budget in Unordnung brachten, beispringen, wenn nicht der hochgekommene Bruder?"

So schilderte Raoul Auernheimer die Verhältnisse, in und mit denen Franz Grillparzer weniger zu leben als zu kämpfen hatte. Und was seine Brüder angeht, so braucht man bloß an die Geschichte mit Karl zu erinnern, um von den Problemen Grillparzers eine Ahnung zu erhalten. „Franz war zu seinen Brüdern barsch und hart", schreibt Josef Nadler in seiner Biographie, „er hat ihre Briefe gewiß nicht immer gelesen und nur mäßig beantwortet. Doch er hat zu ihnen gehalten. Er hat ihnen bis an die Grenze des eigenen Vermögens geholfen, ihnen, ihren Kindern, ihren Kindeskindern, solange das Grillparzerblut, ungesegnet, wie es war, noch seinen eigenen Namen trug."

Mit Karl, dem nur um ein Jahr jüngeren Bruder, war das alles ganz anders. Da geschah tatsächlich Ende und Untergang der Familie, wie ein Wiener Autor einmal gemeint hat. Es war das in der

Tat der dunkelste und hoffnungsloseste Akt aus der persönlichen Tragödie des Dichters, wobei Franz Grillparzer letztlich immer wieder scheitern mußte. Der Bruder, Karl Grillparzer, war ein krankhafter Charakter, menschenscheu, jähzornig, unberechenbar, früh schon mit dem Vater verfeindet, unfähig, sich in einem Leben, wie er es erwarten mußte, zurechtzufinden. Der Sechzehnjährige, gerade erst zum Regiment Hoch- und Deutschmeister ausgehoben, desertierte, wurde wieder eingebracht, flüchtete erneut. Auf abenteuerlichen Umwegen kam er zur französischen Fremdenlegion. Erst 1814 fand er in die Heimat zurück, wo er einen bewegenden Brief an seinen Vater schrieb, ohne zu ahnen, daß dieser schon vor Jahren verstorben war. Wieder geriet der Unstete ans Militär, bis er, 1815 in Italien schwer verwundet, ins Wiener Invalidenhaus entlassen wurde und danach im Zolldienst unterkam. Franz Grillparzer war dabei unterstützend in Erscheinung getreten, hatte 1834 die unerläßliche Dienstkaution erlegt und dafür gesorgt, daß Karl als Zolleinnehmer im Oberösterreichischen eine Bleibe fand.

Zwei Jahre später freilich war alles zu Ende. Franz kehrte gerade von Paris zurück, als ihn noch unterwegs, noch in München, ein Brief erreichte, darin von der Verhaftung Karl Grillparzers die Rede war. Es ging um Mordverdacht, der sich alsbald als Mystifikation herausstellte, sowie um unerlaubte Griffe in die öffentliche Kasse, mit denen Karl Grillparzer, der sich ewig benachteiligt fühlte, seinem Leben eine Wendung zum Besseren geben wollte. Karl war allerdings weder ein Mörder noch ein Gauner, er war bloß dumm und verzweifelt, und wohl auch geistig zu schwerfällig, um sich in einer schwierigen Situation helfen zu können. Sein Bruder Franz rettete ihn. Er wandte sich an die Polizeidirektion in Wien, machte seinen geringen Einfluß geltend, welchen er eher seiner Position als Archivdirektor denn seinem Namen als Burgtheaterdichter verdankte, und brachte für Karl alles in Ordnung. Der unglückliche Bruder wurde zwar in den Ruhestand versetzt, nach manchen Schwierigkeiten dann aber doch mit einem Ruhebezug belohnt, von dem es sich leben ließ. Außerdem unterstützte Franz den Bruder bis zu dessen Tod (1861) nicht nur mit Dingen des Alltags, sondern auch mit Bargeld. Und später sorgte er auch für den ältesten Sohn des Bruders, der ausgerechnet Franz hieß und ein herzlich schlechter Mensch war. Franz Grillparzer behandelte diesen Neffen wie ein eigenes Kind, sorgte dafür, daß dieser in der Grazer Kadettenschule unterkam, bezahlte dieselbe und kam auch dann noch, als der junge Mann als Leutnant ausgemustert wurde, für alle Kosten auf.

Aber dieser Neffe Franz belohnte alle empfangenen Wohltaten äußerst schlecht. Er wurde seiner Schulden wegen aus der Armee entlassen, in welche ihn der Onkel vorerst einmal mit vielen Mühen zurückbrachte, was letztlich aber nur dazu führte, daß er durch ein Urteil des Kriegsgerichtes dann endgültig ins Zivilleben verbannt wurde. Sein Onkel brachte ihn dort schließlich im Finanzwachdienst unter, wo er, der ein schlechter Charakter und kleiner Gauner war, eine völlig unbedeutende Rolle spielte. Er, der im Grunde nie eine wirkliche Chance gehabt hatte, weil sein Charakter eine solche verhindert haben würde, endete kläglich. Und nur seines Onkels ständige Hilfe konnte ihn vor Schlimmerem bewahren, was der Neffe, der tatsächlich ein Taugenichts war, niemals wirklich würdigte.

Franz Grillparzer lebte also nicht wie ein Hagestolz, der, unfähig zur Gründung und Erhaltung einer eigenen Familie, nichts weiß von den Kämpfen, die der Alltag fordert. Der Ledigenstand, in den er hineingeschlüpft war wie in eine schützende Haut, war in seinem Fall ein Titel ohne jede Bedeutung, denn Verpflichtungen hatte er wie ein erschöpfter Familienvater.

Aus einer solchen Perspektive betrachtet wird dann vielleicht auch sein häufiger Wohnungswechsel verständlich, denn ein Mensch, den viele Verpflichtungen peinigen, flüchtet immer wieder einmal. Diese Flucht muß nicht gerade eine vor der Verantwortung sein, könnte aber doch ein Ausweg sein aus einem Dilemma, dem man durch häufigen Ortswechsel zu entgehen versucht. Neunzehnmal hat Grillparzer im Verlauf seines Lebens in Wien verschiedene Adressen benützt, um seine private Existenz gleichsam unauffälliger zu machen. Die Begabung zur Seßhaftigkeit war ihm nicht gegeben. Und weil er auch nicht das Geld besaß, das gewiß notwendig gewesen wäre, damit er sich auf eine seinen Idealen entsprechende Weise eingerichtet hätte, war seine Wiener Existenz nichts anderes als eine ständige Flucht kreuz und quer durch die Innenstadt. Denn darauf gab er durchaus Obacht, daß er das sogenannte Glacis nicht hinaus in Richtung Vorstädte überschritt. Er war sozusagen ein Poet des 1. Wiener Bezirks, wenn man die Topographie auf den heutigen Stand bringt. Jeder Umweg wäre ihm unvorstellbar gewesen. Nur in der Beengtheit dieses einen Bezirks durfte er sich zu Hause fühlen. Nur dort gab es diese Ankerplätze seiner Biographie, an denen er sich von den Anstrengungen des Lebens erholte.

„Im Elend" hatte er einst „Die Ahnfrau" geschrieben. Am Schottenhof, und zwar im 2. Hof, auf der 8. Stiege, die im ersten Stock gelegen war, hatte er die „Sappho" zu Papier gebracht. Am Judenplatz war ihm die Mutter verstorben und hatte er der „Medea" literarisches Leben eingehaucht. Und als er für zwei Jahre unter der Adresse Bürgerspital logierte, dichtete er „Das Goldene Vließ", hatte er Beziehungen zu Charlotte von Paumgartten und, freilich auf ganz andere, platonische Art, zu Marie von Piquot. Auch der Katharina Fröhlich begegnete er erstmals, als er dort lebte. In der Ballgasse, wo er drei Jahre wohnte, sah er erstmals Marie von Smolenitz, schrieb er „König Ottokars Glück und Ende". Es folgten die Spiegelgasse, wiederum das Bürgerspital, diesmal freilich der 5. Hof, die im zweiten Stock befindliche 9. Stiege und die Tür Nummer 74, was eine Vorstellung erlaubt von der Beengtheit der Wohnverhältnisse, an die sich Grillparzer immer wieder von neuem gewöhnen mußte. In der Rauhensteingasse Nummer 6, im 4. Stock, wo er dann von 1831 auf 1832 untergebracht war, wurde er Archivdirektor, schrieb er an „Der Traum, ein Leben" und an der „Libussa". Dann folgten die Bräunerstraße, von wo aus er Beziehungen zu Heloise Höchner aufnehmen sollte, worüber noch zu berichten sein wird, und die Jakobergasse (nur für ein Jahr übrigens, 1836, und da reiste er nach Paris und London), die Himmelpfortgasse, wo er es sieben Jahre aushalten sollte und unter welcher Adresse er „Weh' dem, der lügt" schreiben würde, die Grünangergasse, wo „Ein Bruderzwist in Habsburg"

Wohnhaus „Im Elend", Aquarell von Conrad Grefe, 1894. (Historisches Museum der Stadt Wien)
„Im Elend" (Tiefer Graben) 224 lebte Grillparzer mit seiner Mutter 1815—1817. Hier schrieb er „Die Ahnfrau".

Franz Grillparzer im Alter von 36 Jahren, Aquarell von Moritz Michael Daffinger, 1827. (Historisches Museum der Stadt Wien)

Katty Fröhlich, Aquarell von Moritz Michael Daffinger, 1823. (Historisches Museum der Stadt Wien)

Franz Grillparzer im Alter von 73 Jahren, Ölgemälde von Heinrich von Angeli, 1864.
(Historisches Museum der Stadt Wien)

Grillparzer (im Alter von 70 Jahren) in seinem Zimmer, Zeichnung von Felix Kanitz, 1861. (Historisches Museum der Stadt Wien)

Grillparzer-Denkmal im Wiener Volksgarten von Karl Kundmann, 1889. (Foto: Hella Pflanzer)

← Grillparzers Arbeitsraum im Hofkammerarchiv. (Foto: Historisches Museum der Stadt Wien)

Grillparzers Grab am Hietzinger Friedhof in Wien. (Foto: Hella Pflanzer)

seinen Abschluß finden und „Der arme Spielmann“ geschrieben werden sollte, und schließlich, von 1849 bis 1872, die Spiegelgasse Nummer 1097, was schon keine Wohnadresse, sondern die selbstbewußte Demonstration eines Lebenszustandes war, den sich nur einer wie Franz Grillparzer erlauben konnte, indem er aus einer Tragikomödie eine Banalität machte. Denn dort in der Spiegelgasse würde er eine Art sittlich einwandfreie Wohngemeinschaft mit jener Frau (und deren Schwestern) eingehen, die er sich als Ehefrau ein Leben lang hatte nicht vorstellen können.

So lebte er also dahin, unfähig zur wirklichen Seßhaftigkeit und doch zuinnerst gierig danach, ein häuslicher Mensch zu sein, woran ihn neben dem lästigen Geldmangel auch eine gewisse Ratlosigkeit hinderte. Den Seinen war er ein vortrefflicher Bruder, Onkel und Verwandter, ein Fels in der Brandung, wie man die Art seiner Fürsorge für andere wohl umschreiben könnte. Er selbst vereinsamte; und war dabei der hauptsächliche Verursacher dieses Zustandes. Er war nicht einbindbar in einen größeren Kreis von Bewunderern und Adepten, der sich ohne weiteres gefunden hätte, wenn er einen solchen Zustand nur gewollt haben würde. Aber Grillparzer wollte nicht. Der Tod Joseph Schreyvogels (1832) war ihm der letzte Verlust gewesen, den er als solchen noch begriffen hatte. Denn Schreyvogel war ein Freund gewesen, durch nichts zu ersetzen und auch nicht in einer anderen Figur wiederholbar. Er „hatte, was Form und Technik betrifft, gleiche Ansichten mit mir“, klagte Grillparzer in seinem Tagebuch, „und wir konnten daher überhaupt uns über Literatur und dergleichen besprechen, ohne uns mißzuverstehen oder erst langweilig den Standpunkt festzustellen.“ Und er schrieb den abschließenden Satz: „Seit seinem Tode ist niemand in Wien, mit dem ich über Kunstgegenstände sprechen möchte . . . Dadurch versauere und verstocke ich in mir und die Produktion stellt sich immer ferner.“

Joseph Schreyvogels Tod hinterließ in jedem Fall eine Lücke, die nicht mehr zu füllen war. Er war ganz einfach unersetzlich. Oder es war vielmehr „der Freund durch keinen Freund und der Lehrer durch keinen Schüler zu ersetzen“, wie das Josef Nadler zum Ausdruck brachte. Dabei gab es genügend Männer, mehr oder minder begabte, mehr oder weniger intelligente, die jetzt, da Grillparzers literarischer Ruhm wenigstens in Österreich nicht mehr verblassen wollte, sich aufrichtig darum bemühten, dem Archivdirektor und Dichter gute Freunde zu sein oder auch nützliche Lehrmeister. „Es fehlte nicht an jungen Leuten, die in Grillparzers Ruhm zu nisten begannen", sagte Nadler und verwies auf einen jungen Mann namens Otto Prechtler (1813—1881). Dieser stammte aus dem oberösterreichischen Grieskirchen, war ein eifriger Poet und hatte wie Grillparzer gleichfalls mit einem Schauerdrama begonnen, das „Die blutige Locke" hieß, aber nicht jenen Erfolg hatte, wie ihn Grillparzer mit seiner „Ahnfrau" gehabt hatte. Dieser Otto Prechtler war jedenfalls ein braver Mensch und durfte Grillparzer, wenn schon nicht als Dichter, in welchem Genre seine Begabung doch zu gering gewesen sein dürfte, so doch als Beamter sehr nahekommen. Denn er konnte sich als Hofkammerbeamter bewähren und auf diese Weise sogar zum unmittelbaren Nachfolger Grillparzers im Archiv aufsteigen. Das wird auch der tiefere Grund dafür gewesen sein, daß Grillparzer ihm einige Achtung beweisen konnte. Freundschaft, Seelenverwandtschaft, wie sie zwischen Schreyvogel und Grillparzer selbstverständlich gewesen waren, konnten hier freilich nicht mehr vorkommen.

Andere Namen sind zu nennen. Hermann Rollett zum Beispiel, ein musischer Mensch mit vielen Ambitionen, darunter auch politischen, die liberal waren, wie auch Grillparzer vorübergehend liberal dachte, was die beiden Herren einander näherbrachte. Dem Vater des jungen Mannes, der sich mit seinen literarischen Versuchen Grillparzer zu nähern wünschte, war er, weil dieser ein angesehener und von Grillparzer oft gebrauchter Arzt war, ziemlich verpflichtet. Diese Verpflichtung suchte er dem Sohn gegenüber dadurch abzugelten, daß er auch dann höflich blieb, wenn er sich langweilte. Mehr war da nicht.

Auch nicht bei einem gewissen Adolf Foglár, der sich als Bühnenschriftsteller einen Namen machte, ohne wirklich berühmt zu werden, und der dem Meister später zuweilen ein aufmerksamer und allerdings auch immer ein wenig devoter Gesprächspartner sein durfte, was Grillparzer gnädig gewährte, ohne daß er diesen

Foglár wirklich ins Vertrauen gezogen hätte. Mehr, auch freundschaftlicher, empfand er da schon für den Benediktiner Michael Leopold Enk von der Burg, der ein geistvoller und der klassischen Bildung zutiefst ergebener Mann war. Es war übrigens Enk, der mit seinen „Studien über Lope de Vega" Grillparzer sozusagen die Richtung nach Spanien wies, was dann noch die vorteilhaftesten Folgen haben sollte für Grillparzers eigenes Schaffen. Ein anderer brauchbarer Mann, soweit es Grillparzers intellektuelle Ansprüche betraf, war Theodor Georg von Karajan (1810—1873), den sich Grillparzer gleichsam zum germanistischen Adjutanten erzog, denn eine seiner ersten Amtshandlungen als Archivdirektor bestand im Sommer 1832 darin, den für die germanistische Wissenschaft hochbegabten, in seinem Brotberuf jedoch kreuzunglücklichen Praktikanten beim Hofkriegsrat Karajan herüberzuretten ins Hofkammerarchiv, wo den wissenschaftlichen Neigungen des jungen Mannes nichts mehr im Wege stand. Jahre später, 1841, sorgte Grillparzer auch dafür, daß Karajan an die Hofbibliothek versetzt wurde, wo dieser für seine Studien das passende Ambiente fand.

Der solcherart Bevorzugte und Geförderte dankte mit einer Unzahl von kleinen Diensten, zu denen unter anderem gehörte, Grillparzers eigene germanistische Studien mit Nachdruck zu fördern. Karajan hat tatsächlich unter allen Zeitgenossen mit Grillparzer den innigsten Kontakt gehabt, was einerseits durch den dienstlichen Umgang, den beide miteinander hatten, vorgegeben war, andererseits doch wohl auch mit den geistigen Interessen zu tun hatte, denen die beiden Männer gehorchten. „Zurückhaltend und bescheiden, war Karajan freilich der beste Mensch, den Grillparzer in Wien um sich hatte." (J. Nadler)

Grillparzer war ein Eigenbrötler. Er war auch ein Einzelgänger. Eigentlich war er, ohne seiner ursprünglichen Veranlagung nach für eine solche Haltung begabt zu sein, durch die Umstände seiner Erziehung ein solcher geworden. Wobei das wiederum nur eine Annahme ist, ein durch nichts bewiesener Verdacht, obgleich das, was man als seine Erziehung betrachten kann, tatsächlich auf Vereinsamung ausgerichtet war. Das Halbdunkel in diesen einschüchternd großen und immer halbleeren Wohnungen, die auf Hinterhöfe oder Feuermauern hinausgingen, förderte kaum das Gefühl für Geselligkeit, das einem jungen Mann, der ein Dichter werden wollte und zudem ziemlich introvertiert war, ohnedies nicht viel bedeutete. Dann war da noch der strenge, unglückliche und im Grunde seines Wesens lebensunfähige Vater, gab es eine Mutter, die zur Hysterie neigte. Menschen und Lebensumstände seiner frühen Jugend waren so beschaffen, daß praktisch nur die Flucht nach innen blieb. Das Gesellige, für welches ohnedies keine besondere Begabung vorhanden war, konnte sich also von allem Anfang an nicht wirklich entwickeln. Eine Lebensfurcht, die sich mürrisch gebärdete, um nicht als psychischer Defekt erkannt zu werden, belastete jeden Weg nach außen. Bekanntschaften machte man, um sie wieder zu vergessen oder als Beiläufigkeit abzulegen.

Ausnahmen freilich gab es, entscheidende, lebensprägende Ausnahmen sogar. Die Freundschaft mit Schreyvogel war eine solche. Aber diese Ausnahmen wiederholten sich nicht oder zu selten, um die Verkrustung, in die Grillparzer geriet, zu durchbrechen. Früher einmal war es der Freund Paumgartten gewesen, dem gegenüber Grillparzer sich öffnete, mit dem er ein Stück gemeinsamen Wegs gegangen war. Aber das war längst vorbei. Jetzt, da Grillparzers Entwicklung abgeschlossen war und er seine Existenz in eine Situation gebracht hatte, an der weder Veränderung noch Entwicklung möglich waren, hatte sich das Leben langsam, jedoch unaufhaltsam von ihm zurückgezogen. Er selbst war es zufrieden. Er hatte nichts anderes gewollt. Außerdem fand sein Leben anderswo als in den Salons und an den Stammtischen der kulturellen Schickeria statt.

Verpflichtungen gab es schon und damit auch Verbindungen, die eingehalten werden mußten. Eine solche zum Dichter erfolgreicher Dramen und Direktor der Hofbibliothek und letztlich sogar zum Generalintendanten des Burgtheaters, welche erstaunlichen Positionen alle auf eine Person vereinigt waren, mußte Grillparzer zähneknirschend erdulden. Es war das dieser aus Krakau stammende Herr von Münch-Bellinghausen alias Friedrich Halm, den Grillparzer herzlich verabscheute und den er sich sowohl aus beruflichen als auch aus gesellschaftlichen Gründen nicht vom Hals schaffen konnte. Wenn er aber imstande war, sich vor einer gesellschaftlichen Verpflichtung zu drücken, ohne daß ihm daraus ein gravierender Nachteil entstehen konnte, war Grillparzer einer Aufrichtigkeit fähig, die in ihrer Direktheit fast schon wieder originell war. Dem Schriftsteller und Diplomaten Anton Prokesch zum Beispiel schrieb er 1834: „Sie haben mir die Ehre angetan, mich für Samstag Abend zu sich zu laden. Statt irgendeine Entschuldigung zu erdichten, will ich nur geradezu bekennen, daß ich mich teils so wenig wohl, teils in so widerwärtiger Stimmung befinde, daß der Gedanke an eine Gesellschaft, die nicht durchgehends aus alten Bekannten besteht, mich schon drei Tage vorher unglücklich macht.“

Neun Jahre später, als Grillparzer sich in Athen aufhielt, würde er eine Einladung des Herrn Prokesch — nunmehr Österreichs Gesandter beim griechischen König — nicht mehr ausschlagen und sich diesen sogar als honetten Fremdenführer gefallen lassen. Beinahe schien es, als wäre es Wien, als wären es die Verhältnisse in der Haupt- und Residenzstadt, die Grillparzer zur schieren Unleidlichkeit verführten. Denn auch zu einem gewissen Karl von Holtei, der ein eher unbedeutender Poet, dafür aber ein prachtvoller und origineller Charakter war, ergab sich eine recht herzliche Beziehung, wobei die Herzlichkeit immer dann am aufrichtigsten war, wenn Grillparzer den Freund — oder wie man Holtei sonst nennen sollte — in Graz besuchen konnte, wo Holtei zeitweise lebte. Das bestätigt den Verdacht, daß Grillparzer stets nur Abwesende zu lieben vermochte oder den Menschen nur dann eine selbstverständliche Achtung entgegenbringen konnte, wenn er sie vorübergehend aus den Augen verlor oder wenn er nicht befürchten mußte, ihnen gleichsam unentwegt zu begegnen.

Eine eigene und eigenartige Beziehung gab es zu Eduard von Bauernfeld. Mit ihm war er einst nach Ischl gewandert, zu ihm hatte er sich einige Zeit hingezogen gefühlt wie zu einem echten Freund, ihm glaubte er auch inniger und rückhaltloser vertrauen zu können als irgendeinem anderen Menschen. Aber nach Schreyvogels Tod schrieb Grillparzer in sein Tagebuch: „Der halb natürliche, halb gemachte Leichtsinn dieses Menschen, den ich sehr geliebt habe, wird mir nachgerade widerlich." Bauernfeld war damit gemeint. Und über ihn, der eigentlich die Nachfolge Schreyvogels hätte antreten sollen, gibt es dann auch noch die folgende kritische Eintragung: „Ich betrachte ihn für verloren . . . Sein ganzes Talent geht vom Gemüt aus, die dramatische Anlage ist ohnedies schwach. Er muß in dieser Lumpenhaftigkeit zu Grunde gehen."

Das hört sich nach Neid an, den einer, der minder erfolgreich als der vife Bauernfeld war, kaum noch unterdrücken konnte. Aber die Kritik Grillparzers an dem Mann, der in der Tat noch am ehesten sein Freund hätte sein können und sich im übrigen ohnedies als solcher betrachtete, kam aus anderen Quellen.

Auch Katharina Fröhlich spielte dabei eine Rolle — in aller Unschuld natürlich. Denn sie hatte gewiß nichts dazu getan, daß Bauernfeld plötzlich annehmen konnte, Grillparzer sei ihretwegen auf ihn eifersüchtig. Das alles waren nur Marotten. Freilich entstand aus solchen Lächerlichkeiten mancher harmlose Wutanfall Grillparzers. „Dabei verkehrten sie miteinander wie in alten Zeiten, machten Ausflüge nach Heiligenstadt und hielten Gelage im Nußwaldl. Sozusagen beruflich hielten sie gute Kameradschaft. Sie tauschten nach wie vor ihre neuen Dichtungen aus und machten einander wechselseitig zu ihrem ersten Publikum." (J. Nadler)

Aber das Mißtrauen Grillparzers gegenüber Eduard von Bauernfeld war nicht mehr aus der Welt zu schaffen. Ärgerlich bis dramatisch wurde es dann in den dreißiger Jahren, als Bauernfelds politischer Ehrgeiz, den der Lustspieldichter anfänglich wie eine seiner vielgespielten Komödien gehätschelt hatte, zu einer ziemlich ernsthaften Angelegenheit wurde. Das eskalierte dann im Revolutionsjahr 1848 auf schreckliche Weise. In seinen „Erinnerungen aus dem Revolutionsjahr 1848" kanzelte Grillparzer den ehemaligen oder möglichen Freund und dessen verhängnisvolle Neigung, politischen Irrwegen zu folgen, erbarmunglos ab. „Ich muß wieder auf Bauernfeld zurückkommen, obwohl ich fühle, daß ich ihm dadurch mehr Bedeutung beilege, als er hatte. Er glich eben dem Winde und den Vögeln, die den Samen von einer Insel zur anderen übertragen.“ Grillparzer kannte kein Pardon, wenn es um seine politischen Ideale ging.

Wobei die gelegentlich von manchen Biographen geäußerte Meinung, daß so etwas wie Neid auf die Rolle, welche Bauernfeld in den Märztagen 1848 hatte spielen dürfen, Grillparzers Meinung beeinflußt hätte, möglicherweise schon seine Richtigkeit haben könnte. Immerhin gelang Bauernfeld das, was Grillparzer stets verwehrt bleiben sollte. Er vermochte zu glänzen und sich als Agitator hervorzutun. Er war komödiantisch hinlänglich begabt, um sich wie ein Schauspieler inmitten der Politiker zu bewegen und diese an die Wand zu spielen. Er machte aus der Politik eine Komödie und war so imstande, den Applaus des Publikums auf sich zu ziehen. Grillparzer war zu solchem Auftreten nicht fähig. Er war zwar der reifere, bedachtsamere Geist, er war seriös und auch politisch um einiges begabter als Bauernfeld, aber er war außerstande, daraus jenes billige Kapital zu schlagen, mit welchem man den sogenannten Erfolg einkaufen kann. Und insofern konnte ihm Bauernfelds letztlicher Mißerfolg bei den Geschehnissen von 1848 nur recht sein. Manchmal ist nämlich auch ein bedeutender Mann vor Schadenfreude nicht gefeit. Er genießt sie wie jeder andere Mensch, nämlich vorbehaltlos.

Bauernfeld war es übrigens, der ihm Ernst von Feuchtersleben (1806—1849) zuführte. Dieser frühverstorbene und poetisch empfindsame Arzt, der auch als Dichter hervortrat, verehrte Grillparzer mit einer nahezu kindlichen Zuneigung. Und er war dem älteren und bedeutenderen Dichter ein vorurteilsloser, von jedem Egoismus befreiter Freund, was Grillparzer durchaus zu schätzen wußte. Dabei war der Anfang ihrer Beziehung eher unglücklich gewesen. Feuchtersleben hatte nicht ohne Schärfe darauf bestanden, das, was ihn von Grillparzer unterschied, hervorzuheben. Es bedurfte etlicher Gespräche und einer tieferen Bekanntschaft, bis das Trennende als unwesentlich erkannt werden konnte und das, was die beiden Männer vereinte, wesentlich wurde. Übrigens hatte auch Feuchtersleben politische Ambitionen. Nach den Ereignissen von 1848 sollte er sogar Unterrichtsminister werden, wovor er allerdings zurückschreckte. Immerhin wurde er dann eine Art

Staatssekretär in diesem Ministerium, was ihm allerdings wenig Glück brachte. Er hatte ganz einfach zu viele Neider und Widersacher, an deren Intrigen er scheiterte. Nach wenigen Monaten schon mußte Feuchtersleben seine Position aufgeben, woran er schließlich körperlich und geistig zerbrach. Sein Tod war eine direkte Folge jener Infamien, mit denen man ihn im Amt verfolgt hatte.

Von ganz anderer Art war die Beziehung Adalbert Stifters zu Grillparzer, wobei das Kaffeehaus Neuner, wo nicht nur diese beiden Schriftsteller, sondern auch zahlreiche andere Autoren und Publizisten jener Zeit verkehrten, eine bedeutende Rolle spielte. Dort traf man einander, dort diskutierte man die sogenannte jüngere Literatur, die sowohl von Stifter als auch von Grillparzer grimmig abgelehnt wurde, und dort schwärmte man von der klassischen Antike als dem „edelsten und schönsten Zeitalter der Menschheit".

Später, 1849, als Stifter von Grillparzer bereits räumlich getrennt war, nachdem er ein Jahr zuvor nach Linz gegangen war, setzte er sich in der rührendsten Weise dafür ein, aus Grillparzer einen Unterrichtsminister zu machen. In seinen Briefen an den Verleger Gustav Heckenast befleißigte sich Stifter immer dann, wenn von Grillparzer die Rede war, eines ganz besonders innigen Stils. Und Grillparzer dankte für diese Zuneigung auf eine Art und Weise, die man ihm, der längst schon zum Skeptiker und gelegentlich sogar zum Menschenfeind geworden war, gar nicht mehr zugetraut hätte. Er konnte, wenn er Stifter erwähnte, von überraschender Gefühlswärme sein. Er empfand den Oberösterreicher beinahe als seinesgleichen. Das wechselseitige Vertrauen der beiden Männer war unverbrüchlich. Und es fand eine schöne literarische Ergänzung in einem Taschenbuch namens „Iris", das Heckenast 1848 herausbrachte. Darin waren „Der arme Spielmann" von Grillparzer sowie Stifters „Prokopus" enthalten. „Mit ihnen klang die Kunst der zwei Meister elegisch wie ein Glockenspiel des versagten und verfehlten Glücks zusammen", schwärmte Josef Nadler von dieser Ausgabe.

Auch von einiger Bedeutung war die Bekanntschaft mit Anton

Alexander Graf von Auersperg (1806—1876), der sich als Dichter Anastasius Grün nannte. Als krainischer Gutsherr kam er alljährlich mehrmals von Slowenien, wo er wie ein Magnat residierte, nach Wien, um sich dort, wie er sagte, geistig aufzufrischen. Bei diesen Gelegenheiten pflegte er regelmäßig Grillparzer aufzusuchen. Daraus entstand eine zumindest vorübergehend haltbare, aber recht oberflächliche Freundschaft, die einer ernsthaften Prüfung dann nicht gewachsen war. Diese ernsthafte Prüfung kam mit der unvermeidlichen Politik, welche den Gutsherrn und Poeten aus Slowenien in die heftigste Opposition zum dichtenden Archivdirektor Grillparzer versetzte.

Andere Namen sind zu nennen, zum Beispiel jener des Malers Moritz von Schwind. Dieser stellte 1839 sein Gemälde „Ritter Kurts Brautfahrt" fertig, das zwar nach einer Ballade Goethes entstanden war, aber Grillparzer inmitten seiner damaligen, mehr oder minder bedeutenden Partner zeigte. Bauernfeld, Feuchtersleben, Auersperg, sie alle wurden hier voll Übermut und getragen von einer intellektuellen Gemeinsamkeit gezeigt, die nichts von den Unterschieden verriet, die das Trennende betonten, alle Freundschaften Grillparzers fragwürdig machten und ihn selbst unaufhaltsam mißtrauischer werden ließen. Das änderte nichts daran, daß er gelegentlich gesellig zu sein versuchte. Ein Graf Moritz Fries war ein Anlaß solcher Geselligkeit. Eine Frau Anna von Kurzrock gehörte dazu, Gattin eines höheren Beamten der Hofkanzlei, ehrgeizig, eitel, kunstsinnig, und Männer wie Grillparzer oder Franz Schubert zählten zu den bewunderten Stammgästen ihres Salons. Später, als sie mit ihrem Mann nach Graz übersiedelte, gab es noch einen Briefwechsel, der durch einen Besuch Grillparzers (1844) aufgewertet wurde.

Eine ganz spezielle Art der Bekanntschaft und des Umganges bestand mit Ottilie von Goethe, die erstmals 1834 nach Wien gekommen war und dann, ungemein angetan von den Möglichkeiten der Haupt- und Residenzstadt, während der Zeit von 1839 bis 1866 in Wien lebte und so etwas wie eine selbsternannte Botschafterin dessen war, was man die geistige Großmacht Deutschland nennen könnte. Grillparzer, immerhin durch seinen freilich nicht ganz geglückten Besuch bei Goethe in Weimar sozusagen als Intimus des Goethe-Clans ausgewiesen, mußte seine regelmäßigen Besuche im Wiener Salon der Ottilie von Goethe fast als eine Pflichtübung auffassen. Ein besonderes Glücksgefühl bewegte ihn dabei kaum. Aber er gehorchte der Etikette, die bekanntlich auch im Geistigen wie eine Diktatur sein kann. Wirklich berührt hat ihn lediglich das Schicksal Alma von Goethes, einer Enkelin des Olympiers von Weimar, die 1844 mit knappen siebzehn Jahren in Wien verstarb. Der Tod des Mädchens, der Grillparzer zu einem schönen, ungemein elegischen und feierlichen Gedicht animierte, befreite ihn allerdings auch von den lästigen Pflichtbesuchen im Haus der Ottilie von Goethe, der Mutter Almas.

Grillparzer schuf sich sehr bewußt eine eigene Welt, die er sorgfältig gegen die Wirklichkeit abgrenzte. Das ermöglichte ihm sein Einzelgängertum. Er hätte es nicht notwendig gehabt, einsam zu sein. Anlässe, Verlockungen zur Geselligkeit gab es genügend. Vielen davon gab er auch nach. Heurigenpartien und Stammtische waren ihm keinesfalls fremd. Aber das alles drang nicht bis in sein Innerstes vor, bewegte ihn kaum, berührte ihn nicht. Eine Männerfreundschaft, wie sie ihm noch mit Joseph Schreyvogel möglich gewesen war, fand nicht mehr statt. Beziehungen, die einer Freundschaft nahekamen, gab es zwar, aber sie erlahmten aus den unterschiedlichsten Gründen, wurden stets nach einiger Zeit schal und unverbindlich und verflachten zum Austausch von Gemeinplätzen. Die tiefere Wahrheit war, daß Grillparzer gar keinen Bedarf mehr an solchen Freundschaften hatte. Er mied mit einer fast ängstlichen Sorgfalt alles, was das Gefühl strapazierte. Denn er hatte genug damit zu tun, wenigstens ansatzweise so etwas wie Ordnung oder Beruhigung in das eigene Gefühlschaos zu bringen, das ihm beständig von außen her angetragen wurde. Und das wiederum hatte mit jener Frau zu tun, die er weder zu verführen noch zu ehelichen imstande gewesen war, nämlich mit Katharina Fröhlich.

Krankengeschichte einer Liebe

Katharina Fröhlich hatte ihre Eigenarten. Sie vermochte zum Beispiel nicht immer Grillparzers Vorstellungen von Intelligenz zu entsprechen. Ihre Orthographie war gelegentlich fragwürdig, den Namen ihres Geliebten, der nicht wirklich ihr Geliebter zu sein vermochte, schrieb sie einmal sogar als Grüllparzer; aus Macbeth, den sie in Prag auf der Bühne sah, machte sie einen Machbeth. Das alles änderte nichts daran, daß sie ihrem Franz herzlich zugetan oder eigentlich viel mehr noch, nämlich rettungslos in ihn verliebt war, was sich mit der Zeit auf ihr Leben verheerend auswirken sollte und auch bei Grillparzer nicht ohne Folgen blieb. Sie wollte ursprünglich zum Theater gehen, Sängerin oder Schauspielerin werden, wobei sie von der großen Schröder, die einst Grillparzers erste „Ahnfrau" gewesen war, hinlänglich unterstützt worden wäre, um einer ordentlichen Ausbildung teilhaftig zu werden. Aber tatsächlich brachte Katharina Fröhlich es dann über verschiedene Auftritte auf Privatbühnen, von denen es in der theaterbesessenen Stadt zahlreiche gab, nicht hinaus. Hierin allerdings war sie erfolgreich. Grillparzer, der in seinem Tagebuch von ihrer „außerordentlichen Darstellungsgabe" schwärmte, hat bei ihrem Verzicht auf eine Bühnenlaufbahn zweifellos mitgeholfen, denn wie sein bornierter Vater dachte auch er über die Theaterleute in einer mehr als abschätzigen Art und Weise. Und so, nämlich immer im unguten Augenblick, kam er dem Mädchen stets in die Quere. „Heiraten will er sie nicht; aber verführen will er sie auch nicht; zur Frau nicht gut genug, ist sie ihm zur Geliebten zu gut", beschreibt Raoul Auernheimer das Dilemma, in das Grillparzer seine Kathi und damit sich selbst gebracht hat.

Aber Katharina Fröhlich, „die weder an Bildung noch gesellschaftlich mit ihrem Liebhaber Schritt zu halten vermag" (R. Auernheimer), besaß soviel an Herzensbildung und war so vollkommen von dem Mann erfüllt, der ihr in Wahrheit keine Erfüllung zu geben vermochte, daß ihr Leben nur noch um ihn kreiste, ihre Gedanken sich nur mit ihm beschäftigten und ihre Seele zu nichts anderem mehr fähig war, als von der seinen völlig durchdrungen zu werden. Wenn sie zum Beispiel in ihren Briefen an ihre Schwestern oder an Franz Grillparzer seiner Erwähnung tat, dann schrieb sie das Wort „Ihm" hartnäckig und wohl auch instinktiv immer groß. Oder wenn sie, aus Wien gelegentlich abwesend, von ihren Schwestern erfahren mußte, daß Grillparzers Gemüt verdüstert wäre, seufzte sie brieflich davon, daß sie gern ihr Leben hingeben würde, „um Ihm die Heiterkeit zu erkaufen". Und in Mailand, wohin sie eines Tages reiste, träumte sie, wie sie offenherzig ihren Schwestern nach Wien berichtete, jede Nacht von ihm und fügte hinzu: „Ein Zeichen, wie innig ich zu meinem Unglück an ihn denke." Den Schwestern gab sie alle möglichen Aufträge an den in Wien Zurückgebliebenen, darunter auch jenen, ihn „von ihr" zu küssen. Und daß sie ihm, wenn sie abwesend war von Wien, gelegentlich auch einmal keine einzige Zeile zukommen ließ, hatte, wie sie sich ausdrückte, keine andere Ursache als diejenige, daß sie ihn nicht quälen wollte. Dabei schrieb sie, freilich bloß an die Schwestern, „quellen" anstatt quälen und „treumte" anstatt träumte und was dergleichen Eigenwilligkeiten es noch gab, um die sich Katharina Fröhlich freilich nie kümmerte. „Aber derjenige, für den sie liebt und schweigt und alles über sich ergehen läßt, war immerhin ein Vater und ein König. Und ein recht ungnädiger dazu. Oft läßt er monatelang überhaupt nichts von sich hören. Kommen dann schließlich doch ein paar mißvergnügte Zeilen, ist ihre verbriefte Reaktion die einer wahnsinnigen Freude." (R. Auernheimer) Und sie vermochte, wenn Grillparzer mürrisch war und unhöflich, ihre demütige Haltung niemals abzulegen. „Sollte es Ihm unangenehm sein, so würde ich halt recht selten schreiben", bettelte sie um ein Zeichen der Zuneigung oder wenigstens der Achtung.

Aber es wäre völlig verfehlt, wollte man nun in dieser Katharina Fröhlich, wie sie durch Briefe und manche Biographen in Erscheinung tritt, nur eine demütige, gehorsame, leidende Dulderin sehen, die „Ihm" alles opferte, ohne die mindeste Belohnung, wie sie einer Frau wohl zustünde, dafür zu erhalten. Dieser Zuckermund, wie ein Zeitgenosse das einmal beschrieben hat, der zu wenig geküßt wurde, um nur weich und nachgiebig zu sein, war des schrillen Zankens durchaus fähig. Katharina habe ihrem grillenfängerischen Dichter die Hölle gehörig heiß gemacht, beschrieb ein Augenzeuge dieser sonderbaren Situation die Verhältnisse, die zwischen den beiden Liebenden entstanden waren. Und Grillparzer selbst wußte ganz genau, was ihn erwartete, wenn seine Kathi erst einmal zu großer Form aufgelaufen war. Von Jamnitz aus, einer mährischen Besitzung des Grafen Stadion, wo er einige Zeit als Gast geweilt hatte, schrieb er ihr, daß er demnächst nach Wien zurückkehren würde und jetzt schon damit rechne, daß sie mit ihm „von heut' über acht Tage schon achthundertmal gezankt haben" würde. Aber wäre es anders gewesen, hätte ihm das vielleicht auch nicht konveniert. Denn mit ihr, die er vielleicht doch mehr als alles andere liebte und mit der er wirklich gemeinsam zu leben dennoch nicht fähig war, zankte es sich am besten.

Übertrieben romantische Vorstellungen sollte man von ihr keine haben, und auch nicht von ihm. Er nahm sich beispielsweise kein Blatt vor den Mund, wenn er gelegentlich bei einer der Schwestern Katharinas auftauchte und dort ungeniert auf den Teppich spuckte, was diese Schwester dann zu recht giftigen Bemerkungen animierte. Allerdings haben auch hier diensteifrige Biographen eine Entschuldigung für das Verhalten Grillparzers gesucht, indem sie nicht ihm, sondern der Umgebung die Schuld an diesem kleinen Eklat gaben. „Wenn jemand", meinte ein solcher Anwalt Grillparzers allen Ernstes, „in einem Zimmer auf den Boden spuckt, so ist es hin und wieder die Schuld des Bodens."

Nun mag es wohl sein, daß es in einem ehrbaren Wiener Handwerkerhaus (und die Eltern Kathis und ihrer Schwestern waren, wie wir wissen, solide, kreuzbrave Handwerker) tatsächlich nicht nur nach Lavendel duftete, wie man in Wien sagt, wenn man etwas Ungehöriges oder nicht justament der Etikette Entsprechendes tolerieren oder erklären will. Und Grillparzers Hochmut, der sich in solchen Speichel-Übungen ausdrückte, mag in dieser Umgebung nicht ganz unberechtigt gewesen sein. An der Merkwürdigkeit mancher seiner Auftritte, um es so vorsichtig auszudrücken, ändert das allerdings nichts.

Und dann die Briefe! „Ich küsse Dich in Gedanken aufrichtig. Ich bin rasend in Dich verliebt geworden. Eigentlich bleibst Du doch ein lieber Narr“, schrieb er aus Jamnitz, aus eben jenem Jamnitz, von wo aus er künftigen Zank, und das gleich achthundertmal, prophezeit hatte.

Aber es ging auch anders. 1830, ganze neun Jahre, nachdem er Katharina kennengelernt hatte, kam aus Mailand diese knappste und freilich auch unhöflichste aller Möglichkeiten, einer Geliebten Nachricht von sich zu geben: „Nachrichten gibt es nicht. Adieu. Grillparzer.“ Das ist die Art, wie man möglicherweise an eine Bedienstete schreibt. Und auch da darf einem diese Bedienstete nicht viel bedeuten, weil man andernfalls Gefahr läuft, sie durch solches Benehmen, das hier noch dazu schriftlich niedergelegt wurde, zu verlieren. Aber Grillparzer brauchte sich keine Gedanken zu machen, wie man seine Unhöflichkeiten auffassen würde. Er wußte, daß Katharina Fröhlich an ihn gebunden, ihm unauflöslich verpflichtet, auf ihn fixiert war, ihm vielleicht sogar hörig gewesen war. Er wußte, wie das jeder überhebliche Mann weiß, dem eine Frau keine Widerspenstigkeit zeigt, daß sie Wachs in seinen Händen war. Nichts anderes als dieser banale Vergleich beschreibt die Situation, in der sich beide befanden. Sie würde ihm weder davonlaufen noch ihre Zuneigung aufkündigen, was auch immer er ihr gegenüber an schlechten Manieren und anderen Ungereimtheiten einzusetzen hatte.

Er konnte auch eifersüchtig sein: „Machst Du Dir auch meine Abwesenheit recht zunutze? Nicht im Theater gewesen? Geschaut? Getanzt? Komödie gespielt? Ich werde alles erfahren.“ Er warf sich auf diese Weise sozusagen in Positur, verbarg hinter gespielter Anteilnahme seine Ängstlichkeit, sie könnte sich von ihm endlich doch noch emanzipieren. Aber im richtigen Augenblick drohte er unverhüllt: „Ich werde alles erfahren.“ Das war nicht nur leutselig, sondern auch bitterernst gemeint. Der Herr Archivdirektor, der große Bühnendichter warnte, wenn er glaubte, daß es notwendig wäre, nicht bloß mit dem Zeigefinger, sondern schüttelte dazu gleich die geballte Faust. Das konnte dann auch diese Form annehmen: „Bist Du nicht mehr zanksüchtig? Nicht mehr zornig? Nicht mehr . . .? Auf diese letzten Fragen werde ich mir mündlich die genaueste Auskunft ausbitten.“ Wenn er eines Kompliments fähig war, was selten genug vorkam, mißlang ihm das so gründlich, daß daraus fast schon wieder eine Beleidigung wurde. Sie wäre derjenige Mensch, schrieb er ihr einmal, den er am wenigsten hasse. Für ihn bedeutete das schon so etwas wie eine Liebeserklärung. Sie machte gute Miene zum bösen Spiel und lächelte darüber, weil sie andernfalls bitterlich hätte weinen oder ihn überhaupt davonjagen müssen.

Die Eifersucht, derer er also durchaus fähig war, obgleich er eigentlich nicht das mindeste Anrecht auf ein solches besitzergreifendes Gefühl hatte, drückte sich gelegentlich recht offenherzig aus. „Wie gefallen Dir sonst die jungen Herren?“, erkundigte er sich in der Nachschrift zu einem ansonst belanglosen Brief, und weil diese Nachschrift ohne jeden inneren Zusammenhang zum Brief selbst stand, mußte die Frage nach den jungen Herren die ganze Zeit schon in ihm rumort haben, und nicht nur die ganze Zeit, während er diesen Brief schrieb, sondern überhaupt und immerzu. Das hatte bei Franz Grillparzer jedoch auch nichts zu bedeuten, denn während er den Othello spielte, konnte er gleichzeitig von vollkommener Gefühlskälte sein. Während er nach anderen Herren fragte, war ihm das alles auch schon wieder völlig gleichgültig. Furcht brauchte er ohnedies keine zu haben. Denn die schlichte Wahrheit hieß, daß es für Katharina Fröhlich nie einen anderen Mann geben würde als ihn, der das wahrscheinlich gar nicht zu schätzen wußte.

Alles das hat Grillparzer gewußt. Aber nichts hat er wirklich begriffen. Denn sonst wäre ihm beispielsweise die Geschichte mit der schönen Marie Smolk, der nachmaligen Marie Daffinger, nicht passiert. Oder sie wäre ihm nicht auf diese jammervolle Art passiert, daß dabei eine fast völlig vernichtete Weinschweflerstochter auf der Strecke blieb. Für Grillparzer war das eine zuerst honette und dann beinahe schon lebensbedrohende Zerstreuung, weil das, was in der dunklen Ballgasse mit der schönen Marie als Gegenüber wie eine belanglose Koketterie begonnen hatte, alsbald zu einer allgemeinen Verschlingung wurde, bei der eins den anderen voll eingebildeter Liebe hinabzuwürgen suchte, während eine nur noch aufs Körperliche bedachte Leidenschaft das seltsame Paar zueinander zwang. Hier nämlich konnte Grillparzer, wozu er bei Katharina Fröhlich niemals imstande war, sich als verführter Verführer betätigen. Er freilich würde mit entwaffnender Logik sagen, daß ihm seine Kathi zu kostbar wäre, um sie so lustvoll anzupacken, wie er das mit und bei der Marie Smolk durchaus fähig war. Und weil Grillparzer wußte, was sich gehörte, schrieb er an Katharina Fröhlich auch einen Abschiedsbrief von dieser besonderen Art, die weder überzeugend noch sympathisch ist und deren peinliche Banalität einem den Atem abwürgt: „Unsere Art zu denken scheint zu verschieden und unsere Art zu fühlen ist vielleicht zu ähnlich, als daß ein näheres Verhältnis mit Glück zwischen uns bestehen könnte." Das sind die billigen Ausreden, mit denen sich bessergestellte Herren, die im Grunde auch nichts anderes als Falotten sind, aus dem Staub machen, wenn sie ein neues Abenteuer lockt.

Katharina Fröhlich mußte sich mit der Zeit an derlei Komödien gewöhnen, denn Grillparzer, dem sie es allerdings stets viel zu leicht gemacht hatte, würde noch des öfteren auf diese Abwege kommen, die ihn weit fort von seiner Kathi führten. Einmal starb sie fast an seiner Launenhaftigkeit. Das hatte ganz normal angefangen, nämlich mit einem Gutsverwalter, der die damals fast schon Dreißigjährige mit höflicher Diskretion verehrte, an der nichts Dreistes oder gar Abstoßendes war. Er, der Gutsverwalter, der einer von mehreren Bewunderern und Verehrern war, welche der hübschen jungen Frau mit unterschiedlicher Ausdauer den Hof machten, hätte Katharina Fröhlich wahrscheinlich vom Fleck weg geheiratet, würde sie ihm bloß ein diesbezügliches Zeichen gegeben haben. Ihre Schwestern, die ganze Verwandtschaft, alle, die von der leidigen Geschichte mit Franz Grillparzer wußten und daß dort nichts weiterging, drängten sie, dem Gutsverwalter dieses Zeichen zu geben. Sie wiederum, die nicht im Traum daran dachte, ihrem sogenannten Geliebten untreu zu werden, obwohl hier die Einhaltung der Treue nur eine hypothetische Angelegenheit war, fühlte sich durch den Bewerber und sein stetes Drängen immerhin so geschmeichelt, daß sie endlich eine seiner wiederholten Einladungen annahm und mit ihren Schwestern ein paar Wochen in der Achau, wo der Gutsverwalter lebte, zubrachte, in aller Unschuld natürlich, gewissermaßen als Sommergast.

Aber der Teufel schläft nicht. Eines Tages kam Grillparzer ausgerechnet dort vorbei, wo die Schwestern Fröhlich eine Idylle inszenierten, wie sie harmloser nicht sein konnte. Doch für Grillparzer war da überhaupt nichts harmlos. Der Gutsverwalter war ihm flüchtig bekannt, immerhin wußte er, daß sich dieser seit Jahren schon bei Katharina auf Freiersfüßen befand, und das genügte ihm. Er marschierte durch Achau wie ein General, der soeben seine letzte Schlacht verloren hatte. Wieder einmal mürrisch und abweisend war er nicht imstande, wenigstens ansatzweise ein gutes Benehmen zu zeigen. Demonstrativ kehrte er seiner Katharina den Rücken zu. Einige Tage später, nachdem ihm die Schwestern Fröhlich rasch eine Einladung ins Haus geschickt hatten, weil sie, alarmiert durch Kathi, wohl wußten, daß da etwas Schlimmes in der Luft hing, reagierte er mit entschiedener Endgültigkeit. Er war zutiefst beleidigt. Er denke nicht daran, schrieb er an die Schwestern Fröhlich, „der Dupe" zu sein; und er stelle hiermit jeden gesellschaftlichen Verkehr mit den Schwestern ein. Dabei war Franz Grillparzer in diesen Augenblicken, da er sich wie ein Schmierenkomödiant auf der Bühne des Burgtheaters aufführte, tatsächlich nur ein Hanswurst.

Katharina Fröhlich sah das anders. Als der Absagebrief bei ihren Schwestern eintraf und sie, dem ersten Anschein nach diesmal endgültig, annehmen mußte, daß er ihrem Haus fernbleiben würde, erkrankte sie auf der Stelle. Das war so, als hätte ein Blitz sie gestreift oder als habe etwas, gegen das sie sich nicht wehren konnte, ihr roh und gebieterisch ans Herz gefaßt. Sie erlosch. Sie gab sich auf. Ein rasch herbeigeholter Arzt diagnostizierte ein Nervenfieber, was nicht viel zu sagen hatte, denn damals wurde manche Krankheit, die der Medizin ein Rätsel aufgab, als Nervenfieber abgetan. Die Schwestern freilich wußten es besser. Und sie kannten auch den wahren Urheber dieses Nervenfiebers. Sie verfluchten ihn, was ungeachtet der ernsten Situation ein wenig kurios ausgesehen haben mag, wenn man sich diese braven Wiener Grazien vorstellt, wie sie, geschart ums Krankenbett der armen Kathi, Düsteres dem abwesenden Dichter prophezeiten.

Aber dann kam ohnedies alles ganz anders. Oder eigentlich verlief die Geschichte so, wie es vorherzusehen gewesen war. Katharina Fröhlich, die ein paar Tage lang mit dem Tod gekämpft hatte, gesundete wieder. Und Grillparzer, der wieder einmal ins Tagebuch notiert hatte, daß er mit ihr gebrochen hätte, „wahrscheinlich für immer", näherte sich der Genesenden vorsichtig, ein wenig mürrisch, nicht sonderlich höflich, nicht besonders liebevoll, aber doch auf eine so unmißverständliche Weise, daß sie wieder Hoffnung schöpfen durfte.

Grillparzer wäre Frauenkenner genug gewesen, meinte in diesem Zusammenhang Heinz Politzer, um zu wissen, daß sein Verhalten „bei der reschen, lebenslustigen und temperamentvollen Wienerin Katharina alle Wirkungen der unbefriedigten Geschlechtsliebe" hervorrufen mußte. Diesen Satz sollte man bei allem, was Grillparzer und Katharina Fröhlich betrifft, gleichsam als Warnung im Ohr haben. Im übrigen hätte er sich die Braut vom Leibe abgespart, um sich die Wirtschafterin der Seele halten zu können. Das heißt, um die Sprache des Germanisten in ein Umgangsdeutsch zu übersetzen, daß Grillparzer nur deshalb die Jungfräulichkeit seiner ewigen Verlobten nicht angetastet hätte, um sie als Seelenfreundin nicht zu verlieren. Das ist allerdings eine reichlich sonderbare Annahme, weil sie besagt, daß ein Mann, wenn er erst einmal mit einer Frau schläft, dieselbe als aufrichtige Freundin und als Seelentrösterin endgültig verliert. Aber da bei Grillparzer und seinen sogenannten Verhältnissen, den erfolgreich durchgeführten wie den unvollendeten, ohnedies alles ein wenig sonderbar war, könnte selbst eine so kuriose Hypothese ihre realistische Ursache haben. Was die Affäre von Achau anging, die im Sommer 1830 stattgefunden oder eigentlich nicht stattgefunden hatte, so meinten damals einige Augenzeugen, daß sich Katharina Fröhlich durchaus im Zustande eines Vor-Verlöbnisses befunden hätte und daß die offizielle Verlobung mit dem Gutsverwalter nur noch eine Frage von Tagen oder sogar Stunden gewesen wäre, wenn nicht Franz Grillparzer mit seinem wienerischen Grant und seiner Eifersucht dazwischengefahren wäre.

Was immer die Wahrheit gewesen sein mag, so änderte sie nichts an der schrecklichen Normalität der Beziehung zwischen diesen beiden Menschen, die wie zwei Gefangene einer eingebildeten Obsession waren und jetzt für etwas büßen mußten, das nie stattgefunden hatte. Zwei Jahre nach der Sache von Achau, nach dem Nervenfieber, an welchem Katharina fast gestorben wäre, und der daran anschließenden Versöhnung, die so ausgegangen war, daß Grillparzer später in sein Tagebuch schreiben konnte, Katharina sei „durch Liebe und Achtung lenksam bis zur Willenlosigkeit", 1832 also, da die beiden Verlobten wieder einmal in heftigen Streit geraten waren und sich dann wie gewohnt versöhnt hatten, hieß es bei Grillparzer: „Es erwachte, wie jedesmal nach Versöhnung, eine Art Verlangen in mir. Ich nahm sie auf den Schoß und liebkoste sie; das erstemal seit langer Zeit. Aber die Empfindung ist erloschen. Ich möchte sie gar zu gern wieder anfachen, aber es geht nicht. Sie ist verwelkt. Wir sind beide älter geworden."

Manchmal begriff also auch Grillparzer, dessen Egoismus in Liebesangelegenheiten schier grenzenlos war, was die eigentliche Ursache des Elends sein mochte, an dem beider Liebe irgendwann einmal in den endlosen Jahren ihres sogenannten Verhältnisses erstickt war. Die Selbstverständlichkeit seines und ihres Altwerdens war es nicht, wohl aber der für ihn fatale Umstand, daß Katharina verwelkte und er nicht fähig war, diesen ganz natürlichen Tatbestand zu übersehen. Und weil er vor Jahren schon zu feige oder zu anständig oder vielleicht auch bloß unfähig gewesen war, das Mädchen, die junge Frau, die sich ihm willig wie einem Erlöser hingegeben hätte, zu verführen, und weil er das außerdem noch als eine moralische Leistung mißverstanden hatte, bildete er sich jetzt einen unumstößlichen Anspruch auf sie ein. Oder er bildete sich zumindest ein, daß das Recht — oder was er darunter verstand — auf seiner Seite war. Sie wiederum ermöglichte ihm diesen Irrtum, indem sie so tat, als hätte alles seine Ordnung. Er spielte den Hahn, der sein Gefieder sträubte. Sie duckte sich und litt, ohne daß sie von ihrem Leiden etwas hatte. Dabei alterte sie, was an sich ein völlig normaler Prozeß war, den bloß Grillparzer nicht wahrhaben wollte. Und beide krankten daran, daß sie miteinander nicht wahrheitsgemäß umgehen konnten.

Katharina entwischte ihm des öfteren, allerdings nicht auf diese Weise, die ihr fraglos gutgetan hätte, nämlich in die Arme eines im Hintergrund wartenden Liebhabers, sondern durch Abwesenheiten, die ebenso unschuldig wie harmlos waren. So begleitete sie zum Beispiel ihre Schwester Josephine auf deren langausgedehnten Bildungs- und Kulturreisen. Nach Wien berichtete sie, was sie an Harmlosem erlebte, zum Beispiel daß ein Feldmarschall in einem Mailänder Gasthaus zur ihr „herüberplinzelt" und dazu noch: „Der alte Esel ist uns recht zuwider." Oder sie schrieb von jenem blonden Herrn, der ihr eine Einladung ins Theater aufdrängen wollte. Ihr Kommentar dazu lautete kurz und bündig: „So etwas können wir nicht brauchen." Und unschuldig waren auch ihre hoffnungslosen Versuche, durch das Lotteriespiel, dem sie gelegentlich nicht ohne Leidenschaft huldigte, ihrer Armut zu entkommen. Denn eine ihrer wenigen Sehnsüchte, die ihr noch geblieben waren, spekulierte mit diesem unverhofften Reichtum, den man nur durch die Lotterie erzielen konnte. Reichtum wozu und für wen? Natürlich für ihn, für Grillparzer, dessen Namen sie hartnäckig „Grüllparzer" schrieb. Denn er würde, so folgerte sie, wäre er erst einmal vermögend, vielleicht doch noch um ihre Hand anhalten.

Übrigens schrieb sie diese Briefe aus Mailand nicht an den mürrischen Hagestolz in Wien, sondern an eine ihrer Schwestern. Und er antwortete ihr von Wien aus nach Mailand nicht direkt, sondern adressierte seine Anfragen, Aufträge und Befehle an Josephine. Wahrscheinlich brauchten sie diese Umwege, um miteinander verkehren zu können. Wahrscheinlich waren sie beide nicht mehr fähig, unkompliziert miteinander Umgang zu haben.

Es war eine Idylle mit doppeltem Boden. Manches daran war nur komisch, anderes entwickelte sich fast zur Tragödie. In jener Geschichte mit dem Gutsverwalter zum Beispiel, der in der Achau ein nicht sonderlich stürmischer, aber doch liebevoll insistierender Freier gewesen war, sind alle Ingredienzien für eine bittersüße Liebesgeschichte enthalten. Als nämlich Katharina Fröhlich in Wien endlich begriff, was sich ihr Franz, der als finsterer Wüterich durch die Achau gestürmt war, jetzt an Schrecklichem alles einbildete, schrieb sie ihm sogleich einen Zettel mit ein paar warmherzigen Worten, um den Eifersüchtigen einer Versöhnung zugänglich zu machen. Daß kein Anlaß zur Eifersucht bestand, erwähnte sie erst gar nicht, weil es ihrer Meinung nach einer solchen Erwähnung nicht bedurfte.

Aber als es dann darum ging, besagten Zettel, der ein Zeichen des Friedens sein sollte, zum Herrn Grillparzer hinüberzubringen, gab es Schwierigkeiten. In Wien nennt man derlei Vorspiele zu einer Katastrophe größeren Ausmaßes verniedlichend Kalamitäten. Eine ganz besondere Kalamität war es auch, was sich nun anbahnte. Denn das Dienstmädchen der Schwestern Fröhlich, die für diesen kleinen Auftrag in Frage gekommen wäre, hatte anderes zu tun und war nicht verfügbar. Und als die ungeduldige Katharina hinunter auf die Gasse eilte, um einen herumstreunenden Buben aufzutun, der ihr den kleinen Weg abnehmen könnte, entdeckte sie keinen solchen Laufburschen. Sie eilte, weil sie sich endlich rechtfertigen wollte, weil sie das störrische Mannsbild über alles liebte, weil sie ein gutmütiges Herz besaß, das unter solchen dummen Mißverständnissen litt . . . sie eilte also selbst zu Grillparzers Wohnung hinauf, um dort der Köchin des Herrn Archivdirektors und Burgtheaterdichters den sogenannten Versöhnungszettel auszuhändigen.

Es hätte demnach alles seine schickliche Ordnung gehabt. Franz Grillparzer war nicht anwesend. Die Übergabe des beschrifteten Stück Papiers erfolgte korrekt und war von keinerlei erotischem Geheimnis belastet. Aber der Teufel liegt bekanntlich immer im Detail. Und als Katharina die Treppen von der Grillparzerschen Wohnung wieder hinunter hastete auf die Gasse, begegnete ihr dort ausgerechnet die Schwester des heiratslustigen Verwalters aus der Achau, die für ihren Bruder allerdings eine bessere Partie erträumte als die eher unvermögende, allmählich alternde und zudem durch die nicht stattgefundene Affäre mit Grillparzer dennoch gebrandmarkte Jungfer Katharina. Nunmehr konnte die

Schwester des Gutsverwalters alsbald überall in Wien verkünden, daß sie Katharina in der Wohnung Grillparzers gesehen hätte. Und das, nämlich die Anwesenheit eines unverheirateten Frauenzimmers in der Wohnung eines ledigen Mannsbildes, bedeutete im sittenstrengen Wien jener scheinbar tugendhaften alten Zeit den gesellschaftlichen Tod für die daran Beteiligten. Oder es war zumindest der Frau, die sich in eine solche Situation hineinmanövrieren ließ, ein ruhmloses Ende gewiß.

Daher war es nur natürlich, daß Katharina Fröhlich alles daransetzte, um sich von dieser Kalamität zu befreien. Ihr ging es dabei nicht nur um den guten Ruf, sondern auch und mehr noch um den Respekt, den sie von Grillparzer zu erwarten hoffte. Das Seltsame an dieser Affäre, die nicht einmal im Ansatz eine sein konnte, war nämlich, daß Grillparzer es übel aufgenommen hätte, wäre sie tatsächlich ohne Anstandsanhang, ohne aufmerksame Begleitung in seiner Wohnung erschienen. Das, was jedem Mann begehrenswert erscheinen mußte, war hier eine Frage weniger der Moral als der sogenannten Schicklichkeit. Und diese zählte mehr als alles andere. Wenn sie, Katharina Fröhlich, die Achtung ihres Geliebten sich erhalten wollte, mußte sie demnach so tun, als bestünde sie nur aus Anstandsregeln und keuschen Vorsichtsmaßnahmen, obgleich sie ganz gewiß beides herzhaft zum Teufel gewünscht haben würde, wenn es ihrem Glück bloß förderlich gewesen wäre.

Aber so war das eben. Und daran ließ sich in alle Ewigkeit nichts ändern. Sie war stets diejenige, von der irgendein Opfer erwartet wurde. Sie war auch durchaus bereit, dieses Opfer zu bringen. Sie lief schließlich dem Herrn Grillparzer nicht nur in dieser kuriosen Causa rund um den verliebten Gutsverwalter wie ein gehorsames Hündchen hinterdrein, sondern stand ein halbes Leben lang im Schatten Grillparzers und fühlte sich, wie man annehmen darf, auch noch wohl dabei, zumindest mehr oder weniger; oder manchmal mehr und zuweilen freilich erheblich weniger, wenn sie ans Aufhören dachte, wenn sie, was eigentlich nicht ihre Art war, endgültig resignieren wollte.

Und das passierte oft genug, jedenfalls zu häufig, als daß es einer honetten, verträglichen und insgesamt wohl auch lebensbejahenden Frau hätte gleichgültig sein können. Grillparzer, dem sie alles zu opfern bereit gewesen wäre und bis auf eine physische Angelegenheit auch tatsächlich schon geopfert hatte, besaß schließlich seine Welt, in der er sich umtun konnte. Er hatte seinen Umgang, der ihm jede Art von Zerstreuung ermöglichte, gelegentlich auch eine solche, die der durchaus eifersüchtigen Katharina arg gegen den Strich ging. Aber was hatte sie?

Grillparzer hatte sie oft verletzt. Narben blieben zurück, die noch lange schmerzten. Eine Frau vergißt nicht, was ihr ein Mann einmal angetan hat. Sie verzeiht, gibt nach, ist geduldig und liebevoll, unterwirft sich scheinbar, aber sie vergißt nicht. Das hatte bei Katharina Fröhlich nichts mit Rachsucht zu tun. Schließlich wurde sie auch nie wirklich bösartig, geriet sie nie so sehr außer sich, daß sie ihrerseits Grillparzer verletzt haben würde. Aber vergessen konnte sie dennoch nichts, weder die Demütigung, daß er ihr einer anderen Frau wegen fast den Laufpaß gegeben hätte, noch seine bodenlose Feigheit, die sie darum brachte, wirklich zur Frau gemacht zu werden.

Es schleppte sich alles irgendwie dahin, Jahr um Jahr. Man alterte, ohne daß man dessen tatsächlich gewahr wurde. Man verschmolz ineinander, ohne daß es diesen Anlaß zur höchsten Leidenschaft gegeben hätte, der das physische Verschmelzen ermöglicht haben würde. Alles geschah einfach irgendwie. Er schrieb seine Stücke, legte sie in die Schublade und machte ein mürrisches Gesicht. Sie begrub ihre Hoffnungen, ordnete ihr Leben unter und wartete. Worauf wartete sie eigentlich? Und wie lange wartete sie noch?

Wahrscheinlich hätte sie darauf, würde man sie gefragt haben, keine erschöpfende Antwort geben können. Es war ja nicht so, daß sie mit dem Leben abgeschlossen hatte, nur weil er sie verschmähte oder weil er aus irgendeinem ihr unbekannten Grund nicht fähig war, sich bei ihr wie ein Mann aufzuführen. Sie lebte, irgendwie, zwar eher neben den Möglichkeiten, die sie von Haus aus gehabt hatte, aber sie lebte. Sie machte Reisen. Sie hatte Bekanntschaften, war sozusagen stadtbekannt, was nichts Schlechtes bedeuten mußte, sondern nur besagte, daß sie eine Art Salon unterhielt, darin es wienerisch gastlich und recht kulturell zuging. Sie durfte sich für manches Musische interessieren, was an sich schon ein Vorzug war, und weil bei allem, was sie tun oder unterlassen mußte, Grillparzers Schatten schwer auf sie fiel, war sie im Musischen auch noch so etwas wie eine bevorzugte Person. Aber glücklich war sie deshalb noch lange nicht.

Grillparzer hielt Katharina Fröhlich übrigens schlichtweg für dumm. Er konnte sich, wie das Männern häufig passiert, ganz einfach nicht vorstellen, daß sie sein Niveau zu erreichen imstande wäre. In solcher Aburteilung lag keine böse Absicht begründet, das war einfach die Meinung, die ein Mann von einer Frau haben mußte, wenn er nur eingebildet genug war und die Frau es ihm ermöglichte, eingebildet zu sein. Und diese Meinung wurde durch Katharina noch bestärkt, weil sie nie etwas aus sich machte, weil sie zufrieden war, wenn sie ein paar Schritte hinter ihm sein durfte. Sie war viel zu nachgiebig, um ihn wirklich auf sich aufmerksam zu machen. Und sie nahm ihn, weil sie ihn liebte, als ganz selbstverständlich, was heißt, daß sie auch seine Launen, seine Einbildung und seinen Hochmut akzeptierte. Angeblich ist eine Frau, die rückhaltlos liebt, immer gefährdet. Bei Katharina Fröhlich traf das jedenfalls zu.

Manchmal rebellierte sie. Oder sie tat zumindest so, als wäre sie eines echten Aufbegehrens fähig. Dabei hatte sie ihren Stolz längst schon abgelegt, nämlich in dem Augenblick, als sie sich für den Mann und Menschen Grillparzer entschieden hatte. Und deshalb hatte sie auch nie den Funken einer Chance, sich von ihm wirklich emanzipieren zu können. Ihre Rebellionen blieben immer nur Stückwerk. Das war ein eher sanftes Aufbegehren, auch wenn sie nach außen hin kratzbürstig und streitlustig schien, fast eine Xanthippe, wie sie sich der Volksmund vorstellt. Aber wahrscheinlich waren das nur Reflexe. Jedes Lebewesen zuckt und wehrt sich, wenn ihm die Haut abgezogen wird.

Grillparzer merkte das alles wahrscheinlich überhaupt nicht. Er war, wenn nicht sein Egoismus und mindestens ein halbes Dutzend erotischer Teufelchen mitspielten, ein erstaunlich empfindungsarmer Mensch. Oder er war, um der Wahrheit die Ehre zu geben, ganz einfach so ausschließlich auf sich selbst eingestellt, so sehr mit seinem Innenleben beschäftigt, daß ihm kaum in den Sinn kam, was da vor seinen blinden Blicken bebte und blutete. Er hatte die Welt der Phantasie, darin er träumte und tobte. Sie hatte bloß ihn. Und weil er sie beinahe grundsätzlich von seiner Welt fernhielt, hatte sie eigentlich gar nichts.

Und doch wird sie die Siegerin bleiben, oder was man bei einer solchen Affäre, die im Grunde weder Sieger noch Besiegte kennt, eben als Triumphator bezeichnet. Wobei der Sieg eher billig ausfallen sollte. Raoul Auernheimer hat das etwas moralischer gesehen, als er schrieb: „So viel Tugend sieht sich dann am Ende doch, wenn auch spät und unlustig, belohnt. In seinem Testament ernennt der spröde Liebhaber seine ewige Braut zur Universalerbin, woraus dann wieder zehn Jahre später die segenswerte Grillparzer-Stiftung erblüht. Dergestalt fallen wenigstens die Zinsen seiner Unsterblichkeit an seine große Liebe, die Literatur.“

Das war alles. So wurden Jahrzehnte der unabdingbaren Treue und einer an Besessenheit grenzenden Hörigkeit belohnt: mit so gut wie gar nichts, mit einem Bettel, der eine Beleidigung war. Jede andere Frau als diese ewig gehorsame, unaufhörlich liebende Katharina Fröhlich hätte nicht bloß auf ein solches Erbe, sondern schon lange vorher auch auf den Erbgeber verzichtet, der sie wie einen Hund hielt, schlechter noch, nämlich wie einen herrenlosen Hund, den man, als wäre es ein Gnadenakt, manchmal gedankenlos streichelt.

Aber sie nahm alles geduldig und gottergeben hin. Sie würde seine Testamentsvollstreckerin sein, sie würde sein Erbe verwalten und dabei immer so tun, als ob alles seine schönste Ordnung hätte. In den letzten Jahren seiner sonderbar eremitischen Existenz würde sie sogar gemeinsam mit zwei ihrer Schwestern — eine dritte hatte sich in eine Ehe davongemacht — die Wohnung mit ihm teilen, allerdings streng separiert. Die Türe zwischen den beiden Schlafzimmern würde nicht bloß abgesperrt sein — wie sich das auch im späten Alter noch bei zwei einander fremd gebliebenen Liebenden gehört —, sondern sie würde auch noch durch einen großen massiven Kasten, einen sogenannten zweiflügeligen Chiffonneur, gleichermaßen verbarrikadiert werden. Man darf dieses Ungetüm von einem Möbelstück fast als ein Symbol dafür nehmen, was aus der Liebe dieser beiden Menschen geworden war, die nicht zueinander finden konnten und denen es allerdings auch nicht geglückt war, sich voneinander zu lösen.

Aber diese Geschichte mit dem Chiffonneur und der gemeinsamen Wohnung, die doch keine Gemeinsamkeit erlaubte, würde schon das Ende einleiten. Bis dahin war es ein langer Weg. Bis dahin war es ein Menschenleben, oder eigentlich ein Frauenleben, das geopfert wurde. Denn anders als ein Opfer konnte sich auch Katharina Fröhlich nicht begreifen, obgleich da weniger Schmerz als Erstaunen mit im Spiel war, ein Erstaunen darüber, daß sie das alles mit sich hatte geschehen lassen können — zuerst den spröden Charme seiner anfänglichen Zärtlichkeiten, die Heftigkeit seines Egoismus, die als Eifersucht getarnt war, und schließlich die endlose Kadenz einer Gleichgültigkeit, die nur vorübergehend durch Gewohnheit gemildert wurde. Sie mußte alles ertragen. Sie mußte immer Verständnis aufbringen für seine Eskapaden. Und sie hat gespürt, daß er sie für ungebildet und dumm hielt. Nie durfte sie sich wehren; oder, wenn sie sich wehrte, weil sie sonst erstickt wäre an dem, was auf ihr lastete, mußte sie sich als zänkische Frauensperson denunzieren lassen. Als ob einer Frau, die immer nur ein Opfer sein oder solche bringen muß, nicht auch einmal die Luft eng wird und sie dann nur noch kreischt mit zugeschnürtem Hals, blind vor Enttäuschung und Scham, verzweifelnd an der Unfähigkeit des Geliebten, sie zu lieben.

Aber Katharina Fröhlich hat diese Liebe, die eigentlich weit mehr eine Krankheit war, durchgehalten. Und weil sie seine Ehefrau nicht sein durfte, wurde sie zur liebevollen und argwöhnischen Genossin, was ihr die gleichen Mißverständnisse eintrug, als wäre sie tatsächlich seine Ehefrau gewesen. Manchmal keifte sie, machte sie ihm Vorhaltungen, schmollte sie sogar, ohne ihm wirklich über längere Zeit hinweg ernsthaft böse zu sein. Denn sie verstand ihn ja. Sie begriff die Last der Phantasie, die ihn zuweilen erdrückte. Und es schmerzte sie, daß sie außerstande war, ihm bei der Bewältigung dieser Last behilflich zu sein. Andererseits durfte sie sich damit trösten, daß er sich eigenbrötlerisch verhielt und es beinahe kategorisch ablehnte, sich helfen zu lassen. Was in seinem Kopf vorging, was in seinen Schubladen weggeschlossen wurde, ging nur ihn etwas an. Er war, was seine Innenwelt betraf, ein nahezu krankhafter Egozentriker.

Katharina Fröhlich hatte auch dafür Verständnis. Sie begriff zwar nicht viel von dem, was ihn bewegte und auf welche Weise es ihn manchmal sonderbar machte, aber sie akzeptierte ihn so, wie er war. Und insgeheim war sie gelegentlich sogar stolz auf die mürrische Art, mit der er sich die Welt und damit auch sie, die ihn liebte, vom Hals hielt.

Grillparzer hätte, würde er sich dazu überhaupt geäußert haben, eine gänzlich andere Meinung vertreten. Er sah das alles anders. Grillparzer besaß in und mit seiner Arbeit einen Fluchtpunkt, über den Katharina nicht verfügte. Wobei man unter dem Begriff Arbeit jetzt zweierlei verstehen darf, also sowohl seine Tätigkeit im Amt, die eine honorige, nicht sonderlich anstrengende, jedoch stets ehrenvolle Art der Beschäftigung war, als auch seine mehr oder minder glückhafte, das heißt befriedigende Auseinandersetzung mit seinem Dämon, der ihm unentwegt einflüsterte, ein bedeutender Mann der Dichtkunst sein zu müssen. Solche Einflüsterungen können recht reizvoll sein. Bei Grillparzer waren sie von so gebieterischer Natur, daß ihm dadurch gleichsam unter der Hand die Dramen aus der Feder flossen, was wiederum bedeutete, daß ihm gelegentlich der Blick für die alltägliche Realität seines Daseins abhanden kam. Man kann nicht in der habsburgischen Geschichte oder in der griechischen Mythologie geistige Purzelbäume schlagen und gleichzeitig einer alternden Jungfer seine galante Aufwartung machen. Und so bestand Grillparzers äußerste Zuvorkommenheit darin, daß er dieser Katharina Fröhlich nur mit einem Ausdruck zerstreuter Höflichkeit gewahr wurde.

Ihr war das natürlich zu wenig. Ihm bedeutete diese Art von Höflichkeit schon eine Anstrengung. Und zu viel mehr fühlte er sich auch nicht verpflichtet. Schließlich hatte er nichts getan, was ihn an dieses Frauenzimmer hätte binden können, was er selbst als eine Verpflichtung empfinden müßte, ihr gegenüber anders zu sein, als er war. Das Ganze war ein unaufhörlicher Akt der Verzweiflung. Nur wog diese Verzweiflung nicht sonderlich schwer, war sie ihm kein Anlaß für tätige Reue oder dafür, daß er sich grundsätzlich geändert hätte. Katharina wiederum war viel zu robust, um daran wirklich Schaden zu nehmen.

Er dichtete, machte Karriere, die im Grunde keine wirkliche Karriere sein konnte, weil er im Amt verhältnismäßig rasch alles erreicht hatte, was einer seinesgleichen in einer österreichischen Behörde erreichen kann, was weder besonders viel noch sonderlich aufregend war, und weil es andererseits mehr als ein Burgtheater nicht gab, was bedeutete, daß die freudige Erregung, an diesem Burgtheater aufgeführt zu werden, sich bei Grillparzer mit der Zeit abnützte, ein Prozeß, der außerdem noch durch die österreichischen Verhältnisse beschleunigt wurde, so daß auch hier von einer Karriere nicht wirklich die Rede sein konnte. Er war gewissermaßen aufgelaufen, in stilles Wasser geraten. Manchmal hätte er sich vielleicht die Frage stellen können, ob diese Art von selbstgewählter Resignation ihm nicht von allem Anfang an vorherbestimmt gewesen war. Aber solche Fragen stellte er sich höchstwahrscheinlich nie.

Katharina hingegen hatte, vergleicht man ihr Leben mit seinem, gar nichts. Die frühen Träume von einer erfreulichen Laufbahn auf dem Theater waren nicht in Erfüllung gegangen, waren nicht zuletzt auch von Grillparzer verhindert worden, der vom Theater, für das er doch so umfassend und hartnäckig tätig war, keine gute Meinung hatte. Irgendeine andere Begabung traute Katharina sich nicht zu. So blieb ihr nur übrig, eine ältliche jugendliche Liebhaberin auf etlichen Privatbühnen zu werden, eine bloß fallweise gebrauchte Dilettantin sozusagen, was eine bittere Selbstbespiegelung ihres tatsächlichen Schicksals war. Sie war keine brauchbare Haushälterin, keine besonders gute Köchin, und die Möglichkeit, sich wenigstens als Liebhaberin in des Wortes handfestem Sinne bewähren zu dürfen, blieb ihr aus den sattsam bekannten Gründen gleichfalls versagt. Ein sonderlich ereignisreiches Leben war es demnach nicht, das sie führte. Aber irgendwann hatte sie sich darein gefügt. Irgendwann war ihr die Lust vergangen, auf ein Wunder zu hoffen oder wenigstens damit zu spekulieren, daß eigentlich jedes Leben Anrecht auf Abwechslung hat.

So lebten sie dahin, in einer Zweisamkeit, in der das Trennende vorherrschte oder in der jeder auf einer Insel siedelte, die vom Domizil des anderen meilenweit entfernt war. Ein Chiffonneur war ihr Grenzstein; oder ihr Markenzeichen. Der Doppelschrank als Hindernis fürs Zusammenkommen — deutlicher konnte das, was sie für ewig trennte, nicht sein. Merkwürdig daran war bloß, daß beide diese Art von unmöglicher Gemeinsamkeit brauchten, daß sie, die nie wirklich beieinander waren, ohne einander nie auskommen konnten.

Zwischenspiel

Im Sommer des Jahres 1830 hatte Grillparzer „mit Hand und Fuß zu tun, um heil aus den Geschichten mit Katty Fröhlich und Marie Daffinger herauszukommen". (J. Nadler) Ein Jahr später war er dann noch einmal oder schon wieder mit der Ehefrau seines Freundes Daffinger verbandelt, was bedeutete, daß er ihr von neuem ins wollüstig ausgelegte Netz geraten war, wie die meisten Autoren meinen, die ihre Mißbilligung dieser Affäre kaum verbergen können. Und das, nämlich die Beschäftigung mit der heißblütigen und willigen Marie sowie die lästigen Auseinandersetzungen mit Katharina Fröhlich, die ihre durchaus begründete Eifersucht keinesfalls unterdrückte, sowie möglicherweise ein bei Grillparzer nicht gerade häufig vorkommendes Gefühl der sittlichen Verantwortung haben einem jungen Fräulein, das zu jener Zeit am Grillparzerschen Liebeshorizont auftauchte, gewisse schlimme Erfahrungen erspart.

Das Fräulein hieß Heloise Hoechner. Sie war damals, als Grillparzer sie kennenlernte oder sie, die ihn schwärmerisch verehrte, es endlich erreicht hatte, daß er auf sie aufmerksam wurde, siebzehn oder achtzehn Jahre alt, lebte mit ihrem Vater, der ein Buchhalter war, und mit ihren beiden Schwestern zusammen und betrauerte im übrigen ihre verstorbene Mutter, die eine Französin gewesen war. Diese Heloise muß ein aufsehenerregendes Geschöpf gewesen sein. Ludwig Frankl, einen literarisch dilettierenden Zeitgenossen Grillparzers, animierte sie zu folgenden poetischen Ausführungen: „Sie war schlanker und doch plastischer Gestalt, das hellbraune Haar umlockte nach damaliger Mode ein blaßrotes Angesicht, das von blauen Augen, denen lange Wimpern einen schwärmerischen Glanz verliehen, wie verklärt erschien. Die schön geschwellten Lippen, welche mit tiefer Empfindung Verse zu sprechen verstanden, mußten den Gedanken erwecken, daß sie auch zärtlich küssen könnten."

Was hier so schwärmerisch dargestellt wurde, hatte selbstverständlich auch auf Franz Grillparzer einigen Eindruck gemacht, als diese Heloise Hoechner ihm 1830 erstmals über den Weg lief. Es war nur ein mehr oder minder zufälliges Sehen auf der Straße, wobei man davon ausgehen darf, daß das ebenso hübsche wie schwärmerische Mädchen alles daransetzte, des mit einer gewissen Leidenschaft verehrten Dichters durch einen scheinbaren Zufall habhaft zu werden. Grillparzer aber war, wie schon erwähnt, anderweitig beschäftigt. Und aufgrund der Art der Beschäftigung mochte es ihm verhältnismäßig leicht gefallen sein, sich eine Verantwortung für das vertrauensselige Geschöpf einzureden. Jedenfalls rührte er Heloise nicht an, er ging ihr sogar aus dem Weg. Dann verschwand sie für ein paar Jahre völlig aus seinem Gesichtskreis.

Das änderte sich spätestens im Sommer 1834. Und wieder war die Hoechner die treibende Kraft, war sie diejenige, die manches inszenierte, um den damals bereits dreiundvierzigjährigen Dichter und Archivdirektor endgültig und nachhaltig auf sich aufmerksam zu machen. Sie schaffte es, unter anderem Beziehungen zur Witwe eines Universitätsprofessors namens Franz Theser herzustellen, was insofern bedeutsam war, als diese Witwe eine geborene Sonnleithner und damit eine Tante Grillparzers war. Auch machte sie die Bekanntschaft der Frau des angesehenen Rechtsgelehrten Moritz von Stubenrauch, in deren Salon gelegentlich auch Franz Grillparzer verkehrte.

Hier also trafen sie erneut aufeinander. Und an solchen gesellschaftlichen Abenden, bei denen recht eifrig auch den schönen Künsten Rechnung getragen wurde, schmeichelte sich Heloise Hoechner bei Grillparzer ein, und zwar auf die simpelste Art von der Welt. Sie rezitierte ganz einfach Sappho und Medea, was dem Dichter ein hinlänglicher Grund dafür gewesen sein muß, daß er dem Fräulein mehr als bloß ein paar bewundernde Blicke zuwarf. Was so als eine Art Gesellschaftsspiel begonnen hatte, ging dann rasch in sommerliche Koketterie über. Grillparzer schrieb Verse auf die schöne junge Frau; diese wiederum suchte jetzt ganz offenkundig seine Nähe, begleitete ihn bei Ausflügen übers Land, und einmal rezitierte sie auf dem Kahlenberg sogar aus „Ottokar“ den berühmten Preisgesang an Österreich, was Grillparzers Herz zweifellos in wallende Bewegung gebracht haben dürfte. Solche Aufmerksamkeiten, die man auch als Huldigung an den Genius betrachten durfte, genießt schließlich jeder Mann mit ungeteilter Freude. Diese Heloise war, so scheint es, ein geschicktes Frauenzimmer, das in jedem Fall ganz genau wußte, wie man einem alternden Star der Wiener Szene die Cour schneiden mußte.

Dann freilich spießte sich das Verhältnis, von dem wir nicht wissen, ob es wirklich eines gewesen ist, was wiederum nichts Neues ist bei Grillparzers kuriosen Liebesabenteuern.

Es spießte sich auf ganz besondere Art, nämlich so, daß man später nicht mehr genau sagen konnte, was eigentlich die Ursache gewesen war für diese Mißstimmung, der sich zumindest Heloise ausgesetzt sah. Franz Grillparzer jedenfalls machte es sich wieder einmal höchst einfach. Er verließ ohne viel Aufhebens den Schauplatz, den er zuerst für seine Balzerei gehörig ausgenutzt hatte. Er machte sich gewissermaßen aus dem Staub.

Warum das so war, entzieht sich unserer Kenntnis. Vielleicht rückte ihm das Fräulein zu dicht auf den Pelz, vielleicht befürchtete er eine Verpflichtung, der er nicht gewachsen zu sein glaubte, oder vielleicht wurde er der eigenen Balzerei überdrüssig, nachdem sich erst einmal ein überwältigender Erfolg eingestellt hatte. Jedenfalls zog er sich zurück. Das Fräulein, jetzt höchlichst erregt bis verzweifelt, forderte Aufklärung. Ein Brief, der sich verloren hat, schien dabei einiges ins Rollen gebracht zu haben. Das war in der zweiten Hälfte des Septembers 1834. Grillparzer, der in diesen Tagen und Wochen ganz andere Sorgen hatte, bediente sich dritter Personen, um sich das allmählich hysterisch werdende Frauenzimmer vom Leib zu halten. Wer dieses Vorgehen für wenig delikat hält, sollte nicht übersehen, daß am 4. Oktober 1834 „Der Traum, ein Leben“ uraufgeführt wurde, was Grillparzer wichtiger war als ein schmachtendes und schmollendes Fräulein. Übrigens war Heloise Hoechner bei diesem Ereignis selbstverständlich anwesend.

Drei Tage später schrieb sie wieder einen Brief: Ihr Herz wäre gekränkt, Grillparzer hätte alle Ursache, über seinen Fehler nachzudenken und eine Wiedergutmachung anzustreben. Was damit im

Detail gemeint war, läßt sich heute nicht mehr rekonstruieren. Vorstellen darf man es sich. Eine Verschmähte meldete sich da zu Wort, forderte zuerst Aufklärung und dann Rechenschaft und konnte den Ablauf des Dramas doch nicht mehr ändern. Es kam zu einer Aussprache, es wurden neue Briefe geschrieben, und alles zusammen ergab keinen Sinn mehr. An winzigen Nuancen mochte man die Endgültigkeit dieses rätselhaften Auseinandergehens erkennen, dessen Anfang und Höhepunkt im dunkeln geblieben waren. Eines Tages nämlich sandte Heloise dem Dichter etliche entliehene Bücher zurück und legte dem kleinen Konvolut ein Paar Pantoffeln bei, die sie ihm einmal versprochen hatte. Verzweifelte Liebe äußert sich mitunter in Merkwürdigkeiten. Anscheinend hatte es Heloise nicht genützt, daß sie nach der übereinstimmenden Meinung aller Augenzeugen eine Schönheit war. Ein Mann wie Grillparzer ließ sich, wenn er sich erst einmal auf der Flucht befand, auch durch noch so sinnige Geschenke nicht zurückholen.

Das Drama ging weiter. Die Frau blieb hartnäckig: „Was habe ich aber verschuldet, daß Sie mich auf eine Weise fliehen, die mir Ihre früher bewiesene Neigung und Achtung höchst rätselhaft machen muß. Haben Sie sich wegen der ersteren besonnen und mich zu meiden für besser erachtet, so glaube ich, daß ich nie einen Anlaß gegeben, daß Sie letztere gegen mich außer acht lassen." Übersetzt man diese umständliche Sprache eines umständlichen Zeitalters ins geläufige Deutsch unserer heutigen Zeit, dann bittet hier eine reichlich verzweifelte Frau, daß man ihr — wenn schon nicht Liebe — Achtung entgegenbringe.

Am 27. November 1834 schrieb sie diese Zeilen: „Wie konnte ich einfaches, ja beinahe ungebildetes Mädchen je hoffen, Sie für länger als einige Wochen zu unterhalten . . . Glauben Sie mir, ich hoffte nie, Sie länger zu fesseln, und wenn ich mich manchmal in eine solche Lage träumte, so war mir der kurze Traum wohl zu gönnen, denn zu bitter wurde ich dann für meine Vermessenheit durch das Erwachen gestraft."

Man muß sich in Erinnerung rufen, wie alt die Briefschreiberin war, oder wie jung, gerade zwanzig Jahre. Und doch war sie schon fest entschlossen, diesen Mann, der immer nur auf der Flucht war, zu erobern. Und annehmen darf man auch, daß er, der Lebenserfahrenere und Gewandtere, ihr, die eine ziemlich schwärmerische Natur war, höchstwahrscheinlich zuerst alle diese verrückten Hoffnungen gemacht hatte, auf welche auch routiniertere Frauen prompt hereinfallen. Sie hatte sich einen Traum erfüllen, er eine bezwungene Schönheit rasch wieder vergessen wollen. So einfach war das. Und so bitter war jetzt für Heloise der Anblick dieser Trümmer, die zuvor ihre Hoffnungen ausgemacht hatten.

Dann, übers Jahr, verflachte das Drama zur Allerweltskomödie. Aufgegeben hatte Heloise Hoechner ihren Traum deshalb noch lange nicht. Und weil sie nicht nur eine Frau mit wachen Instinkten, sondern außerdem auch noch recht intelligent oder zumindest scharfsinnig oder doch einfallsreich war, passierte noch etliches, das diese Beziehung recht abwechslungsreich gestaltete. Wobei man immer wieder warnend hinzufügen muß, daß es nicht einen einzigen handfesten Beweis für die tatsächliche Erfüllung dieser Beziehung gibt. Wir wissen also nicht, wie weit sich Franz Grillparzer auf dem Terrain der Heloise Hoechner wirklich vorgewagt hat, und ob er physisch überhaupt in der Lage gewesen wäre, einen solchen Vorstoß auch für alle Beteiligten zufriedenstellend abzuschließen.

Heloise unternahm jetzt einen letzten, gleichsam rabiaten Versuch, das Schicksal, das ihr diesen Mann so hartnäckig vorenthielt, doch noch zu bezwingen oder wenigstens vermittels eines kleinen Umwegs zu überlisten. Sie wußte, daß er die Abreise nach Paris und überhaupt eine längere Abwesenheit von Wien plante. Würde sie ihm das erlauben, ohne sich auf irgendeine Weise in ihm eingenistet zu haben, dann wäre sie seiner vielgeliebten Person wohl für immer verlustig gewesen. Also feuerte sie Salven verführerischer oder doch überzeugender oder wenigstens freundschaftlich gemeinter Überredungsversuche gegen ihn ab, um den Enteilenden noch im letzten Augenblick festzuhalten. Vielleicht gehörte sie auch bloß zu jenen Frauen, die den Geliebten, den sie nicht in ihr Bett zu zwingen vermögen, in Stücke reißen, damit keine Nebenbuhlerin seiner teilhaftig werden kann. Oder vielleicht liebte sie ihn einfach mit der ganzen Unschuld ihres Herzens, was stets, wenn die Katastrophe kommt, eine besonders schmerzhafte Angelegenheit ist.

Sie gab jedenfalls noch nicht auf: zuerst wieder Briefe, dann Spaziergänge auf der Bastei, schließlich, im Mai 1835, eine Nachricht, die wie eine Bombe in Grillparzers Absetzbewegungen einschlug. Sie hätte, berichtete sie gebläht vor Freude, dem Dichter endlich eine passende Wohnung gefunden, und zwar in der Spiegelgasse Nummer 1104, im zweiten Stock, gleich gegenüber dem Matschakerhof, was eine kommode Lösung aller Probleme hinsichtlich der Verpflegung und des alkoholischen Bedarfs bedeutete. Der Nachsatz, darin sich der Pferdefuß verbarg, folgte wie nebenbei — die zwei kleineren Zimmer dieser stattlichen Wohnung würde man für sich selbst beanspruchen, über den Rest möge Franz Grillparzer nach Belieben befinden. „Mein Vater empfiehlt sich Ihnen bestens und ersucht Sie, wenn Sie überhaupt bei dem mündlich mit mir besprochenen Vorhaben verbleiben, uns Ihren Entschluß hierüber gleich nach Besichtigung bekannt machen zu wollen."

Der Köder war ausgelegt, der mörderische Haken gut getarnt, die ganze Geschichte vortrefflich präpariert. Dumm war diese Heloise Hoechner keinesfalls. „Sie wollte einen Gatten in die Wohnung", schreibt Josef Nadler in diesem Zusammenhang mit treffender Kürze, und daß sie bloß eines simplen Zimmerherrn wegen, die es ohnedies im Dutzend billiger gab, kaum so viel Aufhebens gemacht haben würde, verstand sich von selbst. Außerdem mußte rasch gehandelt werden. Der Begehrte befand sich immerhin schon halb auf der Flucht, liebäugelte mit Paris als einem Fluchtpunkt, wohin ihre Möglichkeiten nicht reichten. Dann war noch diese Katharina Fröhlich gewissermaßen immer anwesend, mußte man ihr zumindest aus den Augenwinkeln auf die Finger blicken, die zu Krallen werden konnten, wenn es sich um den Besitz des Einzigen und Geliebten handelte. Und nicht zuletzt existierte da ein junger Rumäne, der sie bedrängte und dem sie, wenn sie an ihre Zukunft als Frau dachte, nicht länger eine Komödie vorspielen durfte. Immerhin versprach ihr dieser Herr von Costinescu ein glanzvolles Leben in einer allerdings wenig glanzvollen Ferne. Er stammte nämlich aus Jassy, und da war es nur verständlich, daß ihr ein in Wien beheimateter Archivdirektor und Burgtheaterdichter bei weitem lieber war als dieser angehende rumänische Professor an einer höheren Lehranstalt drüben im Orient . . . oder wo auch immer sich dieses Jassy befinden mochte.

So also verhielt sich das alles. Man lockte den Widerspenstigen mit einer Wohnung, man offerierte sich selbst als geschmackige Zugabe, man drohte mit fremden Mannsbildern, man zärtelte und schmachtete und erreichte zuletzt doch gar nichts. Denn Grillparzer, der in sogenannten Liebesangelegenheiten von ernüchternder Direktheit und zudem ein grober Patron sein konnte, verschmähte den ausgelegten Köder und betätigte sich sogar als Propagandist einer rumänischen Heirat, woran ihn vor allem reizte, daß dieses Rumänien weit vom Schuß lag. Heloise erstarrte. Er drängte fürsorglich. Sie grämte sich. Er traf ungerührt seine Reisevorbereitungen. Sie wurde eine Frau von Costinescu. Er machte sich auf nach Paris.

Jahre später gab es so etwas wie ein Nachspiel. Heloise hatte Grillparzers Schicksal stets aufmerksam verfolgt, und jetzt, als der Dichter 1843 in Südosteuropa unterwegs war, erhoffte sie sich eine Begegnung mit ihm. Sie plante bereits alles Diesbezügliche und war bereit, ihm bis nach Galatz, einem schäbigen kleinen Donauhafen schon im Widerschein des Schwarzen Meeres, entgegenzureisen, wenn er ihr bloß eine Andeutung gemacht haben würde, daß das seinen Wünschen entsprochen hätte. Aber dem war nicht so. Es kam zu keinem Wiedersehen.

Dafür gab es drei Jahre später für Grillparzer eine andere Möglichkeit, sich über Heloise zu informieren, als sein alter Bekannter Emil Wickerhauser in Jassy österreichischer Attaché wurde. „Sie reisen jetzt nach Jassy, dort werden Sie meine Freundin Heloise Costinescu finden; bringen Sie ihr meine herzlichen Grüße, es würde mich freuen, wieder Nachricht von ihr zu erhalten", schrieb Grillparzer an Wickerhauser. Der österreichische Attaché fand Heloise in der Tat, entdeckte sie als glücklich verheiratete Frau, als Mutter zweier Kinder und allerdings auch, wie sich wahrscheinlich nicht verbergen ließ, zutiefst gerührt von den überbrachten Grüßen. Ein wenig einsam schien sie zu sein, vielleicht auch ein wenig unglücklich oder verloren hier am Rande Europas, wohin die ihr einstmals so innig vertraute und auch notwendig gewordene Wiener Kultur entweder gar nicht oder nur sporadisch gelangte. Sie schrieb dem immer noch Verehrten und vielleicht sogar ein wenig Geliebten jedenfalls sogleich einen Brief, darin sie das Leben an der Moldau beklagte, worauf Grillparzer, jetzt durch die räumliche Entfernung vor jeder Komplikation gefeit, umgehend antwortete.

Daraus entstand schließlich wiederum ein Briefwechsel, ein Gedankenaustausch entstand, der bis zum Tod dieser zuerst schwärmerischen und dann doch gefestigten Frau währte. Die letzte Nachricht, die sie an Grillparzer übersandte, hatte mit der Revolution von 1848 zu tun, wobei sie den Dichter aufforderte, jetzt für sein Vaterland aufs entschiedenste einzutreten, „denn wenn der erste Denker schwiege, von wem sollten wir das Heil des Landes erwarten . . .“ Und ein allerletzter Brief, datiert auf den 2. April 1848, erreichte Emil Wickerhauser, der Jahre später erzählte: „Als ich Anfang der fünfziger Jahre einige Tage in Wien weilte und Grillparzer besuchte, war sein erstes Wort nach der Begrüßung: Die Heloise ist gestorben.“

Jene Vertrauten, die sich dieser Heloise Hoechner zumindest literarisch angenommen haben, waren stets zutiefst von dieser Frau beeindruckt. So zum Beispiel Raoul Auernheimer, der über ihre Beschreibung fast ins Schwärmen geriet: „Heloise hat alles besessen, was einen Menschen vollkommen machen kann: edle und vornehme Schönheit, ein heißes, aber ein beherrschtes Herz, ein Gemüt von seltener Tiefe, einen klugen, unternehmenden Verstand, einen festen Willen und eine Natur, die völlig weiblich war, allein auf das gerichtet, was der Frauen Anteil ist.“

Und doch hat diese Vielbesungene, Vielumschwärmte es nicht zustande gebracht, der gänzlich andersgearteten, zweifellos auch hübschen, aber doch wesentlich unauffälligeren, auch herberen Katharina Fröhlich den Mann abspenstig zu machen.

Beide Frauen, Katharina und Heloise, haben Grillparzer nicht erringen und auch nicht in des Wortes eigentlichem Sinne besitzen dürfen. Aber Katharina war fähig, ihn mehr als ein halbes Leben lang in ihr Dasein miteinzubeziehen. Oder sie hatte es verstanden, sich seiner Existenz unentbehrlich zu machen. Heloise war das versagt geblieben. Dabei wäre sie, wenn man ihren Bewunderern glauben darf, die richtige Frau für Grillparzer gewesen, sofern es eines solchen Geschöpfes überhaupt bedurft hätte oder sofern ein solches Geschöpf für ihn in Frage gekommen wäre. Merkwürdig daran ist bloß, daß beide Frauen, Katharina und Heloise, ausgesprochen sinnliche Naturen waren, daß sie den Vorzug jener Wiener Fleischlichkeit besaßen, der das Sinnenfrohe, Derbe, Direkte in allen sexuellen Verhaltensweisen näher liegt als das Feinsinnige und Diskrete. Merkwürdig ist auch, daß sie sich dennoch mit einer platonischen Idee zufriedengeben mußten, für die sie beide nicht geschaffen waren, und daß sie zuletzt mit dieser Art von Enthaltsamkeit einverstanden waren, die ihnen wenigstens theoretisch die Möglichkeit verschaffte, sich als Gefährtinnen Grillparzers fühlen zu dürfen.

Auf die Idee, daß Grillparzer dieser ganze absurde Tumult des Herzens, von wem auch immer er ausgegangen sein mochte, aufrichtig zuwider war, kam niemand. Man darf annehmen, daß er, sofern er überhaupt eine Frau neben sich duldete, eher schon einer abgehärteten und in ihre entsagungsvolle Rolle hineingewachsenen Katharina Fröhlich den Vorzug gab als einer doch noch blutvolleren und damit anspruchsvolleren Heloise. Grillparzer war ganz gewiß kein Frauenverächter. Aber aus irgendeinem sonderbaren Grund, dessen Ursache entweder ein physisches oder aber ein psychisches Gebrechen war, mied er letztlich alle Frauen. Eines selbstbewußten Gefühls, darin auch die Liebe ihren Platz hatte, schien er nicht oder nur in Ansätzen fähig. Jene ehebrecherischen Beziehungen, die fast sein ganzes Sexualleben ausgemacht haben, bedurften der Liebe nicht. Das waren mechanische Vorgänge, die durch eine rohe Sinnlichkeit manipuliert wurden und die Grillparzer selbst niemals mit einem innigeren Gefühl verwechselt haben würde. Was Heloise anging, die möglicherweise das Traumbild einer Frau war und die ungeachtet ihrer Jugend eine ernsthafte Verführerin Grillparzers hätte sein können, war er einer solchen Gefahr schon entwachsen. Er konnte nicht mehr verführt werden.

Die Ursache dafür muß offenbleiben. Und den überaus fragwürdigen Nutzen daraus zog einmal mehr Katharina Fröhlich.

Reisen als Bildungsauftrag

Grillparzer war fünfundvierzig Jahre alt, als er seine dritte große Reise antrat. Zuerst waren es Italien und Deutschland gewesen, die ihn begeistert oder sogar fasziniert hatten, Länder, Kulturbereiche, an denen er nicht bloß bildungsmäßig, sondern auch als Charakter zu wachsen wünschte. Und jetzt zog es ihn nach Westeuropa, was vielleicht weniger mit seinen kulturellen Ambitionen als mit seiner politischen Neugier zu tun hatte. Am allerwenigsten war es, wie manche Beobachter meinten, Heloise Hoechner, die ihn von Wien vertrieben hatte. Den Aufmerksamkeiten oder sogar Zudringlichkeiten schwärmerischer Frauen war Grillparzer noch stets entkommen, ohne daß er deshalb außer Landes zu gehen brauchte.

Jetzt also standen Frankreich und England auf dem Reiseprogramm. Am 30. März 1836 schrieb er: „Abends sieben Uhr, Abfahrt von Wien, Freunde warten am Wagen: Bauernfeld, Nimbsch, nicht Auersperg". Mit Nimbsch war natürlich der Dichter Nikolaus Lenau gemeint, und daß ihm zwar Bauernfeld, jedoch nicht jener liberale Aristokrat Auersperg, der als Anastasius Grün einige literarische Aufmerksamkeit in den Biedermeiersalons jener Zeit auf sich gezogen hatte, die letzte Aufwartung vor der Reise machte, war Grillparzer immerhin eine Notiz im Reisetagebuch wert.

Schon der Prolog auf diese Flucht oder Bildungs- oder Vergnügungsreise enthüllte wieder einmal den reichlich dissonanten Charakter Grillparzers. Er suchte alle möglichen Vorwände für diese besondere Art der Zerstreuung, Vorwände, die ihm als Rechtfertigung seiner luxuriösen Neigung dienten, sich von seinem gar nicht sonderlich bequemen Sessel im Ministerium hinwegzuheben und die eintönige Existenz eines Archivdirektors im Finanzministerium, an welchem beruflichen Ort er inzwischen gelandet war, gegen die eines bildungs- und erlebnishungrigen Flaneurs einzutauschen, der sich leichtfüßig über internationales Trottoire bewegt.

Aber so einfach machte es sich ein Franz Grillparzer doch auch wieder nicht! Schon die ersten Zeilen seines Reisetagebuches vom Jahre 1836 bestätigen das: „Mit völligerer Gleichgültigkeit hat wohl noch niemand eine Reise angetreten, und während der schlaflosen Nacht fand ich es höchst lächerlich, sich so vielen Beschwerlichkeiten auszusetzen, ohne daß der Zweck nur irgend einen Genuß verspreche." Anderntags beim Mittagsmahl in Strengberg reagierte er verdrießlich auf den Eifer einer „ehemals hübschen Postmeisterin", mit dem die Frau eine unanständige Grabschrift den Reisenden erzählte. Und wieder der Mißmut, den man in Wien am treffendsten mit dem Ausdruck Grant beschreibt, mit welchem Grillparzer sich selbst und sein Tun beobachtete: „Es gibt Augenblicke, wo mich der Gedanke anwidert, in einer fernen Stadt unter fremdredenden Menschen mich herumzutreiben, ich, der ich mich überhaupt nicht gern herumtreibe." Der Grant hielt an, vertiefte sich, wurde zur Qual. „Während der Nacht kam mir meine Reise eigentlich zwecklos vor." Später, in der Gegend von Linz, noch einmal diese Bemerkung: „Zurückkehrende Gedanken über das Zwecklose dieser Reise."

Erst die Ergänzung der Reisegesellschaft durch zwei Damen, über die der mit sich selbst hadernde und lautlos in sich hineinraunzende Dichter beinahe in schieres Entzücken geriet, verbesserte etwas seine Stimmung. Später, in München dann, würde er die damals hochberühmte Tänzerin Hermine Elßler als Reisegefährtin haben, welche Erfreulichkeit ihm durch einen „widerlichen Professor, der nach Zürich geht", gemindert wurde. Grillparzer war immer imstande, einen Wermutstropfen im Lebenskelch zu entdecken, an welchem zu berauschen er sich ohnedies außerstande fühlte.

Und dementsprechend war ihm, nachdem er in Paris angekommen war, „der erste Eindruck keineswegs ein angenehmer". Denn da waren „die alten Straßen düster, schmutzig", erinnerten sie ihn sehr an Neapel. Und mehr noch als der eigentlich doch wohl zu erwartenden Freude, endlich in der berühmtesten Stadt des Kontinents sein zu dürfen, gab er sich vorerst einmal den ganz natürlichen Umständlichkeiten hin, mit denen man am Anfang eines Aufenthalts in Paris rechnen mußte. „Die durchsichtige Heiterkeit und milde Anmut des Pariser Tages ist Grillparzer nicht an die Seele gedrungen", mutmaßte Josef Nadler angesichts des unaufhörlichen Raunzens, mit welchem Franz Grillparzer seine ersten Schritte entlang der Seine begleitete. Untergebracht war er, der am 10. April 1836 in Paris angekommen war, in einem mehr als bescheidenen Dachstübchen des Hôtel de l'Europe in der Rue Richelieu. Von der Stadt selbst war er „im ersten Augenblick gewohnterweise enttäuscht". (J. Nadler) Aber diese besondere Art der Grillparzerschen Enttäuschung, dieser fast schon klassische Ausdruck einer typischen wienerischen Unbehaglichkeit, die an nichts Gefallen finden kann, was außerhalb ihrer eigenen vier engen Wände passiert, war schließlich nichts Neues. Grillparzer brauchte ganz einfach Zeit, damit er erst einmal ausatmen und mit dem Ausatmen auch den Wiener Mief, der sich angestaut hatte, aus den Lungen pressen konnte.

Man sollte sich vielleicht fragen, auf welche Weise Franz Grillparzer sich die materiellen Mittel beschafft hatte, die ihm eine solche Reise in den Westen des Kontinents ermöglichten. Einen diesbezüglichen dreimonatigen Urlaub vom Amt hatte er verhältnismäßig rasch bekommen. Anscheinend wollte man ihm, der als Beamter durchaus seine Meriten hatte, vor allem deshalb gefällig sein, weil er höhernorts als patriotischer Dichter begriffen wurde. Allein der Umstand, daß seine Vorgesetzten das Ansuchen um einen solchen Urlaub nicht — wie das üblich war in solchen Fällen — abgewiesen hatten, bestätigte diesen Verdacht. Grillparzer war als Beamter bei seinen Vorgesetzten ganz gut angeschrieben und hatte als Dichter gerade so viel Staub angesetzt, daß man jetzt schon von einer Patina sprechen konnte. Dergleichen machte sich in Wien immer gut. Also erlaubte man ihm ohne viel Aufhebens diese längere Absenz von seinen beruflichen Verpflichtungen. Wirklich abgegangen dürfte er ohnedies niemandem sein, wenn man von Katharina Fröhlich absieht, die an dieser Geschichte aber nicht im mindesten beteiligt war.

Es bleibt das Materielle. Das war allerdings eine Kalamität von besonderem Rang. Grillparzer verdiente nach einer rund zwanzigjährigen Dienstzeit und unter Einrechnung der unvergüteten Praktikantenjahre als Archivdirektor das sozusagen messerscharf bemessene Salär eines österreichischen Staatsbeamten, was fürs Leben genügte, aber ganz entschieden zuwenig war für alles andere. Und das bedeutete, daß Grillparzer eigentlich auf alles verzichten mußte, was aus einer bloßen Existenz tatsächlich ein Leben macht. Außerdem waren da noch seine zwei wesentlich schlechter gestellten Brüder, die nicht das Glück hatten, ein gnädiges Schicksal wie er erfahren zu haben und denen Franz Grillparzer dementsprechend immer wieder hilfreich unter die Arme greifen mußte. Das war mit zweihundert Gulden monatlich ein nur mühsam zu bewerkstelligendes Kunststück. Eine Sparsamkeit, die aus diesem Notdürftigen noch etwas herauszupressen vermochte, war nicht mehr möglich, ganz zu schweigen vom Luxus, sich das Reisegeld für Paris und London auf die Seite zu legen.

Und doch hatte Grillparzer das Glück, daß er auf legale Weise in die Welt hinaus durfte, um so „dem Amt, den Brüdern und dem Geistesdruck der Zensur für einige Zeit zu entgehen und freier und tiefer zu atmen“. (R. Auernheimer) Es war sein langjähriger Verleger Wallishauser, der mit den Büchern Grillparzers zwar kein Vermögen verdiente, aber dennoch ein treuer und manchmal auch waghalsiger Gefährte des Dichters war und jetzt einen Operntext auf Melusine — den Grillparzer vor einem Jahrzehnt für Beethoven geschrieben hatte, wozu diesem dann jedoch keine Komposition eingefallen war — ganz einfach als Damentaschenbuch druckte und zum Verkauf anbot. Davon durfte man sich einiges versprechen, weil in diesem verhunzten Libretto eine gewisse Berta einem Helden namens Raimund nachläuft, der wiederum einem Frauenzimmer, das Melusine genannt wurde, nachläuft, was, wenn man es aufs reale Leben übertrüge, große Ähnlichkeiten mit Grillparzer heraufbeschwörte, der bekanntlich ein Meister im Nachlaufen und Davonlaufen war. Solche Geschichten haben und hatten in Wien stets ihr Publikum.

Daraus also, was der Meister Beethoven verschmäht hatte, weil es vielleicht gar zu simpel oder sogar tölpelhaft war, hatte der brave Wallishauser, der ein Verleger von ganz besonderer Art war, doch noch etwas gemacht. Und er hatte dem Dichter einen Vorschuß in die Hand gedrückt, mit welchem sich bei bescheidenem Umgang mit dem so Erworbenen schon etwas anfangen ließ.

Dann in Paris schaute er und gaffte, blinzelte mißtrauisch ins helle Licht, das ihm als eine Art Woge entgegenschlug, sog die fremden Gerüche ein, vernahm ungewohnten Lärm und sehnte sich nach Vertrautem. „Graben und Kohlmarkt hundertmal aneinandergerückt und zwanzigmal in die Weite gedehnt und zehnfach bevölkert und tausendfach verschönert, würden ungefähr ein Bild dieser Boulevards geben“: Grillparzer mußte, um sich an Paris zu gewöhnen, Vergleiche mit Wien anstellen. Erst durch solche Vergleiche, die ihm manches Dürftige der kaiserlichen Haupt- und Residenzstadt in Erinnerung brachten, wurde ihm Paris allmählich vertrauter. Vom Pantheon war er überwältigt und zugleich abgestoßen, und zwar der dort aufgestapelten Sarkophage wegen. In den Tuilerien beeindruckte ihn der Trommelschlag exerzierender Soldaten. Notre Dame attackierte er wie eine schwer zu erobernde Frau, die seinem naiven Werben hartnäckigen Widerstand leistete. Es bedurfte einiger Besuche, bis er die Schönheit dieses Gotteshauses begriff. Dann freilich entsetzte er sich sogleich über die vermeintliche Dürftigkeit der Wiener Stephanskirche. Und in Versailles stellte er unaufhörlich Vergleiche mit Schönbrunn an und erwies sich dabei als ein echter Wiener Patriot, den fremde Größe nicht beeindrucken konnte, solange noch ein Abglanz stolzen Heimwehs in seinem Herzen leuchtete.

„Das Schicksal, das es mit Grillparzer immer besser meinte, als er wahrhaben wollte, reichte ihm Paris wie auf der Platte zu. Gleich am zweiten Tage seines Aufenthalts ruft ihn ein Vorübergehender an, den er gar nicht erkannt und längst aus dem Gedächtnis verloren hatte. Es war ein alter Bekannter aus Wien, ein Engländer, der gut deutsch sprach und nun in Paris lebte, Mr. Brant. Der widmete ihm diese sechs Wochen, nahm ihn unter seine Fittiche, zeigte ihm Paris . . . Dazu stieß Grillparzer auf ein Trüpplein Skandinavier, die er gleichfalls von Wien her kannte. Auch mit denen hielt er zusammen. So wurde er in Paris herumgereicht; bei der österreichischen Gesandtschaft zu seinem mäßigen Vergnügen, bei Giacomo Meyerbeer, bei James Maier Rothschild. Er besuchte Ludwig Börne in seiner behaglichen Bürgerlichkeit und Heinrich Heine überraschte er mitten in seiner Lotterwirtschaft." (J. Nadler) Mit Dumas dem Älteren wurde er über den Umweg eines musisch interessierten Arztes aus Breslau bekannt, der nach einem langen und erfüllten Leben nach Paris gekommen war, um sich hier inmitten berühmter Leute umzutun und dann, wie er hoffte, zufrieden zu sterben. Dieser Doktor Koreff, wie er sich nannte, war ein exaltierter Charakter, aber er brachte es immerhin zuwege, daß Dumas für Grillparzer ein Essen gab, bei welchem auch Victor Hugo erscheinen sollte, was dann freilich nicht der Fall war. Überhaupt bemühte sich Dumas auf ganz besondere Weise um den Gast aus Wien und lud Grillparzer sogar ein, das neueste Werk des Verfassers der „Drei Musketiere", ein Trauerspiel, anzusehen, das gerade mit ungeheurem Erfolg in Paris aufgeführt wurde. Grillparzer gehorchte diesem freundschaftlichen Befehl, konnte dann an der Abendkasse die ihm zugesicherte Freikarte nicht entdecken, mußte den Eintritt ins Theater voll bezahlen und fand das Stück als „das Absurdeste, was man sehen konnte".

Nicht ohne kritische Vorsicht näherte er sich auch der Pariser Küche, die er entgegen dem legendären Ruf, der ihr vorauseilte, zuerst eher mittelmäßig fand. Erst nach längerem Kosten und Schmecken entdeckte er hier eine „Kochkunst in ihrer höchsten Ausbildung, Saucen von einer Feinheit, die unseren Fürsten und Schmeckern unbekannt bleibt". Den Wein allerdings fand er dürftig bis schlecht, was aber auch vielleicht damit zu tun haben mochte, daß Grillparzer unfähig war, etwas Ausländisches in seiner Gesamtheit uneingeschränkt zu genießen und dementsprechend zu loben.

Was seinen Besuch bei Heinrich Heine anging, so hatte er damit Schwierigkeiten, da ihm eine falsche Adresse angegeben worden war. Erst nach einigen Umwegen entdeckte er Heine, der ihm als „ein hübscher, junger Mann im Schlafrock" gegenübertrat. „Er selbst sieht aber auch wie die Lebenslust und, mit seinem breiten Nacken, wie die Lebenskraft aus. Machte mir einen sehr angenehmen Eindruck, denn mir ist der Leichtsinn nur da zuwider, wo er die Ausübung dessen, was man soll, hindert". Grillparzer war von Heine nicht zuletzt auch deshalb begeistert, weil der vife Deutsche ihn sogleich mit Komplimenten überschüttete, was bei Grillparzer naturgemäß eine warme Empfindung auslöste. Heine war es auch, der ihn zu einem Essen bei Rothschild mitnahm. Grillparzer entdeckte dabei einen etwas merkwürdigen Charakterzug an seinem neuen Freund, denn dieser machte sich während des Essens und auch danach unverhohlen über den Gastgeber lustig, was den redlichen Österreicher empfindlich störte. „Man muß nicht bei jedermann essen; aber wenn man bei ihm gegessen hat, muß man nicht nachher übel von ihm reden", notierte er in sein Reisetagebuch, wo sich auch schon diese Anmerkung fand: „Meine Hypochondrie kommt wieder, fürchte, diese Reise umsonst gemacht zu haben." Und zwei Zeilen weiter: „Mein Zimmer ist unbehaglich. Feuer im Kamin wäre mir recht angenehm. Aber das Anmachen, das Unterhalten, das Ab- und Zulaufen der Dienstleute wäre mir zuwider."

Das war Grillparzer, wie er aufrichtiger gegen sich selbst nicht mehr sein konnte. Alles, was er erlebte, wurde ihm nach kurzer Zeit schon zum Widerspruch. Ludwig Börne, der charakterfeste Emigrant aus Deutschland, der eigentlich Grillparzers uneingeschränktes Vertrauen verdiente, langweilte ihn tödlich. Heine, der Luftikus und zynische Spötter, erweckte hingegen seine Zustimmung, wobei man Grillparzer nicht unbedingt unterstellen sollte, daß diese günstige Beurteilung vom geschickten Lob abhängig war, welches Heine dem Mann aus Österreich gespendet hatte.

Grillparzer war, wenn er auch die Menschen, denen er begegnete, nicht immer gerecht zu beurteilen vermochte, ein scharfer Kritiker der Verhältnisse in der Kultur. Die Inhalte der Galerie Luxembourg kanzelte er mit der Bemerkung ab: „Süßigkeiten und Übertreibungen, grau in grau gemalt." Der dazugehörenden Bibliothek widmete er naturgemäß die größte Aufmerksamkeit. Und selbstverständlich stellte er sogleich qualitative Beziehungen her zur Wiener Hofbibliothek, die für die Pariser Bibliothek nicht sonderlich günstig ausfielen. Im Louvre ärgerte er sich über den Umstand, daß zugunsten einer belanglosen Ausstellung ganze Abteilungen ausgeräumt worden waren. Und wenn er der Sitzung einer schöngeistigen Akademie beiwohnte, an welcher nicht gerade die bedeutendsten Talente der französischen Kultur teilnahmen, so konnte er ungemein ironisch und sarkastisch werden, was freilich nur bedeutete, daß er sich endlich einmal nicht langweilte.

Wirklich gefesselt oder doch über das normale Maß hinaus beeindruckt hat ihn das Pariser Theater. Er ließ nichts aus. Vaudeville, Oper, Varieté, „was gespielt wurde, das ging, sofern er ihm überhaupt folgen konnte, vorüber, denn eingeprägt hat sich ihm die Kunst der Szene und die Art, wie die Schauspieler spielten". Hier konnte Grillparzer mitreden, aus eigener Kenntnis Vergleiche anstellen, die zählten, einen Blick hinter die Kulissen tun, ohne daß er wie ein tumber Tor vor einer Wirklichkeit zu stehen brauchte, die ihm fremd und unheimlich gewesen wäre. Und rasch geriet er in äußerste Schwärmerei. In sein Reisetagebuch schrieb er : „Welch äußere Ausstattung! Die Dekorationen Wirklichkeiten, oder nein: Bilder. Dadurch unterscheidet sich die französische Dekorationsmalerei von der der übrigen Nationen . . ." Und gleich darauf folgt die vernichtende Feststellung: „Alle Ehre den Künstlern unserer Theater, aber unsere Bühnen sind elende Marktbuden im Vergleich dieser Wirkungen." Zwei Sätze später: „Dazu die eigentliche Sprache der Leidenschaft. Ich wüßte Niemand in Deutschland, der das machen könnte." Und wenn er, während er unermüdlich durch die Pariser Bühnen zog, an die sogenannte Wiener Komik dachte, wie sie ihm von seinen Besuchen an den Wiener Theatern geläufig war, so verkrampfte sich beinahe sein Herz. Er nannte die Wiener Komödianten bloß Possenreißer, die ihre mehr oder minder derben Späße gleichsam aus dem Stegreif brachten, während „die Pariser für ihre Komik immer den Charakter und die Situation ausbeuten".

Allerdings bewahrte sich Grillparzer durchaus den Sinn für eine vernünftige Kritik; er verfiel keineswegs einer Euphorie, die ihn blind gemacht hätte für die Schwächen und Nachteile dessen, was er jetzt als Pariser Kultur begreifen lernte. „Grillparzer ging überall neugierig und dicht heran", meinte Josef Nadler, und das war auch seine eigentliche Begabung, die Dinge schärfer, akzentuierter zu sehen, als wenn er sich ihnen nur als Kulturtourist genähert hätte. Er besuchte die Börse, hielt sich im Justizpalast auf und empfing in der Deputiertenkammer tiefe Eindrücke. Und „wo er konnte, mischte er sich unter das Pariser Volk, machte seine Feste mit und genoß seinen Umgang“. (J. Nadler)

Am nachhaltigsten blieb ihm aber doch das Theater in Erinnerung. Hier glaubte er, den eigentlichen Schlüssel zum Verständnis des Pariser Charakters gefunden zu haben. Und alles, was er an kritischen Vorbehalten gegen „das Französische“ empfand oder sich zumindest einredete, hatte seine Ursache in den Eindrücken, die ihm durch die Pariser Schauspielkunst vermittelt wurden. „So spricht man nicht im Leben“, grantelte er. Aber dann gab er widerwillig zu: „Man könnte allenfalls so sprechen.“ Dabei vergaß er völlig, daß er einem peinlichen Irrtum unterlegen war, indem er tatsächlich die Welt des Theaters mit jener des französischen Alltagslebens verwechselte. Außerdem waren seine französischen Sprachkenntnisse nicht gerade von solcher Qualität, als daß er Nuancen und gröbere Unterschiede hätte wahrnehmen können. Doch hinderte ihn das nicht im mindesten daran, seine Zensuren fast nach Belieben zu verteilen und hartnäckig daran zu glauben, daß die künstliche Wirklichkeit des Theaters ohne weiteres übertragbar wäre auf die Wirklichkeit des Lebens. Er fand in Ordnung, was er längst aus der französischen Literatur zu wissen glaubte, sagte einmal Josef Nadler über diese Wochen in Paris. Und das Merkwürdige daran war, daß Grillparzer auch nach längerem Aufenthalt in der französischen Metropole keinen Anlaß entdeckte, sich selbst zu widerrufen oder seine Irrtümer zu berichtigen. Franz Grillparzer, der ein bedeutender Dichter und ein interessanter Charakter gewesen sein mochte, war jedenfalls außerstande, seine zutiefst wienerische Haltung abzulegen, wenn er sich irgendwelchen ausländischen Phänomenen gegenübersah. Er verteidigte nicht ohne Heroismus seine Standpunkte, und das auch dann, wenn diese Standpunkte nachweisbar falsch waren.

Grillparzers Auftritte in London waren von einer bürgerlichen Behaglichkeit, die vorübergehend vergessen machen könnte, daß dieser Gast aus Wien sich vor allem kulturell und politisch zu bilden wünschte. Es war ausgerechnet die vielgeschmähte englische

Küche, die ihn in eine Art Schwärmerei versetzte. So schwärmte er in seinem Reisetagebuch davon, „in Richmond das vortrefflichste Mittagsmahl gehalten zu haben, dessen ich mich in meinem Leben erinnere. Ein Kalbsbraten wie aus einem Elefanten ausgeschnitten und weich und saftig wie ein junges Huhn. Vortreffliche Erbsen. Käse, Salat roh zu essen, was ich nicht versuchte. Porter, Ale, wie ich es nie getrunken. Eine halbe Krone per Kopf." Man weiß bei diesen Aufzeichnungen nicht genau, welcher Umstand im Detail die Jubeltöne Grillparzers hervorgerufen hat, ob es also die riesigen Portionen oder die kommoden Preise waren, die ihn begeisterten. Und möglicherweise hatte seine Zustimmung tatsächlich etwas mit der Qualität des Essens zu tun, wie er das einmal in einem Londoner Kaffeehaus ausdrücklich feststellte: „Salm für einen Kaiser zu gut. Roastbeef über alle Vorstellung. Johannisbeertorte für einen großbritannischen Gaumen. Grüne Erbsen in Wasser abgekocht. Grüner Salat, roh zu essen, was wir bleiben ließen. Stiltkäse, dem nichts gleichkommt. Das Kouvert vier Shilling." Man müsse Grillparzers Leben nicht nur immer nach seinen täglichen Nörgeleien schreiben, hat einer seiner Bewunderer einmal gemeint, dem wahrscheinlich nicht aufgefallen ist, daß Grillparzer in London gleichsam aus seinem eigenen Schatten hervortrat und, wenn es um die Nahrungsaufnahme ging, der puren Lobhudelei und hemmungslosen Übertreibung fähig war. Einmal verstieg er sich sogar zur Behauptung, einen „sehr guten Fisch" verkostet zu haben, und zwar in so riesigen Portionen, „daß Christus mit sieben derselben hätte dreißigtausend Mann speisen können".

Es entbehrt nicht einer gewissen Köstlichkeit, sich Grillparzer, der in Wien gerade erst einer blutjungen Jungfer (Heloise Hoechner) das Herz gebrochen und einem anderen Frauenzimmer (Katharina Fröhlich) dasselbe noch immer nicht zum Schmelzen gebracht hatte, jetzt in London beim Schmausen vorzustellen, wie er sich, unbeeindruckt vom eigenwilligen Geschmack und Aroma britischer Delikatessen, behaglich die Lippen leckte und mit unverhohlener Begeisterung in die Westentasche griff, um ein paar Münzen für die gerade erst verdrückten enormen Portionen auf den Tisch zu legen. Der Dichter, dessen Werke in der Schublade moderten, der Archivdirektor, der sich im Amt ein steifes Kreuz geholt hatte, was man mehr symbolisch verstehen sollte, blühte hier an der Themse plötzlich auf, als hätte er für sich ein neues Lebenselexier entdeckt. In Paris hatte er ins Theater gehen müssen, um sich einbilden zu dürfen, der Wirklichkeit auf der Spur zu sein. Hier genügte ihm ein Besuch im Parlament, um hingerissen festzustellen: „Schon als Schauspiel großartig!" Und wenn er durch St. James kam, verschwand ihm Wien, das er in Paris nie ganz aus den Augen verloren hatte, endgültig in einer nebelhaften Ferne. Und immer beschäftigte er sich, als hätte ihn ein Rausch überfallen, mit Zahlen. Den Besuch im Tower bemaß er am dafür zu entrichtenden Eintrittsgeld. Die Besichtigung einer großen Brauerei ließ ihn neuerlich in Zahlen schwelgen, die Docks waren für ihn ein überwältigendes Erlebnis, und angesichts des Treibens in der Londoner Börse verstummte er überhaupt. Auch ins Britische Museum ging er, um dort zu entdecken, daß es eigentlich nichts mit England zu tun hatte. Von der englischen Frömmigkeit, die er in der St. Paulskirche kennenlernte, war er tief beeindruckt. Es gab zwar „langweilige Gebete", aber man sang „wie ein Donnerwetter im Sopranschlüssel gesetzt", der protestantische Erzbischof „hielt eine Predigt, die nur er selbst verstanden haben mag", der Gottesdienst selbst dauerte dreieinhalb Stunden, und „die Ordnung war bewunderungswürdig, nur störte das Kommandomäßige gewisser Handlungen".

Ins Schwärmen geriet er übers und fürs Londoner Theater. Grillparzer hatte zwar, ähnlich wie mit dem Französischen, auch mit dem Englischen seine liebe Mühe, und so gut wie nie konnte er dem Geschehen auf einer Bühne sozusagen im Wortlaut folgen. Das hinderte ihn aber nicht im mindesten daran, das Theater in Coventgarden als „höchstens dreißigmal schöner als unser schönstes Theater in Wien" zu bezeichnen oder über die Fähigkeiten der Schauspieler in schiere Verzückung zu verfallen. „Die englischen Schauspieler haben etwas festes, auf sich selbst beruhendes, männliches, das außerordentlich wohl tut. Wenn unter den Wiener Schauspielern ein einziger Mann ist, nämlich Madame Schröder, so sind hier alle Männer, selbst die Weiber, und das versteht sich im besten Sinne."

Aber alle Schwärmerei konnte nicht verhindern, daß sein Mißtrauen wachsam blieb. Und weil Grillparzer ungeachtet seiner liberalen Neigungen, die er sich freilich immer nur in kleinen Dosierungen erlaubte, ein vorsichtiger und allen radikalen Neigungen eigentlich feindselig gestimmter Charakter blieb, war es ausgerechnet ein gesellschaftlich bedingter Umstand, der sein Vergnügen am Londoner Theater empfindlich störte. Es durfte nämlich das sogenannte gemeine Volk, also jenes eher ordinäre Publikum, das eines späteren Einlasses wegen geringere Eintrittspreise bezahlen konnte, gleichfalls ins Theater kommen, was einem aufrichtigen Republikaner gewiß nur Freude, Grillparzer jedoch ärgsten Verdruß bereitete. Ihn ärgerte das Gesindel, das mitten während einer Szene ins Theater lärmte, dessen Grölen und Rülpsen er auch bei einer Shakespeare-Aufführung ertragen mußte und gegen dessen unangenehme Anwesenheit doch nichts zu unternehmen war. Grillparzer benahm sich dabei wie ein Hagestolz, dem eine junge und recht gewöhnliche Kokotte zu dicht auf den Leib rückt. Er wurde quengelig und nahm Zuflucht zur Raunzerei, die ihm stets das sicherste Abwehrmittel gegen alles Lästige und Unziemliche war. „Das englische Theater ist nicht schöngeistig", schrieb er in sein Tagebuch, und wahrscheinlich war er überglücklich, daß in Wien am Burgtheater eine solche Unsitte, den Pöbel gegen billigeres Entgelt zu verspäteter Stunde einzulassen, nicht denkbar war.

Grillparzer war ein Snob. Er wußte es bloß nicht. Aber hätte er sich in Paris und London genauer und selbstkritischer beobachtet, wäre ihm die eigene Tölpelhaftigkeit nicht verborgen geblieben. Er war ein Spießbürger. Und er war es in dem Ausmaß, in welchem er es entrüstet abgelehnt hätte, sich als solchen bezeichnen zu lassen. Dabei war er in London ebenso wie in Paris außerstande, den Vorgängen auf der Bühne (oder im Parlament oder in einem Schwurgerichtssaal) wirklich folgen zu können, weil er die jeweilige Landessprache nur mangelhaft beherrschte. Trotzdem traute er sich ein Urteil zu, das noch auf Nuancen Bedacht nahm, die man nur dann verstehen konnte, wenn man tief in die Intimität der Sprache einzudringen vermochte. Grillparzer kümmerte sich um derlei nicht. Sein Urteil war von herrischer Art, war selbstbewußt und selbstgerecht und bemühte sich nicht im mindesten um einen Anschein von Wahrhaftigkeit. Nur so war es verständlich, daß er sich mit solcher Vehemenz gegen den Ansturm der sogenannten Unterprivilegierten wehrte, die zu halben Preisen an einem Vergnügen teilnahmen, das für ihn kein Vergnügen, sondern beinahe eine Pflichterfüllung war.

Im übrigen stolperte er, der zum Beispiel das Englische nur über den Umweg Shakespeares und aus einem populären Wörterbuch gelernt hatte, in manche Verlegenheit. Er erhielt im Restaurant ein Glas Wasser, wenn er nach Butter fragte. Ihm wurden, erkundigte er sich nach einem bestimmten Bauwerk, ganz andere, ihm völlig unbekannte Paläste gezeigt. Und er war fast außerstande, jenes Bankhaus zu finden, wo er seinen Reisescheck hätte einlösen müssen. Er tappte also wie ein Blinder durch London, nahm die Realität nur in Umrissen wahr und geriet des öfteren von einer peinlichen Situation in die andere, weil er außerstande war, der Wahrheit allein schon durch die Sprache auf die Spur zu kommen. Das hinderte ihn jedoch keineswegs daran, wie ein Triumphator aufzutreten und unablässig Zensuren zu verteilen. Schließlich hatte er es in Frankreich nicht anders gehalten.

„Daß er beide Städte (Paris und London) gründlich kennenlernte, läßt sich nicht behaupten", meinte dann auch folgerichtig Raoul Auernheimer, der daran erinnerte, daß Grillparzer, hingerissen von seinem touristischen Entdeckungsdrang, in London sich immerhin dazu habe verleiten lassen, erstmals in seinem Leben einen Dampfwagen zu besteigen, um mit diesem hinaus bis nach Greenwich zu fahren. Aber selbst diese Inanspruchnahme der gerade erst etablierten Eisenbahn durch einen unendlich vorsichtigen und mißtrauischen Menschen wie Grillparzer, der auf alles Ungewöhnliche entweder mit einem Hexameter oder mit wienerischer Nörgelei reagierte, machte aus dem Wiener Burgtheaterdichter und Archivdirektor keinen modernen Menschen; und schon gar nicht einen, der London oder das Wesen der Londoner im Handumdrehen begriffen hätte.

Grillparzer gab zwar unentwegt Urteile ab, aber das geschah

wohl mehr zu seiner eigenen Zerstreuung, als daß es ein allgemeingültiger Beitrag gewesen wäre. Er begriff, bevor er überhaupt noch London oder Paris betreten hatte, beide Metropolen als großartige Beispiele für die europäische Kultur. Aber er war außerstande, diese Behauptung auch zu begründen. Und ohne daß er über das Wesen der englischen Demokratie mehr wußte außer einigen Zufälligkeiten, wie sie jedem Touristen, der nicht ganz und gar blind und taub ist, unterkommen, maßte er sich über die Engländer eine tiefschürfende Meinung an, die darin gipfelte, daß sie, die Engländer, den Rest der Welt zu wenig kannten, um über die eigene Allmächtigkeit Bescheid zu wissen. Und obgleich er das Englische nur bruchstückhaft beherrschte, notierte er ins Tagebuch: „Die Irländer scheinen vortreffliche Deklamatoren, die Engländer gute Redner . . . Aus der Vereinigung beider würde der gute Redner hervorgehen.“

Und doch hat Grillparzer aus diesen Begegnungen viel gewonnen. Er durfte zwar auch nach Paris und London keinesfalls von sich behaupten, ein intimer Kenner des französischen oder englischen Theaters zu sein oder über das Wesen des britischen Parlamentarismus Bescheid zu wissen oder die Selbstverständlichkeit eines Demokratieverständnisses, wie es in Frankreich existierte, zu begreifen, aber es umwehte ihn von alledem doch mehr als nur ein Hauch; er hatte von diesen Dingen mehr als bloß eine Ahnung. Und hinter aller Nörgelei, ungeachtet der skeptischen Einwände, die seinem innersten Wesen entsprachen und ohne die er sich nackt und schutzlos gefühlt hätte, ahnte Grillparzer doch etwas von der allgemeinen Begriffserweiterung, die ihm an der Seine und an der Themse zuteil wurde. Er war wieder einmal aus dem heimatlichen Dunstkreis ausgebrochen und hatte sich selbst auf die Probe gestellt. Seine vordergründigen, fast automatischen Reaktionen darauf waren zuerst einmal die üblichen: Mißtrauen, Ablehnung, Ironie und immer wieder ein Anflug dieser Hypochondrie, von der er sich nicht mehr zu befreien vermochte. Aber unter der Oberfläche rumorte es. Vieles von dem, was er sah und erlebte, sank in die Tiefe seines Bewußtseins, begann dort wirksam zu werden und produzierte plötzlich winzige Bläschen, die wieder an die Oberfläche emporstiegen. Unruhe durchlöcherte die langweilige Selbstsicherheit des Wiener Archivdirektors und provozierte immer wieder seinen Verstand. Beunruhigendes widerfuhr auch dem Dichter und weckte ihn aus seiner Lethargie, die in Wien beinahe schon tödlich gewesen war.

Es war also eine Bildungsreise in des Wortes doppelbödigem Sinne. Es bildete sich der Mensch Grillparzer unter dem Einfluß fremder Kulturen und angesichts von gesellschaftspolitischen Möglichkeiten, von deren Existenz er in Wien noch nicht einmal eine Ahnung gehabt hatte. Und es bildete sich das Genie Grillparzer, indem er unversehens mit einer Konkurrenz konfrontiert wurde, von deren Existenz Grillparzer gleichfalls nur eine ungefähre Ahnung gehabt hatte. An Frankreichs und Englands Bühnen mochte besser oder schlechter Theater gespielt worden sein als in Wien. Die Schauspieler mochten mehr oder minder überzeugend über die Rampe hinaus zu wirken. Die Bühnenbilder mochten faszinierend, anbetungswürdig, sogar verführerisch sein und alles in den Schatten stellen, was er in Wien auf diesem Gebiet erlebt hatte. Aber das allein war es noch nicht. Das war nur der Anstoß zu einer Reihe von Explosionen, die jetzt sein Bewußtsein in eine kräftige Unruhe versetzten. Ein schöpferischer Charakter wie er, auch wenn er vorzeitig schon in Ehren ergraut war, zurechtgestutzt von einer unglaublichen Zensur und damit einem Mittelmaß verpflichtet, das er ablehnte, oder aber zum endgültigen Schweigen verpflichtet, konnte angesichts der Fülle von Anregungen und Aufregungen, wie Grillparzer sie in den beiden westlichen Metropolen erlebte, nicht gänzlich gleichgültig bleiben. Und indem er die komödiantischen Leistungen und Möglichkeiten an den Theatern von London und Paris mit denen in Wien verglich, versetzte er sich in jene heilsame Unruhe, die jedem schöpferischen Akt vorausgeht. Er übte gleichsam zukünftige Produktionen, während er vergleichend, nörgelnd, raunzend durch die Theater strich und sich ungeachtet der ihm verborgenen Inhalte, deren Entschlüsselung allein schon an der Sprachbarriere scheiterte, auf eine fundamentale Kritik einließ. Er brauchte das. Das war wie ein gewaltiges Atemholen. Und zugleich war es auch schon eine Übung für Kommendes.

So konnte er auch ein entschiedenes Schlußwort über die von ihm seiner Meinung nach gründlich beobachteten Engländer notieren: „Wenn sie einmal ernsthaft wollen, wird alles vor ihnen zerstäuben . . ." Und beruhigt fügte er hinzu: „Die Welt ist gesichert." Grillparzer glaubte an das, was er sagte. Er hatte die Welt gesehen und war darüber zum Weltmann geworden. Ein solcher aber brauchte seiner Meinung nach sein Licht nicht mehr unter den Scheffel zu stellen und durfte auch im Politischen seine Meinung frei heraussagen.

Die Zeit verstrich. Der gewährte Urlaub schmolz Grillparzer buchstäblich unter den Fingern dahin. Dabei wäre noch vieles gewesen, das der Besichtigung und Entdeckung harrte. Außerdem kitzelte ihn jetzt die Lust am Reisen. Da war das neugeschaffene Königreich Belgien, das ihn interessierte; da war das benachbarte Holland, auf das er einen Blick zu machen wünschte . . . Wozu gab es die Möglichkeit der Urlaubsüberschreitung? Grillparzer hatte schon einmal, als er in Deutschland unterwegs war, davon Gebrauch gemacht. Jetzt wiederholte er dieses Spiel, bereiste Belgien und Holland und mußte dann freilich Hals über Kopf nach Wien zurückkehren, wobei ihn der kürzeste Weg über Antwerpen, Brüssel, Lüttich und dann über Stuttgart und München nach Wien heimbrachte, was insgesamt doch noch drei Wochen zusätzlichen und wie selbstverständlich in Anspruch genommenen Urlaubs bedeutete. Der Anlaß für die endgültige Heimkehr war Grillparzers Bruder Karl, der die Hilfe seines Bruders dringend brauchte und über dessen Schicksal schon an anderer Stelle ausführlich berichtet wurde.

Die drängenden Ermahnungen im Brief seines braven Subdirektors, der in Wien Alarm schlug und die sofortige Heimkehr des Archivdirektors anregte, konnten freilich nicht verhindern, daß Grillparzer, der noch nicht ahnte, wie gravierend die Vorwürfe gegen seinen Bruder waren — Karl stand vorübergehend sogar unter Mordverdacht —, im gemütlichen Stuttgart mit Ludwig Uhland, dem beschwingten Lyriker, mehr als eine Flasche Wein leerte. Auch nahm Grillparzer, der in Sachen Urlaubsüberschreitung schon einige Erfahrung besaß, die ganze Affäre eher auf die leichte Schulter, bis er schließlich doch noch vom Ernst der Lage überzeugt wurde und dann freilich alles tat, um seinem Bruder zu helfen.

Übrigens sollte er Jahre später, nämlich 1843, noch einmal eine ausgedehnte Reise unternehmen, die ihn diesmal ans andere Ende des Kontinents brachte. Grillparzer wurde anscheinend immer nur schubweise von der Reiselust ergriffen. Er gehorchte dabei irgendwelchen geheimnisvollen zyklischen Strömungen, die ihn, sofern sie wieder einmal wirksam wurden, mit unwiderstehlicher Gewalt hinaus in die Ferne rissen. In den Pausen dazwischen zehrte er von der Erinnerung und erschlaffte auf eine ganz merkwürdige Weise, das heißt, er beschäftigte sich in diesen langen Phasen der Untätigkeit mit einem Ausdruck latenter Abwesenheit, hatte dann nur gewissermaßen mit sich selbst Umgang und verschloß sich jedem Anruf von außen.

Die kostbaren Augenblicke der Selbstfindung erlebte er also in der Regel außerhalb Wiens; während er fremde Länder bereiste, suchte er unermüdlich sich selbst. In Italien war das so gewesen, in Deutschland, selbstverständlich auch in Paris und London. Und jetzt, anläßlich seiner Reise nach Griechenland im Jahre 1843, sollte es nicht anders sein.

Am 27. August fuhr er mit dem Dampfschiff von Wien ab; begleitet von den Tränen Katharinas („Katty weinte sehr und war ganz außer sich über die gefahrvolle Reise."). Und sogleich vermittelte sich ihm wieder einmal das altbekannte Gefühl: „Meine Laune ist schwer zu beschreiben. Mir war zumute wie einem, der ins Wasser geht." Preßburg, Budapest, dann bulgarische und rumänische Städte, die ihn kaum begeistern konnten, woran letztlich auch der Bosporus nur wenig änderte. Grillparzer nahm sich auch auf dieser Reise die Freiheit, ein Skeptiker zu sein und seine Begeisterung zu zügeln. Später die Dardanellen, die nahe kleinasiatische Küste mit Troja und anschließend auch Smyrna, von wo aus der Dichter in die Inselwelt der Ägäis eintauchte und dabei so gut wie nichts ausließ, was diesen orientalischen Aspekt einer Bildungsreise für einen österreichischen Kavalier ausmachte. Angesichts von Ägina und Salamis fielen ihm selbstverständlich die berühmten Schlachten ein. Und in Athen grantelte er über sein düsteres Schicksal, das es ihm verwehrte, Delphi und Parnaß aufzusuchen, weil man ihn, den Österreicher, für einen Bayern halten könnte, was wiederum höchste Lebensgefahr bedeuten würde, weil die Bayern zu dieser Zeit die verhaßtesten Ausländer in ganz Griechenland waren.

Aber auch das entsprach Grillparzers Vorstellungen vom Reisen in ferne Länder, daß es überall Hindernisse gibt, mit denen man zuvor nicht rechnen kann und an denen man letztlich scheitert. Grillparzer war es zufrieden. Schließlich erwartete er sich von seinen Ausflügen über Wien hinaus im Grunde nichts anderes als eine Bestätigung seiner Lebensphilosophie, die eine recht hypochondrische war. „Im Augenblick, da der Dichter auf der Akropolis steht und das Vergangene Miene macht, vor ihm aufzustehen, als ob es lebte, bricht das Tagebuch ab", schrieb Josef Nadler und brachte damit die Geschichte wieder einmal auf den Punkt. Denn Grillparzer ließ sich nie gern in die Karten blicken. Wenn Gefahr bestand, daß sein Mißmut nicht mehr ausreichte, seine wahren Gefühle zu verbergen, wandte er der Welt ganz einfach den Rücken zu oder flüchtete ins Inkognito einer vorgetäuschten Banalität.

Auf eine ähnliche Weise verarbeitete er auch die Erfahrungen aus seinen großen Reisen. Waren sie für ihn ein Abenteuer? Ein Anlaß zur Vermehrung seiner Bildung? Oder das Produkt seiner Sehnsucht, manchmal auch ein Romantiker sein zu dürfen? Wir wissen es nicht. Wir können nur Mutmaßungen anstellen. Grillparzer selbst hat jede seiner Reisen als eine Geheimsache behandelt. Aber vielleicht wußte er selbst nicht, welche Antwort er auf diese Fragen hätte geben sollen. Und vielleicht wäre er damit einverstanden gewesen, seine Reisen ganz einfach als einen Bildungsauftrag zu begreifen, wie er einem Mann seines Ranges und seiner Position durchaus zustand.

„In deinem Lager ist Österreich . . .“

Es haben die gelegentlichen Sprünge über den Zaun, der Österreich gegen die übrige Welt abgrenzte, aus Grillparzer keinen wirklich liberalen Geist gemacht. Im Jahre 1830 hatte er bereits geschrieben, daß die ganze Welt „durch den neuen Umschwung sich erkräftigen“ werde, „nur Österreich wird daran zerfallen“. Grillparzer witterte den Zusammenbruch der Monarchie, den er unter allen Umständen vermieden sehen wollte. Und deshalb war auch seine Haltung beim Ausbruch der Revolution von 1848 eine eher skeptische, zögernde, sogar mißtrauische. Es war seinem Charakter ganz einfach nicht gegeben, sich vorbehaltlos einem Abenteuer anzuvertrauen, dessen Ausgang ungewiß war. Und als ein Abenteuer ganz besonderer Art mußte er die Märzunruhen von 1848 begreifen, die er im übrigen längst vorhergesehen hatte.

In seinen „Erinnerungen aus dem Jahre 1848“ verteilte Grillparzer dementsprechend Zensuren. Den Kaiser — und er meinte damit Kaiser Franz, unter dessen Herrschaft sich die Dinge dahin entwickelt hatten, wo sie jetzt unter Kaiser Ferdinand heillos verworren und völlig chaotisch nur noch durch einen Akt der Gewalt in eine neue, mühsame Ordnung gebracht werden konnten —, den Kaiser also nannte er engherzig und gedankensteif. Und er warf ihm die Ermöglichung eines Polizeidruckes vor, „der in der neueren Geschichte kaum ein Beispiel hat“. Dem Staatskanzler Metternich, über den er bereits im Jahre 1839 ein niemals veröffentlichtes Memorandum abgefaßt hatte, unterstellte er, ein besserer Diplomat als Staatsmann zu sein. Später, 1847, also nur ein Jahr vor der Explosion, die alles verändern sollte und im Grunde doch gar nichts veränderte, ließ sich Grillparzer dazu herbei, an Metternich gewisse liberale Züge zu entdecken. Die Zensur, für die er Metternich allein verantwortlich machte, konnte er dem Politiker freilich nicht nachsehen.

Ein Jahr später, als alles vorbei war, begriff Grillparzer, daß Metternich wahrscheinlich der einzige Politiker gewesen wäre, „um die Ausartungen der Revolution einzudämmen“.

Aber auch Grillparzer wollte nicht zurückstehen, wenn es um die neue Freiheit ging, mit der er allerdings einige Schwierigkeiten hatte. Schon am 13. März 1848, als er sich, wie das für einen korrekten Staatsbeamten nur rechtens war, auf dem Weg ins Staatsarchiv befand und sich plötzlich mit dem Aufruhr der Studenten konfrontiert sah, ermahnte er diese eindringlich, nicht „gar zu weit“ zu gehen. Er war kein Reaktionär. Er war sogar alles andere als das. Aber er war auch ein Skeptiker. Der Grant, der ihn zeitlebens begleitete, machte ihn ungeachtet aller Scharfsichtigkeit doch blind und taub für manches, was in der Luft hing. Veränderung tat not. Vielleicht brauchte dieses Land sogar eine Revolution. Aber mußte das so aussehen, daß die Studenten ungebührlich zu lärmen begannen? Niemand kann aus seiner Haut heraus. Und Franz Grillparzer konnte das am allerwenigsten. Er, der längst schon eine feine Witterung besaß für kommendes Unheil, der immer schon gegen die Zensur, gegen die Unterdrückung des Geistes sich auf seine absonderliche und recht private Weise gewehrt hatte (nämlich so gut wie gar nicht oder indem er sich einfach in den siebenfach gefaltenen Häuten seines Mißmuts verkroch), er also war jetzt außerstande, mit der rasenden Menge gemeinsame Sache zu machen. Pöbelhaftes widerte ihn an. Übertriebener Lärm ließ ihn schwerhörig werden. Ausschreitungen verachtete er. Es war eben schwierig, eine Revolution zu machen, an der Franz Grillparzer seine Freude gehabt hätte oder mit der er, wenn auch zähneknirschend, einverstanden gewesen wäre.

Mit dieser hier war er es jedenfalls gewiß nicht. Er war sich zwar über ihre sittliche Notwendigkeit im klaren, aber es ärgerte ihn die Inszenierung. Außerdem mißtraute er den lauteren Absichten jener, die nun plötzlich die Welt aus den Angeln zu heben wünschten. Und nichts charakterisiert Grillparzers Haltung besser als der Umstand, daß er am 13. März in den Räumlichkeiten des Wiener Staatsarchivs ganz selbstverständlich seinen Dienst versah und sich Notizen machte, während in der benachbarten Herrengasse längst schon geschossen wurde. Später würde er in seinen „Erinnerungen aus dem Jahre 1848“ dieser ganzen Geschichte sehr viel Platz einräumen. Er war schließlich Augenzeuge. Und er begriff auch die Bedeutung dieses Aufruhrs, obgleich er es nicht unterlassen konnte, sich über die Dürftigkeit des Krawalls kritische Gedanken zu machen. Er schämte sich seiner Landsleute, daß sie, wenn sie schon Lärm machen mußten, das dann so unscheinbar anfingen. Und er stellte fest: „Damals noch hätte man den Aufruhr mit zwei Bataillonen Soldaten wie einen Taschendieb einführen können . . ."

Grillparzers Reaktionen auf diese Revolution, auf diese mehr oder minder ereignisreichen Märztage des Jahres 1848 waren ungemein widersprüchlich, wie das in seinen „Erinnerungen" nachzulesen ist. „Aber nirgends Truppen, nicht einmal die gewöhnliche Polizeiwache", ärgerte er sich zuerst über das ungehinderte Treiben der Studenten. „Halb verdrießlich, halb beschämt begab ich mich ins damalige Hofkammerarchiv, dessen Aktensaal die Aussicht auf den Ballplatz gegenüber der Staatskanzlei hatte." Der gehorsame, pflichtbewußte Staatsbeamte durfte sich also an einem Aussichtspunkt befinden, der seinem Charakter, seinen Neigungen, seinem Stande entsprach und ihn trotzdem nicht davon abhielt, ein aufmerksamer, auch mit Maßen kritischer Augenzeuge der nun abrollenden Ereignisse zu sein. Im übrigen hatte er zwar wenig Sympathie für die politischen Parolen und für das lärmende Auftreten der Studenten, aber doch hinlänglich Mitleid oder Mitgefühl, um sich davor zu ängstigen, die Soldaten, die nunmehr endlich aufgezogen waren, „würden mit dem Bajonett auf die jungen Leute losgehen und Verwundungen oder sonstige Mißhandlungen vorfallen". Und weil Grillparzer möglicherweise zu empfindsam war, um einem zu erwartenden Blutbad als ungerührter Augenzeuge beizuwohnen, den nur die Sensation lockt, der um dieser Sensation wegen jeden menschlichen Anstand vermissen läßt — man könnte freilich auch sagen, daß er zu erregt und dabei zu feige gewesen sei, um das zu Erwartende mitanzusehen —, weil er also aus irgendeinem Grund, den wir nur vermuten dürfen, einer direkten Augenzeugenschaft zu entgehen wünschte, „verließ ich daher das Fenster und ging in mein Arbeitszimmer zurück, dachte aber außer an eine Gefahr für die armen Knaben noch nichts Arges". Es hatte jedoch, wie er beeindruckt betonte, die Unbekümmertheit, „mit der die jungen Leute wie Opferlämmer sich hinstellten und von den aufgestellten Bewaffneten gar keine Notiz nahmen, etwas Großartiges". In diesen angespannten Augenblicken war er durchaus fähig, über den Heldenmut „dieser Kinder" zu sinnieren und ihnen jedes erfreuliche Kompliment zu machen.

„Später traf endlich die bewaffnete Macht ein", schrieb er dann in den „Aufzeichnungen", was insofern für einen Widerspruch sorgt, als ja, wie Grillparzer es schilderte, Soldaten die protestierenden Studenten bereits umzingelt hatten. Aber wie auch immer der Ablauf der Geschehnisse im Detail gewesen sein mag, so erschütterte der nun erfolgende Paukenschlag Grillparzer doch so sehr, daß er eines Bonmots fähig wurde, welches diese ganze Revolution auf den einfachsten Nenner brachte: „Es wurde auf das Volk gefeuert. Wer es immer befohlen hat, er hat die Monarchie an den Rand des Abgrunds gebracht, indem er die Gassenbüberei zu einer Revolution stempelte."

Grillparzer war nicht wirklich imstande, diese Gassenbüberei, die durch einige Salven gezielten Infanteriefeuers tatsächlich zu einer blutigen Revolution ausartete, auf Dauer ernst zu nehmen. Schon einen Absatz später heißt es nämlich in seinen „Aufzeichnungen": „Übrigens war es die lustigste Revolution, die man sich denken kann. Vom schönsten Frühlingswetter begünstigt, bewegte sich die ganze Population den Tag über auf den Straßen." Und auch jenen, denen an sich sein ganzes Mitgefühl gehörte, also den Studenten, vermochte er dann nicht wirklich eine Absolution zu erteilen oder sie so sehr zu respektieren, daß er ihnen aufrichtige und anständige Motive unterstellt hätte. „Überhaupt war es Mode geworden, daß jeder, dem es beliebte, in die Burg Einlaß zu begehren, dort in den Tisch schlug und den Erzherzögen Grobheiten sagte. Am ernstesten, aber freilich auch am absurdesten nahmen es die Studenten, die sich als die Helden der Bewegung betrachteten . . ." — damit konnte man einen Charakter wie den Grillparzers nicht aus seiner soliden Verankerung reißen.

Er selbst war „zur Passivität verdammt", wie er freimütig einbekannte. „Da meine Überzeugungen in allem das Gegenteil von der allgemeinen Begeisterung waren, so fehlte mir jeder Anhaltspunkt der Verständigung.“ Er war ein Poet, der sich durchaus in die ihm selbstverständliche Pflicht genommen und auf die neugewonnene oder doch erhoffte Freiheit ein Gedicht verfaßt hatte, ein ziemlich banales, schwungloses übrigens, wie man nicht verschweigen sollte. Drei Monate später würde er es durch ein wesentlich besseres und zu Recht berühmt gewordenes an den Feldmarschall Radetzky, also an einen entschiedenen Vertreter der etablierten Macht, rasch wieder vergessen machen. Dem Gedicht an die Freiheit fügte er selbstverständlich, wie er auch in seinen „Erinnerungen“ betonte, eindringliche Warnungen hinzu, um dann schließlich von seinem eigenen Mangel an Begeisterung für die Freiheit zu sprechen und diesen zu rechtfertigen. Zumindest versuchte er eine solche Rechtfertigung. Das gelang Grillparzer ohnedies nicht, und daher bleibt die Frage offen, was eigentlich wirklich sein Beitrag zum sogenannten — und „rasch verregneten“, wie es ein Zeitgenosse ausdrückte — österreichischen Völkerfrühling gewesen ist.

Jenes ungemein gefühlvolle, vom Glück des Augenblicks gleichsam überschwemmte und darin dann hoffnungslos abgesoffene Gedicht „Mein Vaterland“, das ausgerechnet am 1. April in der „Constitutionellen Donau-Zeitung“ erschien, war jedenfalls nicht das Wahre, Erfüllte, das einem patriotischen Dichter sozusagen freihändig aus der Feder fließt. Grillparzer selbst mochte das wohl gefühlt haben, denn in der Folgezeit versuchte er sich in politischen und politisierenden Manifesten, an Aufrufen, die er jedoch rasch wieder als unzuständig und unnotwendig verwarf. Sein Granteln und Zaudern wurde also auch hier wirksam, wo er einen literarischen Schritt in die Zukunft zu tun hoffte und ein politischer Publizist zu sein wünschte, der den Geschehnissen auf der Spur bleibt und die Zeit in sein Werk hereinholt.

Es gelang Grillparzer allerdings entweder gar nicht oder nur unzulänglich, seine Feder so rasch nach dem Wind zu hängen, wie es notwendig gewesen wäre, um die ganze Absurdität dieser Wiener Revolution einzufangen. Dabei war das, was er in seinen Aufzeichnungen und Aufrufen ahnungsvoll an die Wand gezeichnet hatte, ohnedies die ganze Wahrheit gewesen. „Doch je öfter er schrieb", notierte Nadler über diese unruhigen Tage und Wochen, „desto mehr nahm er wahr, wie seine steigende Sorge hinter den gewalttätigeren Ereignissen zurückblieb. Er verwarf, schrieb und verwarf. Dann gab er es auf." Sein Blick in die Zukunft hatte die Wahrheit entdeckt. Aber er war außerstande, diese Wahrheit in ihrer grellen Schrecklichkeit jetzt noch in eine literarische Form zu kleiden, die man dem Publikum als politische Unterhaltung verkaufen konnte. Grillparzer war zuerst ein Dichter und dann erst ein Prophet, der Wahrheiten aufsagte, die anderen verborgen blieben. Vor allem war er keinesfalls, wie das manche seiner Bewunderer hartnäckig behaupten, ein politischer Journalist. Er war überhaupt kein Journalist. Dazu war er zu sehr von seiner Phantasie und einem unausrottbaren Instinkt für alles Romantische abhängig.

Außerdem überrollten ihn nun die Ereignisse und beeinflußten zuerst eher unmerklich und dann immer entschiedener seine Betrachtung der Dinge. Die sogenannte Mairevolution, als sich in Wien das liberale Bürgertum zum zweitenmal erhob und diesmal hinter Barrikaden den Kampf um die ersehnte Freiheit aufnahm, hatte nur noch eine entfernte Ähnlichkeit mit den im Grunde fröhlichen, freilich auch chaotischen Tumulten im März. Jetzt ging es ums Ganze. Jetzt war intellektuelle Passivität, war das Nörgeln auf höchster substantieller Ebene, wie es von Grillparzer so kunstvoll demonstriert wurde, nicht mehr zeitgemäß. Jetzt mußte Farbe bekannt werden. Grillparzer stellte sich seufzend dieser Prüfung und fand das, was sich neuerlich vor seinen prüfenden Augen abspielte, als viel zu leichtgewichtig. „Die Welt war vor seinen Einsichten zur Prüfung angetreten. Sie war so vollständig durchgefallen, daß Grillparzer ihr nicht einmal eine Wiederholung der Prüfung zubilligen konnte." (J. Nadler)

Der nächste Schritt war also folgerichtig. Aus dem „Verkünder des Untergangs", aus dem mehr dilettierenden als ernsthaft diese Passion verfolgenden Autor von unveröffentlichten Manifesten, Pamphleten und warnenden Aufrufen wurde plötzlich der poetische Sprecher der Armee und damit der Verkünder einer neuen Ordnung für Österreich. Kritische Autoren haben daraus für Grillparzer den Strick eines schäbigen, weil allzu gefallsüchtigen Konservativismus drehen wollen, was erstens eine arrogante Anmaßung, zweitens eine Verleumdung und endlich nichts weiter als der Ausdruck purer Unvernunft wäre. In Wahrheit gehörte sehr viel Mut — oder eigentlich Zivilcourage — dazu, das zu tun, was Grillparzer nun in aller Öffentlichkeit betrieb, nämlich den Versuch einer Wiederherstellung der zutiefst bedrohten Ordnung, ohne die das Reich nicht lebensfähig gewesen wäre. Die Garantie dafür lieferte, wie Grillparzer überzeugt war, die Armee, nachdem die Politiker samt und sonders versagt hatten. Und so schrieb er schon drei Monate nach den Märzereignissen und zutiefst beeindruckt, auch geschockt durch die Geschehnisse im Mai, die seinen ohnedies nur geringen liberalen Neigungen endgültig den Garaus gemacht hatten, jene legendären Zeilen, die zu einer Art Motto für die nachfolgenden Generationen werden sollten: „In deinem Lager ist Österreich, wir anderen sind einzelne Trümmer . . . " Das, was zuerst bloß als Huldigung an den Feldmarschall Radetzky gedacht gewesen war, wurde alsbald zum Ausdruck eines neuen Lebensgefühls. Die Restauration hatte ihr poetisches Begleit- und Beglaubigungsschreiben erhalten und bedankte sich dafür mit geziemender Höflichkeit.

Denn Bekundungen des Dankes und Ehrungen durch jene, die sich nun geschmeichelt fühlen durften, blieben selbstverständlich nicht aus. Daß es dabei zu einigen profunden Mißverständnissen kam, lag in der Natur der Sache. Außerdem war die Schar derjenigen Personen und Institutionen, die nun zur Gratulation antraten, allein schon deshalb besonders groß, weil die politische Restauration insgesamt gesiegt hatte und sich niemand in die wenig glückliche Pose des an die Wand gedrängten Liberalen versetzt fühlen wollte. So nannte der gerühmte, vielfach besungene und im übrigen als Politiker völlig unbrauchbare Radetzky den Dichter einen Barden, dem zur Verbrüderung von „Leier und Schwert" die nachhaltigsten Komplimente gemacht werden müßten. Das hätte bei Grillparzer eigentlich nur Unbehagen auslösen müssen, wenn bloß die Zeit, in der das alles geschah, eine minder verrückte gewesen wäre. Das Regime selbst bedankte sich mit der Zuerkennung des Leopoldsordens, was einem Manne, dem die Zensur schon des öfteren mehr als übel mitgespielt hatte, doch etwas sonderbar vorgekommen sein muß, zumal als Überbringer des Ordens der neue und bekannt reaktionäre Ministerpräsident Fürst Schwarzenberg fungierte. Wenn man Grillparzers wahre Einstellung zu aller Politik berücksichtigt, kann man das doch wohl als einen Treppenwitz der Wiener Lokalgeschichte bezeichnen.

Dazu muß man auch in Erinnerung rufen, daß Grillparzer Jahre später, „siebenundsiebzigjährig, lahm und halb blind" (R. Auernheimer), sich noch einmal ins Herrenhaus bewegte, dem er eher gleichgültig angehörte, um im Streit rund um das Konkordat, das für Grillparzer nicht nur eine religiös motivierte Frage war, seine Stimme abzugeben. Selbstverständlich stimmte er dabei für die Aufhebung des Konkordats, das er wie viele seines intellektuellen Standes und Ranges als eine Faust begriff, die Österreich schmachvoll niederdrückte. Er hatte nämlich jenes „In deinem Lager ist Österreich . . ." vielleicht doch etwas anders begriffen als die vielen Sympathisanten einer politischen Entwicklung, die geradenwegs in den Abgrund führte. Aber das war ja möglicherweise immer schon das besonders Reizvolle an Österreichs Poeten, daß sie zwar das Richtige vorhersagten, aber stets falsch darauf reagierten.

Was Grillparzer anging, so könnte man sagen, daß er sich gegen die Vereinnahmung durch die Restauration mit bissigen Anekdoten zur Wehr setzte. So wurde er bei den Abstimmungen rund um das Konkordat einmal gefragt, wie er, der große Dichter und Patriot, es eigentlich mit seinem Votum halte. Grillparzer antwortete darauf völlig im Ernst, daß er sich dafür ein brauchbares System zurechtgelegt hätte. Immer dann nämlich, wenn der Fürst Windischgrätz, ein gefürchteter Reaktionär, aufstehe, bleibe er, Grillparzer, ganz einfach sitzen. Und umgekehrt wäre es natürlich genau dasselbe. So könne er, schloß Grillparzer, immer sicher sein, das Richtige getan zu haben.

Aber er wehrte sich auf diese Weise nicht nur gegen jene, die aus ihm nun eine Stütze der Gesellschaft zu machen wünschten. Auch sein Urteil über die Revolution von 1848 ist alles andere denn freundlich oder gar milde verzeihend. Raoul Auernheimer hat in seinem Buch über Grillparzer eine in dessen Tagebuch enthaltene Anekdote als Beispiel für die besondere Form der Urteilsfindung zitiert, wie sie dem alternden Dichter und zum Hofrat gewordenen Archivdirektor eigentümlich war. Da ist von drei halbwüchsigen Knaben die Rede, die auf der Gasse Revolution spielen. Einer der Buben gerät dabei in Bedrängnis, reißt die Arme hoch, um sich von seinen Angreifern zu befreien, und entblößt dabei ein großes Loch in seiner Jacke. Seine Gefährten lachen. Und einer ruft: „Schau her, der hat die Freiheit unter der Achsel!" Auernheimer zog daraus folgende Konsequenz, der man sich auch heute noch anschließen sollte: „Und die drei balgenden Volksgenossen brechen in ein wienerisches Gelächter aus, was der Dichter vermutlich nur deshalb unerwähnt läßt, weil er den Anschein vermeiden will, daß er sich über die Revolution lustig macht."

Aber gerade das war es wohl, was Grillparzers ehrlichster Reflex aufs Jahr 1848 gewesen sein mag — eine Art von grimmiger, vielleicht sogar verzweifelter Ironie, die später, als er sein „In deinem Lager ist Österreich" schrieb, in patriotische Resignation umschlug. Außerdem war er Staatsbeamter mit der versöhnlichen Aussicht auf eine rasch näherrückende Pension. Daß er sich deshalb zähneknirschend in sein Schicksal gefügt und sein eigenes Naturell, welches ohnedies ein zutiefst revolutionäres gewesen sei, unterdrückt hätte, wie man das gelegentlich lesen kann, gehört allerdings wohl eher ins Reich der Phantasie. Dieser Umstand mochte eine gewisse Rolle gespielt haben, ohne daß er wirklich ausschlaggebend gewesen wäre. Außerdem sollte man nicht übersehen, daß Grillparzer, energisch gedrängt von seiner Katharina, die hitzigsten Phasen der Revolution nicht in Wien — wo er möglicherweise ernsthaft gefährdet gewesen wäre —, sondern im stillen Baden verbrachte. Und erst als alles vorbei war, als die Barrikaden wieder geräumt, die Standurteile vollstreckt und die Ruhe oder die früheren Verhältnisse wieder eingekehrt waren, kehrte der in die geschützte Etappe verbrachte Dichter nach Wien zurück, rückte er gewissermaßen aufatmend in seine gewohnten Verhältnisse ein.

Was seine Vaterlandsliebe anging, der er durch sein „In deinem Lager ist Österreich" lautstark genug gehuldigt hatte, so lehnte er es schon ein Jahr nach diesen Ereignissen entschieden ab, gemeinsam mit Radetzky bei einer befreundeten Baronin namens Pereira das Mittagessen einzunehmen. Was allen anderen seines Schlages und seiner intellektuellen Position eine ehrenvolle Auszeichnung bedeutet hätte, verstimmte ihn bloß. Er dachte nicht daran, seinen bekennerischen Versen weitere politische Äußerungen folgen zu lassen oder noch einmal Partei zu ergreifen. Vor allem aber wollte er endlich seine Ruhe haben.

Die drei Parzen

In dem Augenblick, da Grillparzer sich von seiner offiziellen Verpflichtung, eine bedeutende Figur in der Wiener Lokalgeschichte darzustellen, mürrisch zurückzog, wurde er endgültig zur ebenso liebevollen wie streng umhegten Beute der Schwestern Fröhlich, die nun — und das nicht nur Katharina zuliebe — einen Generalangriff auf den Archivdirektor unternahmen. Er übersiedelte im Jahre 1849, also nachdem der Lärm dieser von ihm skeptisch beobachteten Revolution endgültig verstummt war, in die Spiegelgasse, in den vierten Stock eines ebenso stabilen wie düsteren Hauses, wo er von jenen drei Schwestern Fröhlich ins Quartier genommen wurde, die nach der Verehelichung einer vierten Schwester als notgedrungen keusch gebliebenes Triumvirat übriggeblieben waren.

Die Lage dieser seiner letzten Wohnung war günstig. Ein Augenzeuge beschrieb sie mit fast poetischer Feder: „Trat er aus dem Hause, so hatte er die Straße hinunter zur Linken die Hofburg mit dem Burgtheater, zur Rechten die Straße hinauf den Graben. Dahinter stieg aus beschwingter Kraft der Dom mit seinem Turm auf, dessen Spitze sich vom Himmel wie ein zierliches Gewebe abhebt. In die Annagasse zum Hofkammerarchiv waren es nur ein paar Schritte."

Das war wahrscheinlich neben einigen anderen egoistischen Motiven, die man einem in die Jahre gekommenen, müde oder sogar erschöpft gewordenen Manne schon nachsehen darf, ein nicht unwesentlicher Faktor dafür gewesen, daß er das diskrete Angebot der Schwestern Fröhlich, zu ihnen zu ziehen, letztlich beinahe aufatmend angenommen hatte. Die praktischen Vorteile lagen auf der Hand, nicht bloß in der Hinsicht, daß seine Bequemlichkeit jetzt nach altmodischer Weiberart fürsorglich gehätschelt wurde, was allerdings auch mit einigen Einschränkungen und Entbehrungen erkauft werden mußte. Es war der spottlustige Bauernfeld, der dieses Trio, in dessen Obhut sich Grillparzer begeben hatte, als die drei Parzen bezeichnete. Grillparzer selbst stellte sie in der Regel als die „drei Damen, bei denen ich wohne“, vor, was eine höfliche Täuschung war, die nicht im mindesten dem tatsächlichen Umgang entsprach, den er mit ihnen hatte. Diesen entlarvte er Freunden gegenüber, wenn er die Schwestern „meine drei Frauenzimmer“ nannte, wobei man sich den Unterton, der ein behaglicher und zugleich raunzender gewesen sein mag, ganz gut vorstellen kann.

Was die Schwestern anging, so war Josephine noch immer nicht davon abzubringen, als Sängerin Karriere zu machen, wobei ihr Grillparzer immer wieder einmal kräftig nachzuhelfen versuchte, was insofern auf Schwierigkeiten stieß, als ihr Talent kein phänomenales war und sich seine diesbezüglichen Verbindungen und Möglichkeiten doch als recht beschränkt erwiesen. Er protegierte sie dennoch unermüdlich und zeigte sich gelegentlich auch von ihrer Bildung beeindruckt, was ihm bei Anna und Katharina, den beiden anderen Schwestern, schon etwas schwerer gefallen wäre.

Katharina wiederum war, wie zum Beispiel Heinrich Laube bezeugte, noch in den vierziger Jahren — also unmittelbar vor dem Augenblick, da er ihr endgültig und jetzt freilich längst zu spät ins Garn lief — eine Schönheit, wobei der emphatische Burgtheaterdirektor Laube sogar so weit ging, sie als „klassisch schön“ zu bezeichnen. Andere Zeitgenossen bestätigten, daß sie ein sogenannter Tugenddrachen geworden war, also eine Person, die allzuviel Aufhebens machte um das Wenige, das eine anständige Frau davor bewahrte, eine glückliche Sünderin zu sein. Was Grillparzer anging, den sie hartnäckig als „Grüllparzer“ bezeichnete, so ging sie ungeachtet ihrer Drachenhaftigkeit mit ihm nun unendlich behutsam um. Wahrscheinlich ahnte sie, die im übrigen ein herzerfrischend einfaches und normales Geschöpf geblieben war, daß sie nur dann einen Abglanz des ehedem ersehnten Glückes auf sich zu ziehen vermochte, wenn sie dem empfindsamen und auch sekkanten Herrn Grillparzer stets nur leicht wie eine Feder erschien. Sie hatte ihn und sein Schicksal fraglos fest in der Hand. Aber er durfte diese Hand niemals spüren.

Seine Wohnung war nicht groß, aber praktisch angelegt und passend eingerichtet. „Neben dem sehr kleinen Vorzimmer war links ein Kabinett gegen den Hof, in dem Bücherkisten mit grün verhängten Scheiben standen; aus diesem trat man in das zweifenstrige, auf die Straße gelegene Zimmer, in welchem Grillparzer wohnte; rechts von diesem war die Wohnung der Schwestern Fröhlich.“ Die Einrichtung, wie sie uns von Augenzeugen geschildert wird, entsprach der allgemeinen Bescheidenheit. „Einige Familienbilder, Portrait der Jenny Lind, ein Klavier, ein Sekretär, auf dem eine Menge Bücher und Schriften lagen, gerade erst erschienen.“

Die drei Schwestern kümmerten sich mit abwechselnder Intensität um ihren Zimmerherrn, und „Grillparzer behandelte sie, wie es ihr als Hausdame zustand“ (J. Nadler), womit zwar sein nicht wirklich vorhandenes Verhältnis zu und mit Katharina Fröhlich gemeint ist, was sich jedoch ohne weiteres auch auf die beiden anderen Damen ausdehnen ließe. Katharina war zweifellos die Hausdame dieses kuriosen Haushaltes, in welchem der Dichter peinlich darauf bedacht war, sich zum Beispiel seinen Frühstückskaffee selbst aufzugießen oder eigenhändig den Ofen einzuheizen, wenn sich draußen die Temperaturen dem Gefrierpunkt näherten. Die Schwestern wiederum beherrschten souverän alles Übrige, worunter man sich allerlei, bloß nichts Unanständiges, vorstellen sollte. „So besorgten die drei Schwestern mit verteilten Rollen das Innere und das Auswärtige, ohne ganz ihre Eigenschaft als juristische Person zu verleugnen. Sie hielten ihrem Zimmerherrn das verwandtschaftliche Bettelvolk tunlichst vom Leibe. Sie führten ihn später spazieren. Sie waren seine Kundschafterinnen, die das Theater überwachten. Sie siebten den Besuch und sahen darauf, daß der Verkehr mit der Außenwelt sich geordnet und vorsorglich gelenkt abspielte.“ (J. Nadler)

Es war eine noble oder eigentlich liebevoll gemeinte Form der allmählichen Entmündigung, die Grillparzer hier angetan wurde und die er sich nach einigem Zögern, nach schicklichem Widerstand nicht ohne Behagen gefallen ließ. Schließlich hatte er dabei nichts zu verlieren, konnte er nur gewinnen, wurde ihm eine Ordnung zuteil, die ihm, dem ohnedies bis zur Pedanterie Ordnungsliebenden, höchst willkommen war. Nach außen hin war er frei, unabhängig, ein angesehener Mann, der sich lange in den sogenannten besten Jahren aufhielt. Daß er in Wirklichkeit allmählich einer Marionette glich, die sich nach der Melodie bewegte, welche ihr die drei Parzen mit dünnen Lippen pfiffen, begriff er nicht oder wollte es vielleicht nicht wahrhaben. Wenn einer sich wirklich wohl fühlt in seiner Haut, dann ist es ihm völlig gleichgültig, ob diese Haut glatt ist oder Runzeln hat.

Er näherte sich jetzt auch langsam dem Ideal, das andere in ihm entdeckten. Bewundernde Augenzeugen stilisierten ihn: „Sein schlanker mittelgroßer Körper bewegte sich langsam, sein Haar war angegraut, der Ausdruck des mageren Antlitzes war starr und unfreundlich, das große graublaue Auge jedoch war noch wunderschön. Es lag ein tiefes Leben darin und es verlieh der übrigen Physiognomie eine weiche, schöne Freundlichkeit." Wir wissen auch, daß Grillparzer sich in allen Lebensbereichen einer disziplinierten Mäßigung unterwarf, was einem Manne, der sich sein Brot als Staatsbeamter verdiente, ohnedies zur zweiten Natur werden mußte. Er rauchte selten, „nur nach den Mahlzeiten und recht mittelmäßige Zigarren", seine Neigungen waren bürgerlich bescheiden und seine Gewohnheiten fast spartanisch. Er habe stets korrekt gelebt und seine Korrektheit wie eine Fahne oder ein Wappen aufgezogen, meinten seine Zeitgenossen. „Ebenso war seine Mahlzeit ganz einfach, aber solide und schmackhaft, wie es der Wiener verlangt." Und wer findet, daß diese Beobachtung und Nacherzählung so selbstverständlicher Tätigkeiten, wie es die Nahrungsaufnahme ist, selbst bei einem berühmten Dichter zu weit führe, kennt die Verhaltensweisen eines gestandenen Wieners nicht. In Wien hatte man immer schon eine besondere Beziehung zu allem Nahrhaften, was sich nicht bloß auf Speis' und Trank reduzieren läßt.

Grillparzer durfte sich also endlich zurücklehnen und ungeheuchelte Zufriedenheit demonstrieren, was ihn aber kaum davon abgehalten haben wird, sich seines berühmten Raunzens auch weiterhin zu befleißigen. Die neue und für ihn keinesfalls unangenehme Situation in der Spiegelgasse beeinflußte auch seine Beziehungen zu Katharina. Sie durfte jetzt nicht nur eine allseits respektierte Dame des Hauses sein, sondern auch eine mütterlich sorgende Gefährtin und ebenso liebevolle wie strenge Lebenskameradin, ohne deshalb befürchten zu müssen, einen schlechten Ruf zu erlangen. Das alles änderte zwar nichts daran, daß sie weiterhin nur eine sogenannte ewige Braut blieb, aber diese eigenartige Rolle hatte, nachdem sie ihr erst einmal zur Gewohnheit geworden war, auch ihre Vorzüge. Ein neuer Ton, der fast schon zur Melodie wurde, bestimmte nun das Zusammenleben der beiden Alternden, wobei dieses Zusammenleben natürlich dadurch ganz erheblich erleichtert wurde, daß es keine täglich von neuem zu absolvierende Pflichtübung war. Katharina Fröhlich war viel zu klug, um Grillparzer das Gefühl zu vermitteln, daß er ungeachtet einer nicht stattgefundenen Verehelichung dennoch in ein Joch gespannt war, aus dem es kein Entkommen mehr gab.

Die drei Parzen hatten noch eine Ergänzung, es gab sozusagen noch eine vierte Parze, eine Neben- oder Gehilfinnenparze in Gestalt einer Hausmagd namens Susanna, die ebeno wie ihre weiblichen Vorgesetzten, also die Schwestern Fröhlich, wohl wußte, daß Grillparzer, wenn man ihm zum Beispiel erst einmal den Kaffee serviert hatte, am liebsten allein gelassen sein wollte.

Es hat Raoul Auernheimer eine behutsame und zugleich erschöpfende Charakterisierung des alternden Grillparzer gegeben, indem er schrieb: „In diesen Jahrzehnten der versperrten Schreibtischlade, den letzten seines Lebens, wurde Grillparzer im Umgang immer wählerischer. Er verkehrte eigentlich nur noch mit Königen und Fürstlichkeiten, die seine ängstlich verheimlichten Stücke bevölkerten." Und tatsächlich muß man sich in Erinnerung rufen, daß dieser von seinen Damen umsorgte bis eifersüchtig behütete, dem Leben sich immer schroffer verweigernde und allen billigen Äußerlichkeiten längst mißtrauende Mann „drei mächtige Fünfakter in seiner Schreibtischlade eingesargt" (R. Auernheimer) hatte, wo sie „ihrer Auferstehung entgegenharren wie die Habsburgerleichname im Totenkeller der Kapuzinergruft". Und „wie wienerisch nüchtern und märchenhaft zugleich war doch das Leben des verdrießlichen alten Mannes". (R. Auernheimer) Was die zu Lebzeiten des Dichters unaufgeführten Stücke anging, so handelte es sich dabei um „Libussa“, „Die Jüdin von Toledo“ und „Ein Bruderzwist in Habsburg“.

Laube, ein Norddeutscher und ein erfahrener Theatermann, zudem Burgtheaterdirektor, hatte einige alte, lange nicht mehr gespielte Stücke Grillparzers wieder auf den Spielplan gesetzt, das „Goldene Vließ“ etwa, den „Ottokar“ und schließlich auch den „Treuen Diener seines Herrn“, und gelegentlich erkundigte er sich auch nach Neuigkeiten, ohne daß er wirklich daran interessiert gewesen wäre. Die „Libussa“ zum Beispiel, die ihm Grillparzer nach längerem Zögern zum Lesen übergab, retournierte Laube mit einem Hinweis auf den zu erwartenden Mißerfolg, was Grillparzer schweigend akzeptierte. Allerdings erstreckte sich dieses Schweigen auch auf das, was in der Schublade an Vollendetem lag, wobei man dieses Vollendetsein in des Wortes doppelter Bedeutung nehmen sollte. Vielleicht wäre der Alternde bereit gewesen, sich wenigstens Laube, mit dem ihn eine vorsichtige, zögernde Freundschaft verband, anzuvertrauen, zumindest ihm zu beweisen, daß er keinesfalls der überlebte Dichter seiner eigenen Jugend war, wie das manche Kritiker behaupteten. „Mit einigem guten Willen von der anderen Seite wäre die versperrte Schreibtischlade wohl aufzusperren gewesen“, meinte auch Raoul Auernheimer.

Was Heinrich Laube betraf, der im Jahre 1884 eine „Lebensgeschichte Franz Grillparzers“ veröffentlichte, so muß man ihn freilich vor allzu heftigen Angriffen in Schutz nehmen, denn Grillparzer hatte ausdrücklich eine Bürgschaft für den Erfolg „Libussas“ gefordert, die Laube natürlich nicht geben konnte. Außerdem war der Erfolg, um bei diesem Ausdruck zu bleiben, gerade in diesem Fall kaum zu erreichen, weil sowohl der Burgtheaterdirektor als auch der Dichter alles falsch machten, was nur falsch gemacht werden konnte. Denn wenngleich „Libussa“ nicht auf die Bühne des Burgtheaters gelangte, überredete Laube sich selbst und Grillparzer doch dazu, wenigstens das Vorspiel aufzuführen, was im Mai 1861 dann auch geschah. Ein Augenzeuge dieser sonderbaren Premiere, der Schriftsteller Ludwig Speidel, berichtete, daß nach dem Fallen des Vorhanges sich kaum einige Hände rührten; „eine peinliche Pause entstand, und dann erst mochte die Erwägung, daß man

Grillparzer im Burgtheater nicht fallenlassen dürfe, mehrere Zuschauer ermutigt haben, ein wenig resoluter in die Hände zu klatschen. Ein Regisseur erschien und dankte im Namen des Dichters. Und man muß sagen: das Publikum mit seiner kühlen Stimmung war bei dieser Gelegenheit vollständig im Rechte."

Grillparzer selbst schien davon kaum berührt. Er hatte in seinen späten Lebensjahren auch keine einzige Vorstellung eines seiner Stücke im Burgtheater besucht. Es schien, als ob er mit dieser Phase seines Lebens, darin Ehrgeiz, Freude am Erfolg, Lust am Ruhm vorkommen, längst schon abgeschlossen hätte. Das bedeutete aber nicht, daß er sich Laubes Bemühungen gegenüber, die seinem Werk galten, völlig empfindungslos gezeigt hätte. „Zwischen Heinrich Laube und Franz Grillparzer entwickelte sich ein Verhältnis, das auf Laubes Seite von einer vielleicht auch diplomatischen Verehrung und auf Grillparzers Seite von selbstbewußter Dankbarkeit, aber nicht unkritischer Zurückhaltung bestimmt war". (J. Nadler)

Ähnlich differenziert oder vorsichtig war auch die Beziehung Grillparzers zu Friedrich Hebbel, der 1845 nach Wien gekommen war, hier die Burgschauspielerin Christine Enghaus heiratete und rasch zum literarischen Konkurrenten Grillparzers wurde. „Ich besuchte Grillparzer", erzählte Hebbel, „und er gefiel mir, denn er war gegen mich aufrichtig, fast aufrichtiger, als es seine Verhältnisse gestatteten, und ich gewann ihn in der ersten Viertelstunde. Es ist ein Mann, der tief leidet und der einen Teil seines Leidens der beklommenen Atmosphäre, in der er atmet, zuschreiben darf, der aber aus dieser Atmosphäre selbst wieder einen Trost ziehen mag, indem er, wie es so Mancher tut, innere Unzulänglichkeit auf äußere Umstände schiebt und sich einbilden kann, daß sein Hollunderstrauch in besserem Boden eine Palme geworden wäre."

Hebbel hatte später freilich manchen Grund, auf Grillparzer eifersüchtig zu sein. Denn während dem Norddeutschen die Ereignisse von 1848 ganz passabel erschienen, weil dadurch seine Stücke auf die Bühne des Burgtheaters gelangten, wogegen Grillparzer zu dieser Zeit als Theaterdichter beinahe völlig in Vergessenheit geriet, änderte sich in den darauffolgenden Jahren die

Situation grundlegend. Und es war Heinrich Laube, der dafür verantwortlich war, was Hebbel wohl begriffen hat.

Über Grillparzer urteilte Hebbel übrigens recht unterschiedlich. Einmal sagte er, daß Grillparzer eine „servile Natur" wäre; „im Privatgespräch kann man nicht genug zornige Schmähworte über gewisse hohe Persönlichkeiten hören, die er dann öffentlich besingt." Ein andermal äußerte er sich dahingehend, daß angesichts der literarischen Leistungen Grillparzers selbst ein Shakespeare „seine Mütze gelüftet" haben würde; „Österreich wird schwerlich in Jahrhunderten seinesgleichen hervorbringen."

Solche Blattschüsse, wie sie Poeten einander genußvoll anzutun pflegen, trafen Grillparzer nicht mehr wirklich. Lob und Tadel waren ihm auf eine Weise gleichgültig geworden, die ein wenig mit dem Alter, ein wenig aber auch mit jener besonderen Weisheit zu tun hat, die einer gewinnt, wenn er aus vielen Niederlagen nur dadurch mit heiler Haut entkommen kann, weil er diese Niederlagen in seinem Innersten nicht als demütigend empfindet. Ein gehorsamer und pflichtbewußter Staatsdiener, der gelegentlich als literarischer Patriot an die Öffentlichkeit treten mußte, um sich seiner vorgesetzten Behörde und der Gesellschaft nachdrücklich in Erinnerung zu rufen, hatte am Ende seiner Laufbahn keinen anderen Ehrgeiz mehr, als in größtmöglicher Bequemlichkeit seinen Gewohnheiten nachkommen zu dürfen. Der Lorbeer des Dichters war längst verwelkt. Der Griff nach den Sternen war vor Jahrzehnten schon in einer Pose erstarrt, die einem Charakter wie dem Grillparzers als unnatürlich erscheinen mußte. Wobei man bei ihm freilich auch stets ein wenig vom Gegenteil ins Kalkül ziehen muß. „Er liebte es, allein gelassen zu werden. Nur wenn man es tat, war es ihm nicht immer ganz recht"; was hier ein Augenzeuge, der Grillparzers Gewohnheiten fast auswendig kannte, eher beiläufig aussprach, machte das Abgründige und Doppelbödige an Franz Grillparzer aus.

Wie lebte der zum Wahrzeichen einer versunkenen Zeit Vergilbte in diesen seinen letzten, von hoher Vergessenheit bekränzten Jahren, fragte Raoul Auernheimer. Die Antwort darauf ist einfach und entlarvend. Grillparzer praktizierte eine Penibilität, die ledern war. Er hatte Eigenarten, die jeden Gefährten, sofern er einen solchen besessen hätte, zur Verzweiflung getrieben hätten. Katharina Fröhlich zählte in dieser Hinsicht nicht. Sie war zum selbstverständlichen Versatzstück seiner Biographie geworden. Sie hatte vor vielen Jahren schon aufgehört, als eigenständiger Mensch zu existieren. Und doch hatte sie ihn so vollkommen vereinnahmt, daß er nur durch sie — wie sie nur durch ihn — wirklich zu atmen imstande war. Dazu bedurfte es nicht einmal der üblichen intimen Nähe. Man kann einen Menschen auch auf Distanz besitzen, ohne Hand an ihn zu legen. Grillparzer bewies es an ihr. Katharina Fröhlich demonstrierte es an ihm.

Ein wenig litt er allerdings auch unter der Vereinsamung, die sich rund um ihn ausbreitete wie eine Krankheit, gegen die es keine Medizin gibt. Es finde niemand mehr den Weg zu ihm, beklagte er sich einmal bei der jungen Dichterin Marie Ebner-Eschenbach, „Männer schon gar nicht, nur noch Frauen". Aber er wollte kein Museumsstück für musisch interessierte Damen sein. Ein Anflug der alten Eitelkeit oder des nicht gänzlich verschwundenen Ehrgeizes rührte sich noch, bis dann wieder die Resignation und das gegen sich selber gerichtete Mißtrauen alles zudeckten.

Wie schwierig und damit auch lästig der alte Herr wirklich sein konnte, demonstriert eine kleine Geschichte, die von Marie Ebner-Eschenbach übermittelt wurde. Eines Tages hatte sie ihm etwas von einer zu gründenden Grillparzer-Gesellschaft erzählt, und daß eine Reihe kunstbegeisterter Damen ihn zu ehren wünschten, außerdem nähere sich der nächste Geburtstag des Verehrten. Was würde man ihm schenken dürfen? „Drei neue Rasiermesser", lautete die überraschende Antwort. Grillparzer erhielt sie ein paar Tage später feierlich überreicht. Kurz darauf begegnete Marie Ebner-Eschenbach, als sie wieder zu Grillparzer kam, der Magd auf der Treppe, und zwar mit den Rasiermessern. Sie paßten ihm nicht, stammelte die verlegene Magd, er bestünde auf Änderung und Umarbeitung. Und sie huschte mit hochrotem Gesicht davon.

Der arme Hofrat

Am 26. März 1856 richtete Franz Grillparzer, jetzt fünfundsechzigjährig und damit ins Alter gekommen, da man einen solchen Schritt riskieren durfte, ein Gesuch an Kaiser Franz Joseph, in welchem er um seine Versetzung in den dauernden Ruhestand nachkam. Es war das übliche Ende einer Karriere oder einer typisch österreichischen Beamtenlaufbahn, die mehr als vier Jahrzehnte zuvor, nämlich im März 1814, damit begonnen hatte, daß der blutjunge Poet und Dramatiker gerade zwei Jahre vor seiner spektakulären „Ahnfrau", durch die er früh genug und doch schon endgültig in eine Laufbahn als nicht immer nur erfolgreicher Burgtheaterdichter gestoßen wurde, damals als „unentgeltlicher Praktikant" — wie man diesen Status als recht- und geldlosen Lehrling seinerzeit nannte — zuerst an die Hofbibliothek gebracht und dann noch im Dezember desselben Jahres in den definitiven Finanzdienst übernommen wurde. Im März 1815 kam er dann als Konzeptspraktikant zur Hofkammer. Sechs Jahre später erfolgte die Versetzung direkt ins Finanzministerium, worauf 1823 die „Vorrückung" ins Präsidialbüro auch eine bessere Bezahlung des bis dahin eher am Hungertuch nagenden Beamten Grillparzer mit sich brachte. Dabei war es vor allem Johann Philipp Graf Stadion, sein höchster Vorgesetzter, der Grillparzer bis zum Jahre 1824, also bis zum Tode Stadions, nach Kräften protegierte, was weniger mit den Fähigkeiten des Geförderten als Beamter denn mit dessen literarischen Erfolgen zu tun hatte.

Der Staat subventionierte sich seine Dichter und anderen musischen Begabten, sofern sie sich bloß einer Behörde anvertrauten, auf eine recht eigenwillige Weise. Aber sie war wirksam. Am Beispiel Grillparzers konnte das unmißverständlich nachgewiesen werden. Denn immerhin erhielt er 1832, also acht Jahre nach dem Tode seines Förderers Stadion, die Direktion des Hofkammerarchivs zugesprochen, wobei das Dekret für die Anstellung eine poetisch geschmückte Leier enthielt, was wohl eine diskrete Anspielung auf die literarischen Meriten des neuen Direktors gewesen sein mochte. Und es gab damals nicht wenige Stimmen, die meinten, „daß die Verleihung mehr dem Dichter als dem Beamten“ gegolten hätte, und das bedeutete, daß hier die Subventionierung der Kultur auf die Spitze getrieben wurde. Grillparzer konnte derlei nur recht sein. Dem Staat schadete es nichts, und der Dichtkunst war wieder einmal geholfen worden. Wobei man sich allerdings an die heftigen Klagen Grillparzers erinnern sollte, die dieser ausgestoßen hatte, nachdem ihm der Direktorsposten überantwortet worden war. In seinem Tagebuch kann man das nachlesen: „Habe die Archivdirektorstelle erhalten und so des Menschen Sohn um dreißig Silberlinge verkauft. Ich werde ein volles Jahr verwenden müssen, das Geschäft kennenzulernen. Ein volles Jahr, ohne auf Poesie anders als in verlorenen Augenblicken denken zu können . . . “

Grillparzer hat es überlebt. Und der Poesie im allgemeinen wie jener Grillparzers im besonderen ist daraus kein wirklicher Nachteil erwachsen.

Im übrigen sah Grillparzer ungeachtet aller Selbstzweifel und hypochondrischen Anfälle keinen Grund, das eigene Licht unter den Scheffel zu stellen. Mußte er als Beamter eher unzufrieden mit dem Ausmaß seiner Karriere sein, was er in seinem Pensionierungsgesuch auch unmißverständlich zum Ausdruck brachte, indem er selbstkritisch nörgelte, daß er weniger erreicht hätte als alle seine Schulkameraden, so stellte er im Augenblick, da es um die Beschreibung seiner literarischen Erfolge ging, recht selbstbewußt fest, daß er stets ein Spitzenkönner gewesen sei. Wörtlich heißt es da: „Nun hat er aber außer seinen Amtsgeschäften sich auch literarischen und vor allem dramatischen Arbeiten hingegeben. Was er in letzterem Fache geleistet, dürfte leicht unter das Beste gehören, was seit Schillers Tod in Deutschland erschienen ist.“ Dazu kam dann noch eine wie beiläufig gemachte Bemerkung, die allerdings nur beweist, daß Grillparzer ein Realist war. „Hierbei war immer die Verherrlichung seines Vaterlandes eines seiner Hauptaugenmerke“, schrieb er nämlich in seinem Gesuch, wohl wissend, daß alle Literatur letzten Endes bloß Makulatur blieb, wenn sie nicht den notwendigen patriotischen Stempel vorweisen konnte, und daß ein Beamter nicht oft und nicht nachdrücklich genug auf diesen seinen Patriotismus hinweisen kann.

Einer wie Grillparzer, der auf die subtile österreichische Weise gefördert und subventioniert worden war, wußte also ganz genau, was er dem Staate schuldig war, nämlich nicht nur Dankbarkeit oder neben der Dankbarkeit auch noch diese besondere Form des vorauseilenden Gehorsams, wie sie Staatsbeamten immer schon eigen gewesen ist. Das war im übrigen keine Frage der Moral, sondern des Anstandes. Moral durften sich Helden leisten, Anstand war den Beamten gemäß.

Allerdings gab es auch eine handfeste Begründung für diesen an sich schon durchaus verständlichen Wunsch, sich aus dem öffentlichen Dienst zurückziehen zu dürfen. Es war das Grillparzers ernsthaft gefährdetes Sehvermögen, welches es ihm beispielsweise fast unmöglich machte, Handschriften zu lesen. Ein Unfall, der ihm vor mehr als zwanzig Jahren im Amte widerfahren war, spielte hingegen längst schon keine Rolle mehr, denn obgleich Grillparzer einmal „von der obersten Sprosse einer Leiter die ganze Höhe des Archivsaals, also doch mindestens fünf Klafter hoch herunter“ abgestürzt war, hatte er bei diesem Malheur gar nichts anderes als einen leichten Schock erlitten. Die Sache mit den schwachen Augen war viel bedrohlicher, obgleich nicht im mindesten spektakulär, weil man ja nichts Äußerliches feststellen konnte, weil nichts gebrochen oder geschwollen oder sonstwie verändert war. Der alte Herr sah ganz einfach nicht mehr sonderlich gut. Das verlieh seinem Blick jene etwas schwermütige Milde und den Ausdruck einer Weisheit, „die alles begreift und alles verzeiht“, wie Marie von Ebner-Eschenbach zu Beginn der sechziger Jahre schwärmerisch meinte.

Derlei mag den notorischen Hypochonder erheitert haben, insgeheim natürlich nur. Denn niemals würde er zugegeben haben, daß er tatsächlich fähig wäre, sich über etwas zu freuen. Im übrigen fühlte er sich ohnedies als Hiob, dazu geboren, Leid zu erdulden. Der Zweiundvierzigjährige hatte geklagt: „Meine Zähne, sonst so gut, sind ausgegangen und drohen unausgesetzt mit Schmerzen. Ich bin 42 Jahre alt und fühle mich als Greis.“ Und als er ein Greis war, nämlich fünfundsiebzigjährig, notierte er ängstlich einen Satz aus dem Nachruf, den der Burgtheaterdirektor Laube dem damals hochberühmten Schauspieler Heinrich Anschütz am offenen Grabe gehalten hatte: „Eine krebsartige Wunde in der Leistendrüse entzog seinem Blute allmählich und schmerzlos die Lebenskraft." Darauf folgte dann Grillparzers zweideutige Anmerkung: „Geht's vielleicht auch anderen Leuten so?"

Grillparzer vereinsamte im Alter. Eine Vielzahl kleiner Leiden, die sich in seiner ängstlichen Phantasie zu schrecklichen Gebresten verdichteten, plagten ihn. Er sah schlecht. Er hörte so gut wie nichts mehr. Mit seinen Zähnen machte er allerlei mit, bis ihn schließlich ein neues und recht kostspieliges Gebiß, das er seine „neuen 120-Gulden-Zähne" nannte, erst recht plagte, weil er damit außerstande war, zähes Fleisch zu beißen. Charakteristisch für sein Verhältnis zu Katharina Fröhlich war in diesem Zusammenhang, daß er ihr brieflich von diesem lästigen und belästigenden Gebiß Mitteilung machte. „Ein neuer, stiller Aschenbrödel-Sieg der guten, noch immer feueraugigen Greisin. Denn es gab sicher auf der ganzen Welt keine andere Frau, zu der er so freimütig über seine Bezahnung geredet hätte." (R. Auernheimer)

In diese letzte Lebensphase fiel auch sein legendärer Heiratsantrag an Katharina Fröhlich, von dem er allerdings nur Marie von Ebner-Eschenbach Mitteilung machte. Das genügte aber vollauf, um von allen Biographen Grillparzers ausgeschmückt und zur rührseligen Liebesgeschichte eines greisen Paares hochstilisiert zu werden. Allerdings hat „das alte Mädchen den Heiratsantrag abgelehnt", was gewiß für die Vernunft Katharinas zeugt, sofern diese ganze Geschichte überhaupt der Wahrheit entspricht.

Grillparzers letztes öffentliches Auftreten galt dem Sieger von Lissa, dem Admiral Wilhelm Freiherr von Tegetthoff, der am 7. April 1871 verstorben war. Man dachte daran, ihm vor der Wiener Votivkirche ein Denkmal zu setzen. Und Grillparzer schrieb, nachdem er vom Erzherzog Ludwig persönlich darum gebeten worden war, einen ermutigenden Aufruf an die Wiener, an deren Patriotismus und Spendenfreudigkeit appelliert werden sollte. Es war eine vaterländische Pflichtübung, der sich Grillparzer wahrscheinlich nicht entziehen konnte und vielleicht auch gar nicht wollte, obgleich er in seinem Tagebuch grantelte und raunzte: „Ich bin froh, daß ich achtzig Jahre alt bin und von den Weltereignissen wenig mehr berührt werde. Und wie es heute bei uns aussieht, muß ich sagen, ich bin kein Deutscher, sondern ein Österreicher, ja ein Niederösterreicher und vor allem ein Wiener."

Das ist die letzte, aber deutlichste und auch kompromißloseste Selbstaussage Grillparzers zu einem Thema, das ihm ein Leben lang am Herzen gelegen war. Er, der sich immer mit einer gewissen Leidenschaft selbst verkleinert, herabgesetzt, manchmal beinahe verächtlich gemacht hatte und als notorischer Nörgler und Schwarzseher aufgetreten war, konnte in dem Augenblick, da er gegen sich selbst nur noch rücksichtslos aufrichtig sein durfte, seine wahre Herkunft und sein Zugehörigkeitsgefühl nicht verleugnen.

Im übrigen quengelte er, wie er das ein Leben lang ausgiebig getan hatte, melancholisch vor sich hin. „Ich bin eine elegische Natur", hatte er einmal festgestellt. „Von dem Augenblick an, da es mir kein Vergnügen mehr macht, vor dem Publikum zu klagen, macht es mir auch keine Freude, für dasselbe zu dichten." Daraus erklärt sich dann wohl auch der etwas merkwürdige Umstand, daß seine eigenen Tragödien, diese fast mythischen Spiegelungen seines persönlichen Wesens, wie sie Josef Nadler nannte, nämlich jene drei letzten Stücke, die von ihm selbst in die Schreibtischlade verbannt worden waren, gemäß Grillparzers ausdrücklichem Wunsch nach seinem Tode hätten vernichtet werden sollen. Es machte ihm, weil er eigentlich nichts mehr zu klagen hatte, auch keine Freude mehr, einem ohnedies undankbaren Publikum sein Spätwerk anzuvertrauen. Die „Jüdin", „Libussa" und der „Bruderzwist", Selbstzeugnisse eines Alternden, gingen die Welt nichts mehr an. Er sei ein Dichter der letzten Dinge, hatte Grillparzer einmal gesagt. Aber in dem Augenblick, da er diese hochmütige Feststellung durch sein Spätwerk nachdrücklich hätte erklären können, ersparte er sich mürrisch jede Erklärung. „Ich bin eine elegische Natur", vor diesem endgültigen Bekenntnis mußte jeder Versuch, Erstarrtes, hoffnungslos Verkrustetes und Mißverständliches vielleicht doch noch durch die Dichtkunst aufbrechen oder erklären zu können, hoffnungslos scheitern.

Geklagt hat er übrigens ein Leben lang, wie er viele Jahrzehnte hindurch mit sich selbst außerordentlich unzufrieden gewesen ist. Das mußte nicht immer geistige Ursachen haben. Vieles von dem, was der Dichter selbst als sein Lebensleiden bezeichnete, hatte ganz banale physische Anlässe gehabt. Manchmal hatte es auch Anfälle von unerhörter Offenherzigkeit gegeben. „Ich weiß wohl, was mir fehlt", hat Grillparzer einmal geschrieben, „ich habe nicht arbeiten gelernt"; und bei anderer Gelegenheit: „Mein Übel ist nicht Schwäche, sondern unendliche Erregbarkeit der Nerven, was die Ärzte immer verwechseln." Geraunzt und genörgelt wurde freilich immer. „Über Mangel an Wärme muß ich jetzt klagen wie ehemals über zu viel. Einen Teil der Schuld trägt offenbar meine veränderte Lebensweise, Leibesübungen, Schwimmen, Fechten, Waschungen mit kaltem Wasser, in guter Absicht zur Stärkung des Körpers, zur Ableitung der allzu großen Reizbarkeit der Nerven unternommen, scheinen mehr geleistet zu haben als sie sollten." Grillparzer beobachtete seinen Körper mit nimmermüder Aufmerksamkeit, suchte die Ursachen für seine elegischen Stimmungen zu ergründen, pflegte mit hingebungsvoller Anteilnahme seine Hypochondrien und fühlte sich dabei, alles in allem, ein Leben lang vortrefflich. Ärgerlich, fast wütend und damit jeder poetischen Pose entkleidet wurde er bloß, wenn man ihm etwas, das ihm außerordentlich behagte, zu verbieten suchte. An dem Tag, an welchem Grillparzers Hausarzt, ein gewisser Doktor Preyß, dem Herrn Hofrat, nunmehrigen Pensionär und in Ehren ergrauten Burgtheaterdichter endgültig das Schwimmen im Kurbad Baden untersagte und auch die diesbezüglichen Leibesübungen im sogenannten Doblhoffbad verwehrte, erlitt Grillparzer einen Wutanfall. Er konnte sich auch höchst energisch über das wenig bekömmliche Essen draußen in Baden bei Wien — wo er gelegentlich der warmen Schwefelquellen wegen zur Kur weilte — nicht nur in seinem Tagebuch alterieren, sondern auch brieflich erregen, wie das in einem Schreiben an Katharina Fröhlich nachzulesen ist: „Nichts wird gereicht als Suppe und ein halber gebratener Hund.

Der Teufel hole das alles!" Wobei man wissen sollte, daß damit selbstverständlich nicht wirklich die Hälfte eines gebratenen Hundes, sondern Faschiertes oder, wie die Preußen das damals schon nannten, Hackbraten gemeint war.

Friedrich Kürnberger, Wiens scharfzüngiger Feuilletonist zur Zeit Grillparzers, hat über diesen einmal gesagt: „Barmherzig war er nur mit einem: mit sich selbst." Das war wenig schmeichelhaft gemeint und enthielt doch mehr als bloß ein Körnchen Wahrheit. Dem gegenüber steht der nicht minder wichtige und richtige Satz: „Zur Psychologie Österreichs ist die Biographie Grillparzers unentbehrlich." Und schließlich sollte man sich auch noch an den klugen Ausspruch Heinz Politzers erinnern, Grillparzers Kunst blicke uns immer noch mit geschlossenen Augen an. In allen diesen Sentenzen liegt ein Teil dessen begründet, was Grillparzer auch heute noch widerspruchsvoll, beinahe störrisch und gelegentlich sogar unsympathisch wirken läßt; und was zugleich auch seine Größe ausmacht, die, weil es sich um eine österreichische Form von Größe handelt, stets ein wenig hausbacken und deutlich unter ihrem Wert veranschlagt anmutet.

Franz Grillparzer, jetzt einundachtzigjährig, stirbt am 21. Jänner 1872. Er war ein berühmter Mann, der aus irgendwelchen Gründen in Vergessenheit geraten war. Vielleicht hat er seinen Ruhm auch bloß überlebt. Oder es hat sich der Ruhm, nachdem sich der alternde, eigenbrötlerisch gewordene Hofrat sozusagen vom Leben zurückgezogen hatte, einfach verflüchtigt. Jedenfalls war Grillparzer fast allein, als er starb. Nur sein Hausarzt, der barsche Doktor Preyß, der ihm ein halbes Jahr zuvor noch die Exkursionen ins Doblhoffbad nach Baden untersagt hatte, war bei ihm; und gelegentlich eine der Schwestern Fröhlich, die er zuletzt liebevoll raunzend als seine Frauenzimmer bezeichnet hatte, wobei Katharina Fröhlich nunmehr nicht imstande war, den Tod des geliebten Mannes mitzuerleben. Sie hatte sich durch Flucht vor dem Zusammenbruch geschützt, als offenkundig geworden war, daß Grillparzers Sterben begonnen hatte. Ihr wäre es wahrscheinlich nicht möglich gewesen, auch dieses Letzte noch, das der menschlichen Existenz widerfährt, zu ertragen, weil die Liebe zu diesem Manne, der sie so viele Jahrzehnte lang immer wieder enttäuscht, gedemütigt, ausgenützt, beleidigt hatte, vielleicht doch viel größer, umfassender und damit auch verletzlicher war, als sie selbst es bis zu diesem Augenblick hatte wahrhaben wollen. Sie war ihm, der ihr ewiger Bräutigam gewesen war, im Leben stets gewachsen gewesen. Sein Sterben aber war zuviel für sie.

Ein Priester, um den man in aller Eile noch geschickt hatte, kam zu spät. Nur der Doktor Preyß war in der allerletzten Stunde bei Grillparzer, hielt die Hand des fast lautlos Erlöschenden, schloß schließlich dessen Augen.

Das Begräbnis des Toten draußen auf dem Hietzinger Friedhof wurde dann freilich zum Ereignis. Der Dichter, der zuletzt schon fast völlig vergessen oder eigentlich aus der Mode gekommen und damit aus dem Gedächtnis der Menschen geraten war, wurde jetzt plötzlich wieder zum Mittelpunkt eines großen, wahrhaft bewegenden Ereignisses. In Wien muß einer erst sterben, damit man ihn aufrichtig zu schätzen beginnt, was freilich nichts Neues mehr ist in dieser Stadt, in der es eine Selbstverständlichkeit ist, eine schöne Leich' zu haben und dadurch endgültig berühmt zu werden. Jedenfalls sollen Zehntausende die Straßen gesäumt haben, durch die der Leichenzug kam, sollen es viele Hunderte gewesen sein, die an den beiden Tagen vor diesem pompösen Leichenbegräbnis an der Bahre des Toten gestanden und ihn als eine Zelebrität feierten, der man auf die übliche wienerische Art seinen Respekt zu bezeugen hatte. Neugier gepaart mit Rührung, Spektakelsucht vermischt mit der Lust, dem Geruch des Todes nachzuschnüffeln, und manchmal wohl auch die Betroffenheit darüber, daß Österreichs größter Dichter jetzt nichts anderes mehr sein konnte als ein Anlaß für das gewohnte großspurige Zeremoniell draußen auf dem Hietzinger Friedhof: das etwa waren die Motive jener, die sich um die Bahre, später ums Grab drängten.

„Nicht alle wußten, aber alle fühlten, daß es der Dichter Österreichs war, dem sie nachblickten als etwas Unwiderbringlichem, aber auch Unverlierbarem," schrieb Raoul Auernheimer dazu. „Denn das war er: ein österreichischer Mensch, geadelt von einem großen Dramatiker. In ihm mischten sich die gegensätzlichsten

Eigenschaften . . . nur der Kontrapunkt der Musik und des Dramas konnte zur höheren Einheit binden, was sich da zusammenfand. Zügellose Phantasie und höchst besonnener Verstand. Die natürliche Grausamkeit des Tragödiendichters und ein alles mitfühlendes Herz. Beamter und Künstler. Ein wilder Liebhaber, bewacht von einem zahmen Bürger. Ein abgezirkelt lebender Hofrat und leidenschaftlicher Reisender. Ein Herrenhausmitglied, das gegen das Konkordat stimmte, und ein Revolutionär, der ein Preislied auf Radetzky dichtete. Grillparzer, der Österreicher. Das war er, und daß er nicht nur ein Österreicher war, macht ihn zu einem vorbildlichen."

Von allen Nachrufen auf Grillparzer ist dieser, der übrigens in Amerika, in einer Welt, die mit Grillparzer gar nichts mehr gemein hat, entstanden ist, zweifellos der empfindsamste, vielleicht schönste und wahrscheinlich stimmigste. Grillparzer würde sich, hätte er diese Wort zu Gesicht bekommen, mit einer Nörgelei aus der Affäre gezogen haben. Aber seine Freude darüber, die er selbstverständlich sorgfältig vor aller Welt verborgen haben würde, wäre aufrichtig und groß gewesen. Er wußte nämlich ganz genau, was er wirklich wert war. Er wußte es selbst in jenen Augenblicken, als ihm das Burgtheater nur noch eine Art Gnadenbrot gewährte, indem man dort mehr als Pflichtübung denn aus Begeisterung gelegentlich seine frühen Stücke aufführte und eigentlich nichts dadurch bewirkte als eine Eintrübung des Bildes, das man sich bis dahin in Wien von Grillparzer machen durfte. An seiner Selbsteinschätzung änderte das gar nichts. Und als ihn wenige Wochen vor seinem Tod eine Dame, deren Literaturverständnis allem Anschein nach bei Goethe und Schiller aufhörte, auf seine Stellung innerhalb der deutschen Literatur ansprach, soll Grillparzer gesagt haben: „Sie werden schon sehen, die Deutschen, daß sie seit Goethe und Schiller keinen Größeren gehabt haben als mich . . ."

FRANZ GRILLPARZER

ZEITTAFEL

1791, 15. Jänner:	Geboren in Wien, Sohn des Wenzel Grillparzer und seiner Frau Anna Maria Franziska (geb. Sonnleithner)
Bis 1804	Schulbesuch an der k. k. Normalschule St. Anna
1804—1807	Studium an der „Artisten-Fakultät“ der Universität Wien
1807—1813	Studium der Rechtswissenschaften, Abschluß mit Absolutorium
1808—1809	„Blanka von Kastilien“ (Uraufführung 1957, Volkstheater Wien)
1809	Tod des Vaters
1813	Unbesoldeter Konzipist an der Hofbibliothek
1814	Manipulationspraktikant bei der niederösterreichischen Bankal-Gefälls-Kommission (Zollverwaltung)
1815	Konzeptspraktikant bei der Hofkammer
1816	Niederschrift „Die Ahnfrau“, Bekanntschaft mit Joseph Schreyvogel, artistischem Sekretär des Burgtheaters
1817	Uraufführung „Die Ahnfrau“ im Theater an der Wien Niederschrift „Sappho“
1818	Uraufführung „Sappho“ am Burgtheater Ernennung zum Hoftheaterdichter
1819	Italienreise mit Graf Deym
1818—1820	Niederschrift „Das Goldene Vließ“
1820	Grillparzer lernt im Hause des Bankiers Johann Heinrich Geymüller Katharina Fröhlich kennen
1821	Uraufführung „Das Goldene Vließ“ am Burgtheater Versetzung ins Finanzministerium
1823	Niederschrift „König Ottokars Glück und Ende“
1825	Uraufführung „König Ottokars Glück und Ende“ am Burgtheater
1826	Deutschlandreise; Begegnung mit Goethe in Weimar Niederschrift „Ein treuer Diener seines Herrn“
1828	Uraufführung „Ein treuer Diener seines Herrn“ am Burgtheater „Das Kloster bei Sendomir“
1831	Uraufführung „Des Meeres und der Liebe Wellen“ am Burgtheater (Pläne gehen bis 1820 zurück)
1832—1856	Direktor des Hofkammerarchivs
1832	Schreyvogel wird als artistischer Sekretär des Burgtheaters abgelöst (stirbt 1832)

1834	Uraufführung „Der Traum, ein Leben“ am Burgtheater (Pläne schon seit 1817)
1836	Reise nach Paris, London, Brüssel, Köln, Koblenz
1838	Uraufführung „Weh' dem, der lügt“ am Burgtheater. Nach Mißerfolg Rückzug vom Theater
1840	Aufführung des ersten Aktes „Libussa“ bei einer Wohltätigkeitsveranstaltung
1843	Reise nach Konstantinopel und Griechenland
1847	Reise nach Hamburg und Berlin In die Österreichische Akademie der Wissenschaften berufen
1848	„Der arme Spielmann“
1849	Letzte Wohnung im Haus der Schwestern Fröhlich, Spiegelgasse 21
1849—1867	Heinrich Laube Burgtheaterdirektor; bemüht sich um die Dramen Grillparzers und fördert sein Ansehen als Dichter
1853—1854	Niederschrift der Selbstbiographie
1856	Pensionierung und Verleihung des Hofrats-Titels
1859	Ehrendoktorat der Universitäten Wien und Leipzig
1861	Berufung in das österreichische Herrenhaus
1864	Ernennung zum Ehrenbürger Wiens
1868	Uraufführung des Fragments „Esther“ bei einer Wohltätigkeitsveranstaltung
1872, 21. Jänner: Tod in Wien	
1872	Uraufführung „Die Jüdin von Toledo“ in Prag; Uraufführung „Ein Bruderzwist in Habsburg“ am (Laubeschen) Stadttheater, Wien; vier Tage später am Burgtheater Grillparzer-Stiftung gegründet
1873	Erstaufführung „Die Jüdin von Toledo“ am Burgtheater
1874	Uraufführung „Libussa“ am Burgtheater Grillparzer-Verein gegründet, der jedoch nicht bestehen blieb
1889	Grillparzer-Denkmal (von Karl Kundmann, Rudolf Weyr, Carl Hasenauer) im Volksgarten enthüllt
1890	Grillparzer-Gesellschaft gegründet
1909	Gesamtausgabe von August Sauer begonnen (fortgesetzt von Reinhold Backmann)
1960	Franz Grillparzer, Sämtliche Werke, herausgegeben von Peter Frank und Karl Pörnbacher (4 Bände), begonnen
1961	Grillparzer-Forum Forchtenstein gegründet (seit 1984 Grillparzer-Forum, Wien)
1972	Ausstellung zum 100. Todestag Grillparzers in der Österreichischen Nationalbibliothek
1986	Franz Grillparzer, Werke, herausgegeben von Helmut Bachmayer (6 Bände), begonnen

Die Zeittafel wurde mit freundlicher Genehmigung zum Großteil entnommen aus dem Katalog „Franz Grillparzer zum 100. Todestag, Ausstellung im Prunksaal der Österreichischen Nationalbibliothek", Wien 1972.